稗说

校注

（清）宋起凤◎著

于德源◎校注

北京燕山出版社
BEIJING YANSHAN PRESS

图书在版编目（CIP）数据

稗说校注 /（清）宋起凤著；于德源校注 . —北京：北京燕山出版社，2020.12

ISBN 978-7-5402-5838-2

Ⅰ . ①稗… Ⅱ . ①宋… ②于… Ⅲ . ①北京—地方史—明清时代 Ⅳ . ① K291

中国版本图书馆 CIP 数据核字（2020）第 221980 号

稗说校注

责任编辑：金贝伦
责任校对：石英
出版发行：北京燕山出版社有限公司
地　　址：丰台区东铁匠营苇子坑 138 号 C 座
邮政编码：100079
发行电话：（010）65240430
印　　刷：天津创先河普业印刷有限公司
开　　本：710mm×1000mm 1/16
印　　张：14.5
字　　数：260 千字
版　　次：2020 年 12 月第 1 版
印　　次：2020 年 12 月第 1 次印刷
定　　价：56.00 元

内容介绍

　　《稗说》抄本是目前海内外仅存的珍贵中国古籍。《稗说》的作者宋起凤,字来仪,号紫庭,一号觉庵,直隶广平人,曾侨居河北沧州。他曾考取过负责刑名的推官,清顺治六年(1649 年)任灵丘知县,主修《灵丘县志》,于顺治十七年(1660 年)付梓。据民国《沧州县志》:"宋起凤,字来仪。博学能文,由孝廉考授推官。顺治己丑(1649 年),改调山西灵邱令,多善政。寻擢广东罗定知州,抚恤民猺三载,众建祠以记。旋定内艰(母丧)归,罗民诣大府乞留,环跪载辕竟日,允其请,起凤坚辞不可夺。罗民泣送千余里。康熙十八年(1679 年)举博学鸿词,郝维讷两遣使至,皆不应。晚好游,足迹几遍天下,所著诗说、杂记甚多。"这里是说,康熙十七年(1678 年),康熙皇帝决定举行博学鸿词科,令在京三品以上及科道官员,在外督抚布按官员举荐人员参加,考取者授以侍读、侍讲、编修、检讨等职,并入"明史馆"纂修《明史》。郝维讷是顺治四年(1647 年)进士,历任工、刑、礼、户、吏五部尚书,康熙二十二年(1683 年)卒,谥恭定。以郝维讷这样的朝廷重臣亲自举荐,宋起凤居然两次拒绝,可见其已决意不再为宦。宋起凤素有文名,除博览群书以外,还交友四处游历,人称他"足迹几遍天下",虽不免夸张,但也接近事实。他的著述甚丰,据说有七十余部,《稗说》就是其中一部。该书写作始于康熙壬子(1672 年)秋初,成于次岁癸丑（1673年）秋末，大约一年的时间。全书共四卷，记一百五十事，总计七万余字。由于作者本人经历了明清鼎革之际的动乱，所以知闻甚多，本书主要记载了明代掌故和朝野遗闻。他自称写作时"鸡鸣风雨之时，得之良多，聊以排余客游穷愁之感，非所计工拙也"。实际上，本书内容丰富翔实，史料丰富，常有一般笔记所不载者。例如他记紫禁城东北有专供皇帝和六宫使用的粮食粮囤，俗称天堆；太液池的三台，这是其他笔记，甚至明朝宫内太监刘若愚《酌中志》所未载的内容。另外，由于作者和宫内太监的特殊关系，得以进入宫内，所以对于明朝宫内活动的介绍也十分细微，这对于研究明代北京史也是很难得的。

　　本书抄本原由著名明史专家谢国桢先生收藏，由于此后海内外从未见其他抄本出现，所以学界或以为这极可能就是宋起凤《稗说》的原稿。本书曾由周绍泉、赵鹏洋先生标点，1982年刊于中国社会科学院历史研究所明史室编辑出版的《明史资料丛刊》第二辑中。事经三十余年，加之传播范围有限，现代学者寻觅起来已经颇为不易。鉴于本书的珍贵史料价值，为了推动北京史研究的进行，本人不揣浅陋，在周绍泉、赵鹏洋先生标点本的基础上，将本书加以校注，以飨读者。有不当之处，尚祈方家指教。

校注者

自　序

　　稗者草属，三农撷其实以作供。又稗者，野也，靡伦靡绪，殆类木石鹿豕然。夫稗既草野若是，又著之说，得毋闻而捧腹乎。虽然，古稗具官、具史、具纪矣，职是后者，宁可取其小裨耶。余本畸人，侨家沧水之湄，中间躬逢列代，于隆替变革之故，稔熟见闻与久历年所者无以异，然事迹丛脞，言不雅驯，故茹结中怀，未尝遽以属草。今年夏，复泛春江，偶顿蓑笠，遂从田庐中命笔一二自玩之，颇祛睡魔。春江，故汉庄助耕钓所也。石田烟雨，林峦入画，差堪坐翠微间，为丈人班荆道故，虽稗说也，听之者慷慨怡豫，以类从焉。讵非信而不诬，有遗直欤。夫进滫蔌者，不废醯醢。则田畯风味，或亦有当于一抉乎哉。书凡为卷四，为事百五十，为言七万有奇，始于康熙壬子（1672年）秋初，成于次岁癸丑（1673年）秋杪。中间疾病、人事、友朋诗酒差半，仅仅数阅月尔。而尤于鸡鸣风雨之时，得之良多，聊以排余客游穷愁之感，非所计工拙也。时康熙十二年（1673年）岁次癸丑重九前五日。

广平宋起凤弇山书于富春江之钓台

再 序

诸说具属草，乃于闲窗手录一过。所居屋，覆竹林中，清飔扶疏，洞展帷闳，颇为笔砚之助。凡月余，中寒疾，寻转疟。室内药裹泉铛，凄然生感。窃叹造物原不欲清浊太别，我乃哓哓臆吐，得毋为司命忌乎。遂中辍者数月，病良已，同志迫于卒业，因复理余草足成之。

弇山凤识

目录————

|卷二|

| 稗说校注 |

|稗说校注|

卷

一

清凉山

晋（今山西）五台山，一名清凉山，文殊大士道场[1]也。海内外朝参者，多在三夏，余月山气早寒，不能入。虽盛暑，阴涧积冰厚数十丈。每春秋雨过，峰头俱作雪霰，经日不消，故游者时称苦难。灵丘（今山西灵丘）距五台[2]百里而遥，凡出塞礼山者，必假道于邑。有番僧一人，来自五台，宿邑之大云寺。僧貌黝黑，深目隆准，须发旋螺，衣赤罽，跣足，不裹裈，言语侏离[3]不辨，间作一二闽音。自言大西洋国人，航海数年始入中国。慕五岳诸名山，愿尽礼始归。僧茹素嗜酒，不事呗诵[4]，持梵咒不绝口。笑谓华人澡身徒拭肤理尔，未知澡肠。安得谓浴耶。因请其浴。僧坐禅榻上，取提壶容斗许者，贮汤于中，以三尺白氍布用汤拭就，纳口吞之，若饮食然。初无所苦，吞渐尽，衔布角，两手左右摹腹数过，寸寸曳出，布成斑驳狼藉痕，乃箕张其口，取巨壶水泻颡间，彪彪直注如灌溉状，竟一壶。目微瞑，捧腹下上，鼓波涛声。少选，张口泻水盆盎中，凡脏腑粒食果饵未化者皆出。僧乃以衣蒙首，嗒然睡去。良久，展转正襟起，貌爽然自得，云为内浴也。岁可数次，不数数为耳。余异之，留语多日。会近腊[5]，僧入觉山[6]，峰高插云，湍流束谷中，水尽胶。觉山僧有出峪者，见番僧倒立坚冰上，锥首入水，久之始起。僧惊问故。笑曰，浴尔。曰，暑浴垢，沿凌寒乃沐首耶。答曰，吾吸于腹，殆内浴也，奚寒暑足云。山僧来邑，备道其异如此。问其养生术。止戒谨谷道，开天门，则多寿。观人左右十指，即别贵贱，不更视手面耳。因欲礼嵩[7]，听其行。

【1】道场：道场是佛教术语，指佛祖或菩萨显灵说法的场所。泛指修行学道的处所。也泛指佛教、道教中规模较大的诵经礼拜仪式。中国佛教四大道场，即通常所说的中国佛教四大名山，山西五台山、浙江普陀山、四川峨眉山、安徽九华山。

【2】五台：五台县位于山西省境东北部，与河北省以太行山脊为界。五台县境内的五台山，山峦重叠，地形复杂，由东、西、中、南、北五台组成，号称"华北屋脊"。位居全国四大佛教名山之首。

【3】侏离：形容方言、少数民族或外国的语言文字怪异，难以理解。

【4】呗诵：佛教经文中的赞偈，为梵语音译之略。泛指赞颂佛经或诵经声。

【5】腊：古代在农历十二月里合祭众神叫作腊，因此农历十二月叫腊月。

【6】觉山：觉山在灵丘县城东南15公里，觉山寺前奔腾而去的唐河在历史上曾经是一条大河。

【7】嵩，古称"外方"，夏商时称"崇高"、"崇山"，西周时称为"岳山"，以嵩山为中央，左岱（泰山）右华（华山），定嵩山为中岳，始称"中岳嵩山"。嵩山是中国道教、佛教、儒学的策源地，对三教的形成和传播都起到了极大的作用。

万历疑案

明神宗时，海内清晏，万几[1]多暇。一日，上坐乾清宫[2]后院，时宦侍偶他遣，左右无人。忽见一紫衣男子，年可三旬许，乌帻[3]草靴，身佩大剑，至上前，不为礼，历发上御宇来隐事，盖外廷未闻者。上大怒，呼近侍擒之。紫衣人第长笑，捻须徐徐出。宦者辈阖宫闱[4]大索至夜，竟莫可踪迹。明日，逮及司阍[5]者，众卒无获。又一夜，上寝重幄[6]中。初寤，天未晓，忽于枕上得书一卷。呼嫔御取烛起读，则皆陈说上过也。上骇，密令心腹大珰[7]出察之。鸡人[8]方传唱，阊阖[9]诸宫未启，不知其何来。寻召阁、部臣[10]入对。诸内外大小臣俱于是夜从枕上得书，与所陈事同，无一逸者。众不敢匿，趋朝中各上之。上下大惊愕，相谓妖书^{【11】}。命大金吾^{【12】}布缇骑^{【13】}缉于都市，更悬赏国门，以待告讦。会京师大侠暶生光，本京兆生，素以睚眦仇杀人，多招亡命，人皆侧目，逻者举之，京兆尹廉^{【14】}其名闻于上。命大金吾、三法司^{【15】}会按，备极拷掠，不吐。且曰，计某平生所为，虽论磔无辞。若以妖书伏法，有死而已。不服，谳久不具，上震怒，中外恼恼。生光已垂毙，廷尉^{【16】}对众白曰，今时势若此，杀一人以安天下，又何疑为。众随成狱上之。立磔市中，声其罪，表之碣。碣旧立宣武门粉房琉璃街口。同时又党及竟陵李贽^{【17】}与僧达观^{【18】}。贽号卓吾，官太守，素负洁癖，中岁弃家，居僧刹，髡发留须，冠方冠，衣方袍，张盖乘舆从僧徒游行自如。更聚众讲学，矢口漫骂，士大夫多腹诽之。来游京师，与达观善，数以诗歌相娱乐。值妖书狱兴，众目贽为妖人。遂与达观俱下之理按，验无实。贽愤懑，以剃刀自刭死。达亦寻卒，京师始贴。然究之当日妖书，故非暶生辈所为，卒不得其故。观紫衣人出入，如古剑侠，殆又非人也欤。

【1】万几：指帝王日常处理的纷繁的政务。

【2】乾清宫：乾清宫是大内内廷的第一座宫殿，是明清两代皇帝在紫禁城中居住和处理日常政事的地方。

【3】乌帻：古代一种黑色头巾。

【4】宫闼：皇宫的门。亦借指宫中。

【5】司阍：看门的人。

【6】重幄：厚厚的帐幕。

【7】大珰：明代称宫内有权势的太监，如司礼监秉笔太监、随堂太监及各监、司、局掌印太监为大珰。

【8】鸡人：指宫廷中专管更漏之人。

【9】阊阖：泛指宫门或京都城门，借指京城、宫殿、朝廷等。亦指西风。

【10】阁、部臣：内阁大学士和六部尚书、侍郎等高官。

【11】明神宗私下临幸皇太后的宫女王氏，生下了长子朱常洛。王宫人虽然被立为恭妃，但朱常洛一直没有被立为太子。万历十四年（1586年）正月，神宗宠爱的郑妃生下朱常洵。大学士申时行等上疏请册立长子朱常洛为皇太子，即所谓"国本之争"。争了十五年，使得宫廷斗争变得

错综复杂。"妖书案"便是在这期间发生的。万历十八年（1590 年），郑贵妃想借大儒吕坤《闺范图说》来抬高自己的地位，并亲自加作了一篇序文，指使伯父郑承恩及兄弟郑国泰重新刊刻了新版的《闺范图说》。万历二十六年（1598 年）五月，史科给事中戴士衡上疏弹劾吕坤，说他写了一本《闺范图说》，"潜进《闺范图说》，结纳宫闱"，逢迎郑贵妃。万历二十九年（1601 年）明神宗采纳内阁大学士沈一贯意见，下诏即日举行册立太子礼。十月十五日正式册立皇长子常洛为太子，朱常洵被封为福王。万历三十一年（1603 年）十一月十一日清早，内阁大学士朱赓在家门口发现了一份题为《续忧危竑议》的揭帖，指责郑贵妃意图废太子，册立自己的儿子为太子。时人以此书"词极诡妄"，故皆称其为"妖书"。

明神宗得知后，大为震怒，下令东厂、锦衣卫以及五城巡捕衙门立即搜捕，"务得造书主名"，第二次"妖书案"由此而起。皦生光本是顺天府生员（明朝的生员不仅是官学生，还是一种"科名"），生性狡诈，专门以"刊刻打诈"为生。皦生光还胆大包天地借"国本之争"讹诈过郑贵妃的兄弟郑国泰。锦衣卫立即逮捕了皦生光，将其屈打成招。所有人都明白"妖书案"其实与皦生光无关，就连急于结案的沈一贯、朱赓都不相信，但急于平息事端的明神宗还是匆匆结案，皦生光被凌迟处死，家属发配边疆充军。著名学者李贽、高僧达观也被卷入案中。李贽入狱愤而自杀、达观被拷打而死。皦生光死后，离奇的第二次"妖书案"就此而平，"妖书"的真正作者始终没有人知道。

【12】大金吾：指锦衣卫指挥使。

【13】缇骑：明代的缇骑一般指锦衣卫负责捉拿、刺探诸事的官校。

【14】廉：察考，访查。

【15】三法司：刑部、都察院、大理寺三个司法机构。刑部立案，都察院审案，大理寺断刑。以刑部最大。刑部官员相当于现在省级，都察院厅级，大理寺系朝廷小九卿之一，明代合称三法司。

【16】廷尉：主管司法的最高官吏，即大理寺卿。

【17】李贽，明朝福建省泉州府晋江县人。初姓林，名载贽，后改姓李，名贽，字宏甫，号卓吾，又号温陵居士，是明朝颇有影响力的思想家、史学家和文学家，后被权势迫害，卷入妖书案，入狱自杀，死后一度被泉州民众奉为神，称"温陵先师"。

【18】高僧达观被卷入妖书案，严刑打死。

张湾道人

神仙游行人间，非具夙根不能遇。然异人挟其术者，尝一二见之。万历末，张家湾（今北京通州张家湾）设珰榷税[1]，四方商贾骈集，酒垆甚盛。有张道人者，不知其所自，自称年已七秩矣。须发秀润，双瞳如点漆，面作婴儿色，履蹈轻捷。数饮酒垆[2]，醉即卧其处，酣酣达晓。每袖钱掷酒家，不计值，兴酣或拂衣去，酒家计其饮啖，可当数人。时海内承平久，天下一家，人物益然若春宇，道人踪迹虽不常，人亦不之异[3]。日久，馆余外祖郭公家。外祖素业鹾[4]，雅好客，客多与订交。道人既交久，渐示奇。一夕，众客毕集座中，有乐妓数人。诸妓见道人衫履殊制，嚼饮无算，窃相讪笑。道人故作不闻，客方举筯，政从妓所失骰具[5]，遍索不得。道人目一少小妓曰，是此子故匿博笑尔。妓大瞋恨。道人曰，子毋怒，试探裈[6]中何物。妓按之，具乃覆私处，力掣不得下。妓惊怖啼泣。众知道人作谑，环相请。曰，汝固坐不起耳，起，即当落。妓起，果坠衩[7]间。时外客方喧哄堂上，两妓退如厕，坐溺具私语，谓何物野道诞妄轻人乃尔，寻当濯大觥[8]沃死此獠。两人起，溺具吸臀股并起，如负斗笠，然终不脱。两妓大声称苦。家间姬侍聚观，争诧异，不解何故，促童仆语主人状。主人阴识，又道人作术也，复固请。道人曰，于予何关。彼两妮子窃欲作恶，殆厕鬼所为也，试问之。僮甫趋厕，两妓豁然起。主人叩妓故，妓不能隐，为道所以。众妓大畏服，不敢狎。它日，外祖携同志三五与道人踏青南郊，倚新柳下席。饮酒半，道人起曰，年来醉饱，公德厚矣。幸郊原空阔，俗溷[9]不至，诸公各举平生嗜好物一二，予当具壶浆为寿。众知道人有异，乃姑曰，某嗜脍，嗜鲥鲜。某嗜杨梅，嗜樱笋。某嗜江瑶，嗜卢橘。某嗜鲜荔，嗜熊蹯。某嗜西梁葡萄，嗜上方萍婆果。矢口交称之。初谓竭南北四时之味，聊难彼尔。道人笑不答，行数步外，于树下引手取食具如盘盏匕箸属，兜置襟袂间，纳坐次。盖皆窑器精妙，非寻常轻见者。还复之旧所，探一大金丝朱榼[10]置众前。启之，则向所称某某诸嗜物毕具。鲜洁端好，味逾常味。时方春中，不意三时众鲜，俄顷致数千里外。众饷其半，咸怀归分饲家人。道人仍取餐具纳故处，袖拂之，了不见。众相率拜谢，称仙云。嗣是，道人名籍甚。出入，儿童辈环拥呼曰，张仙人来矣。又尝饮外祖厅前，忽指屋楣[11]谓曰，是中工人匿厌物，主家内壸[12]多病，不能长子孙，吾力为公祛此。命置巨镬支厅，下贮油数十斤，燃薪烹极热，和麦屑为人形，凡七具。投一具，口喃喃颂不休。七具相次糜，楣间忽作声。瞥焉，一物坠下。众趋视，乃绛囊笼小木偶七，做妇人状，缚束坚甚。道人立投镬，使撤去。曰，终无虞矣。道人患其名噪，又数为知交露其术，自知难久留。向暮，独醉一酒楼，他客俱散，身卧楼上，及明遁去，自是遂绝迹。

【1】设珰榷税：就是使太监充当税监，在水陆交通要道征税。

【2】酒垆：卖酒处安置酒瓮的砌台。亦借指酒肆、酒店。

【3】原文"天下一家，人物盎然。若春宇道人，踪迹虽不常，人亦不之异"误，当为"时海内承平久，天下一家，人物盎然若春宇，道人踪迹虽不常，人亦不之异"。

【4】业鹾：以贩盐为业，即盐商。鹾：盐的别名。

【5】骰具：古代中国民间娱乐用来投掷的博具。早在战国时期就有。"政"同"征"。

【6】裈：古代有裆的裤子。

【7】衩：衣服旁边开口的地方。

【8】觥：觥是中国古代盛酒器。大觥即巨觥，引申指大杯的酒。

【9】俗溷：俗：趣味不高的，令人讨厌的；溷：肮脏、混浊、污秽物。

【10】榼：古代盛酒或贮水的器具。

【11】屋楣：指房屋的横梁，即二梁。

【12】内壸：指妻子等女眷。

祖母琭

万历间，分遣内臣[1]榷税诸要地。张家湾则张烨主之。内臣于常课外，又时时以遐方珍物进。有西域贾胡道经畿辅，得绿玉，大逾盏。献之张，张酬以百金，贾胡亦餍[2]欲而去。张别有贡物将进御，取前玉杂诸宝中囊以上。上一见，惊喜溢眉宇。问，安所得此乎。此希世之宝，祖宗来镇内库者仅径寸耳。张奏，得之西域贾胡，不知其何物，疑玉也。上曰，诚然，尔焉知之，世所传祖母琭即此。凡诸宝得琭则不失，且多归焉。虽挟巨万资，走绝域，不可得也。乃赐税入什之三。命上方[3]工作，琢为宝剑饰。帝上宾[4]，不知所在。张第服上精鉴，顾未谙云何辨识也。

【1】内臣：太监的别称。明朝的税收继续沿用两税法，本由户部主持，但明朝的君主专制独裁达到了顶峰，皇帝另外设立一个征税系统，由他亲自指派的宦官负责，称为"某地某税提督太监"。《明神宗实录》："万历二十七年三月庚辰朔，陈增、马堂争税。上命堂税临情，增税东昌等处，不得叠征。闰四月庚辰，逮临清守备王炀。时税监马堂纵群小横征，民不堪命，市人数千环噪其门，堂惧，令参随从内发矢，射杀二人。众遂大哗，火其署，格杀参随三十四人。堂窘，甚赖王炀救之得免。堂初甚德炀，业以状闻，而其党郑惟明以前嫌故，疑炀阴鼓众而阳救堂自解，遂诡易堂奏逮炀云。壬午，大学士赵志皋言：昨山东抚臣谒谓，众怒如水火不可向迩，若不及今取回马堂，以安反侧，则将来事势有不忍言者。夫矿税之役，臣亦逆知必有今日。今一见于天津，再见于上新河，然不意临清一发，若斯之烈也。"《明神宗实录》："万历四十年六月癸丑，上以盐监鲁保故，遣内官刘逊驰往会同抚按等官验收一应钱粮方物，起解来京。原管三省岁造，着归并刘成；盐课税务着归并马堂各带管。万历四十年闰十一月丙寅，御史崔尔进奏：马堂残虐天津毒已叵测，何为以兼摄遂下扬州，巨舰蔽空，居民罢市，并请亟正其罪。万历四十一年二月乙巳，巡按直隶御史颜思忠疏陈地方事宜：两淮……自有皇税以来，横征叠派，吸髓敲筋，商人不啻在汤火中。鲁保物故，未几复遭马堂扰害，变乱成规，商人逃窜，利归群小，怨归朝廷。"马堂，明朝宦官。万历时受遣为天津税监，兼管临清（今山东临清）。在临清期间，纵容党徒无赖数百人，白昼行劫，引起远近商人罢市，居民万余人纵火焚其衙署，并杀其党三十七人。

【2】餍：本意是指吃饱，也指满足。

【3】上方：同"尚方"。泛指宫廷中主管膳食、方药、制办的官署。

【4】上宾：皇帝死去的委婉说法。

厂灾

京师昔设王公厂、安皿厂。一隶宣武门西，一隶平则门（今阜成门）北[1]，皆贮三团（大）营火药处。硝磺充牣如山，各分局他库，防火患也。中列匠作数百人，日操作不休。其碾碓舂杵，悉以木。概不事铁石，亦惧火。天启末，王公厂药局崩[2]。时亭午[3]，近厂居民庐舍毁数万间，男妇老幼及头畜震死千余。人死者皆裸，体无完肤，头面焦裂。局内诸匠作，并身骸俱失。梁栋巨木及础石，飞腾郭外数十里，入地，坚不可拔。朝廷积岁金钱，为之一空。至崇祯戊寅（1638年），早餐后，都城十余里内，觉地轴撼摇不已，若地震。然未几，轰雷一声起天半，屋瓦碎裂，梁尘飞扬。望见西北隅，白云瀚郁，弥漫亘空，中夹苍黄黑子，旋转云际，历二时方散。巷陌汹汹，传安皿厂火药所致。余往阅，里许外即闻布粟臭恶不可遏，方十数里无完宇，人家楣柱横斜若残田麦董[4]，一望无际，树木俱偃仆立槁。居人行人，互相枕藉，死皆焦黑。间有一二破被襦体，乃火所未及者。更有崩置郭外数里，死藉地面。或为木石中伤，具种种状，药局又为之空。京师老人言，二百余年，传闻仅见此两大灾也。

【1】按（明）史玄《旧京遗事》，安皿厂应为安民厂，在西直门内街北，云平则门误。王公厂应为王恭厂，在今北京城西南鲍家街。

【2】王公厂药局崩：《明熹宗实录》卷七十一："天启六年（1626年）五月戊申，巳刻，王恭厂灾……王恭厂之变，地内有声如霹雳不绝，火药自焚，烟尘障空，椽瓦飘地，白昼晦冥，西北一带相连五里许，房舍尽碎……塌房一万九百三十余间，压死男妇五百三十七名口。"是日蓟门地震。据报："密云县本月六日（丁未）巳时，从西南方来，有声如雷；至初九日（按，庚戌日）丑时，复巨声西来，门窗皆响，几座倾摇。"己酉，谕内阁："今岁入春以来，风霾屡作，旱魃为灾，禾麦皆枯，万姓失望。乃五月初六日巳时，地鸣震虩，屋宇动摇，而京城西南一方王恭厂一带，其房屋尽属倾颓，震压多命。"丁巳，

礼部请祈雨泽。庚申，总督蓟辽阎鸣泰奏："据密云县申：'本月初六日（按，丁未日）巳时地微震，初九日（按，庚戌日）丑时复大震。'"（明）杨士聪《玉堂荟记》卷下载："火药之灾，始于王恭厂，遵化去京三百里，皆闻其声，人或以为地震，久之知其非也。先一日东城火神庙有声隐隐自庙中出，向西南而去……翌日而王恭厂灾。"

　　（清）计六奇《明季北略》："天启六年丙寅，五月初六日（1626 年 5 月30 日）巳时（9 时—11 时）天色皎洁，忽有声如吼，从东北方渐至京城西南角，灰气涌起，屋宇震荡。须臾，大震一声，天崩地塌；昏黑如夜，万室平沉。东自顺城门，北至刑部街，长三四里，周围十三里，尽为齑粉。屋数万间，人二万余，王恭厂一带糜烂尤甚。僵尸重叠，秽气熏天，瓦砾盈空而下，无所辨别街道门户。伤心惨目，笔所难述，震声南自河西务，东自通州，北自密云、昌平，告变相同。京城中即不被害者，屋宇无不震裂，狂奔肆行之状，举国如狂。象房倾圮，象俱逸出。遥望云气，有如乱丝者，有五色者，有如灵芝者，冲天而起，经时方散。"（明）吕毖《明宫史》："天启六年五月初六日辰时（7 时—9 时），忽大震一声，烈逾急霆，将大树二十余株，尽拔出土，根或向上，而梢或向下；又有坑深数丈，烟云直上，亦如灵芝，滚向东北。自西安门一带皆飞落铁渣，如麸如米者，移时方止。自宣武门迤西，刑部街迤南，将近厂房屋，猝然倾倒，土木在上，而瓦在下，杀死有姓名者几千人，而阖户死及不知姓名者，不知几千人也。凡坍平房屋，炉中之火皆灭。惟卖酒张四家两三间木箔焚然，其余了无焚毁。凡死者肢体多不全，不论男女，尽皆裸体，未死者亦皆震褫其衣帽焉。"

　　【3】亭午：正午，11 点至下午 1 点。

　　【4】《明史·五行志二》："崇祯戊寅（1638 年）六月癸巳，安民厂（按，在北京西直门内街北）灾，震毁城垣廨舍，居民死伤无算。"董：一种野草。

僧呕金

　　明初,高帝数出微行,夜幸徐中山[1]第。时上属意除僧。候值一僧醉归,踉跄趋上前,顾上曰,夜深不安处,外出何为,意甚不良也。及大呕藉地面去。上恶之,踵中山语以故。徐曰,浮屠一教,代不乏异人,未便以末流绝之,

尚冀睿鉴。上还僧呕所，命张炬视其秽，所呕皆金屑也。上知佛示异，向
意乃寝。

【1】徐中山：洪武十八年（1385年）明大将军徐达死后封中山王，故又称徐中山。

中山新邸

魏公[1]新第成，门闳[2]尚未施腆[3]，欲请于上，用朱为之，而未敢
发。帝闻其治宅，幸焉。戒葆仗[4]止第外，命步辇[5]从左掖门进。魏公
率子姓伏道左，固请。上顾曰，卿宣劳王室，甫治一区遗子孙，留此中门，
使后人出入念祖父之勋，得不善乎。叱衔[6]至堂。上宴饮欢笑倍常。上
忽顾门闳谓曰，此尚未理欤？公曰，臣正请，不知何色乃佳。上笑曰，只
此亦自佳。上之使人不测乃尔。公终不敢施腆，二百余年止布灰已耳。上
所幸故道，终岁不生茎草，亦异矣哉。后公寝疾笃，上就榻临问。公命夫
人自榻后取一剑属公前，谏曰，臣死矣，主上旦夕数微行，诸功臣家不自安，
窃恐此利器不止臣蓄床头耳。愿善自保爱，臣敢以死谏。因泣下，上亦大泣，
纳其剑还宫。公寻薨，上由是巡行颇间[7]焉。

【1】洪武三年（1370年）徐达率明军大破北元。朱元璋下诏大封功臣，
授徐达开国辅运推诚宣力武臣特进光禄大夫、右柱国、太傅、中书右丞相、
参军国事，改封魏国公，岁禄五千石，赐世袭文券。
【2】门闳：通称宫中大小之门。
【3】施腆：涂饰色彩。
【4】葆仗：仪卫。
【5】步辇：帝王、皇后所乘的辇车被去轮为舆（轿子），由马拉改由人抬，
由是称作步辇，更多了一些典雅和休闲的气息。
【6】叱衔：大声斥责。
【7】间：隔开；不连接。

蕉园

　　大内太液池南有蕉园，殿幄悉施黑瓦[1]。明武宗时创筑，盖居云中所进妃之处。武宗数巡行上谷，渐及云中（今山西大同）。云昔宿重兵，以骁勇著称，又为代藩开邸地，中设教坊，乐籍色艺冠一时。武宗尝微服作军官装，时往来王国[2]中，因与院姬某狎。姬某故籍中擅名者。妙能琵琶、浑不似[3]诸乐器。又善音，兼工打球走马诸戏。云中妇女生而丽艳，不假膏泽而明媚动人。塞下尝有三绝之称，谓宣府（今河北宣化）教场、蔚州（今河北蔚县）城墙、大同（今山西大同）婆娘也。初，上深处宫禁，左右诸侍御皆良家子，不事伎巧，毋敢以蛊惑进。已，游王国，见边人声色货利狗马之盛，时时乐之忘归。上既耽游乐，外人渐以樗蒲角抵[4]为纵饮具，博上欢笑，得厚资，相呼拥罢去，以为常。此时承平久，物力甚盛，边塞金钱充牣，邸肆[5]饶庶，四方商贾与豪贵少年游国中者云集。故上频幸私邸，人第目为军官游闲辈，概不物色也。惟姬某侍上久，私窃异之而未敢发，但曲意承顺而已。稍稍事闻，外廷言官密疏谏止。上意亦倦，乃阴遣中贵[6]具嫔礼迎姬某入内，居今之蕉园。宦寺皆称为黑娘娘殿云。自上纳妃后，代王大惊，疏谢向不知状。乃下有司，饰妃故居，朱其扉。边人至今骄语曰，我代邸[7]乐籍，故尝动上眷也，非一日矣。

　　【1】蕉园：金鳌玉蝀桥东岸之南有五雷殿，又称椒园、芭蕉园、蕉园，与今中海西岸的紫光阁东西对峙。（明）吕毖《明宫史·宫殿规制》："五雷殿，即椒园也，亦名蕉园。凡修实录成，于此焚草。"

　　【2】王国：指明代王封藩地。

　　【3】（明）蒋一葵《长安客话·浑不似》："浑不似制如琵琶，直颈无品，有小槽，圆腹如半瓶榼，以皮为面，四弦皮絣同一孤柱。"又名，"和必斯""胡拨思"。

【4】樗蒲：樗蒲是继六博戏之后，出现于汉末盛行于古代的一种棋类游戏，从外国传入。博戏中用于掷采的投子最初是用樗木制成，故称樗蒲。又由于这种木制掷具系五枚一组，所以又叫五木之戏，或简称五木。角抵，又称相扑，相当后世的摔跤。

【5】邸肆：唐代以后供客商堆货、交易、寓居的行栈的旧称。亦称"邸舍""邸阁""邸铺""塌坊""塌房"。"邸"原是指堆放货物的货栈，"店"原是指沽卖货物的场所，东晋、南朝至唐初两者是有所区分的，但南朝时已有邸店联称。

【6】中贵：太监的尊称。

【7】代邸：汉高祖刘邦之子刘恒封代王，所居曰代邸。陈平、周勃等诛诸吕，废少帝，迎立代王，是为文帝。居固以"代邸"指入嗣帝位的藩王的旧邸。

昙鸾大师

太仓（今江苏太仓）故相国元驭王公[1]家，有女已字[2]徐甫丱。徐夭殁，女于公夫人前涕泣誓守。公夫人心窃重之，未之许。女日居小楼，从一婢随，蔬食断腥，时课《金刚经》不辍。一夜方中，感西王母挟诸女真过，授以导引服气之方。自是夜恒于与仙真[3]语，语皆入道，渐大慧。诸经史子集佛老诸书，一目成诵。更善作字，备诸家体。或数日不食，夜则仙真摄诸珍果食之。初，公夫人皆不知。已，家人辈时觉院中香气异常，又闻鸾鹤笙瑟声彻夜不绝。公夫人候深夜，从楼下属听，则环佩履舄交错[4]。乃俯梯穴视，见女已易妆为天人状，衣黄衣，履朱藤[5]，身佩大剑，坐下座诸仙真咸女流，或人间绝色，或半老，具世外姿衣妆，如画中天女，而彩襈丹碧，非雾非烟，四坐相向，中列鼎彝乐器丹书不一。楼之广不过数椽，不意其何以容若许也。公夫人大惊愕，潜相归。凌辰[6]，女作常妆。见母曰，夜来得毋惊母耶。儿非他，向为昙鸾菩萨[7]，以一念下谪母家。诸真恐儿益堕，乃相率汲引，不久当归，尚以俗缘少逗尔。公夫人听之。女后或经月不下楼，而家间内外巨细毕知。盖阳神日夕出没，虽千里不间。同郡王元美司马[8]晚好道，闻公女诸异状，因公请见。白之女，曰，无伤也。王司马与吾父兄，皆籍中人，来语益为道助。即面司马楼前，与语久。司马心折，随执弟子礼。日尝有所得，以寸纸缄请，女手书答示一二，语皆精要。大约以空心静默为入道之基，一切妄想皆己识神所动，求道惟在克己，徒骛虚远无当。司马往来参证语颇繁，载司马集中，不具论。一时甬东屠长卿[9]，吴人王百谷[10]，禊中吴元瑞[11]与司马弟敬美[12]辈，先后咸拜女。师事维谨，各有问答。大师第言道，不及人间祸福灾祥事故，人多不知女为仙真再谪也。年余，女道成，亦能挟飞仙作碧落游。然不火食，久，形质娟弱，颜作金色，殆将与风俱去然。公夫人劝之餐。笑曰，儿时将及，纵饮勺不能留，固无害。会徐郎卜葬，女告公夫人往视窆[13]。公夫人与司马弟子辈相率从之，至墓所。女为设祭酬毕，取佩剑自断其鬟，促使纳圹中。曰，践予初志也。面色沮甚，公夫人从旁饮泣而已。司马诸人请曰，师深于道者也，何尚作世间儿女情乎。女曰，噫，君犹为此言耶。天地正气，惟纲常伦理足不朽。仙佛钟正气而生，特不役于情尔。予之报徐郎，使世人知大道不外名教也。彼失伦常者且废人，矧仙佛欤。因曰，予不归矣。目旁隙地姑少憩。日晡，不为动。众请师还。曰，君辈第归，予大事已办，止此矣。嗒然坐去。公夫人不能强，设步障[14]，遣婢侍达旦。徐墓即其家别墅，众得以留。女忽起，促软舆[15]舁墅舍中，治妆出。众见其深衣幅巾，佩剑执拂，若道人远行状。先向空礼诸真，次礼两亲及兄，然后受司马诸弟罗拜堂下。仍命舆旧所，呼先所制龛[16]。龛至，立龛中，拱手谢众，立化去。观者男妇万余人，席拜颂佛不置焉。司马与相国议，即于其地建塔院，奉以僧。司马为作《昙鸾大师传》。初，司马与诸文士事大师，飞语者指为妖妄，将坐以罪，会大师化，事得白。

【1】王锡爵，字元驭，号荆石，南直隶苏州府太仓州（今江苏太仓）人。明代万历朝首辅，著名政治家。

【2】字：许配。

【3】仙真：真人，一般称之为"仙人""神仙"。泛指长生不老、修炼得道的道士。

【4】履舄交错：履指鞋子，舄指双底又加木底的鞋子。全句指鞋子杂乱地放在一起。形容宾客很多。

【5】蒇：同屐，木鞋。重木底鞋是古时最尊贵的鞋，多为帝王大臣穿。

【6】凌辰：早晨。

【7】昙鸾大师，是南北朝时代北魏弘传净土教的一位高僧。他生于今山西大同的雁门（唐迦才《净土论》作并州汶水人），因家近五台山，从小就听了有关文殊菩萨灵异的传说。十余岁时，即登山访寻，备见遗迹，心里非常感动，于是出家，广学内外经典。

【8】王世贞，字元美，号凤洲，又号弇州山人。明代文学家、史学家。明朝嘉靖二十六年（1547年）进士。官至南京兵部右侍郎、南京刑部尚书。

【9】屠隆，字长卿，一字纬真，号赤水、鸿苞居士，浙江鄞县人。明代文学家、戏曲家。万历五年（1577年）中进士，曾任礼部主事、郎中等官职，为官清正，关心民瘼，后罢官回乡。

【10】王穉登，即王稚登，字百谷，号松坛道士，苏州长洲（今江苏苏州）人。明朝后期文学家、诗人、书法家。

【11】吴元瑞，明朝诗人。不详。

【12】王世懋，字敬美，别号麟州，时称少美，汉族，江苏太仓人。嘉靖进士，累官至太常少卿，是明代文学家、史学家王世贞之弟，好学善诗文，著述颇富，而才气名声亚于其兄。

【13】窆：本意是把死者的棺材放进墓穴。又引申为埋葬、墓穴等义。

【14】步障：用以遮蔽风尘或视线的一种屏幕。

【15】软舆：轿子的软硬取决于帷帐用料质地的不同。软轿所用的是质量比较上乘的织品。

【16】龛：供奉神位、佛像等的小阁子。

泗州水兽

明高帝过泗州（今安徽泗县），刘诚意（即刘基）[1]奏帝，州河内镇有水兽，故地远近得不潴。帝问，兽可得见乎。刘曰，兽性犷悍，虽千人力，致不能举，转滋其虐无已，惟乘其寐一视之。刘窃自卜，乃曰，兽正在酣卧，时可致也。选勇士十数人，荡舟河中。命长钩钩得一链，取次曳其尾。尾尽，出一石函，链正从函隙出。启函则见一白猿，长径尺，两目阖而熟寝。帝审视久，非猿也，霜毛如鬣，隐隐鳞甲生胁下，四足状类龙爪，目眶红而乌喙。微觉，项索曳动，肢体稍展。刘亟请曰，宜速锢函还故处，不然此兽醒而怒发，则水势泛溢，且有他虞。帝命纳于水，计沉链约数十丈，石函盖面有镌痕隐起，众不能辨。刘曰，此夏禹治水得兽，为符篆厌胜尔。非此，早已脱械逸矣。至今犹在焉。

【1】刘基，字伯温，处州青田县南田乡（今浙江温州市文成县）人，故称刘青田，元末明初军事家、政治家、文学家，明朝开国元勋。洪武三年（1370年）封诚意伯，故又称刘诚意。

信国老友

宋信国文文山公[1]被执而北，有老友张某，昔为公开府时幕客，徒步千里伴行。及公罱柴市，张亦置邻舍，时为周旋，市精好饮食数饷之。公殉节日，私购公首藏诸函。寻百计取公骸，合椟中。后还江右，属公夫人葬焉。公死忠，而张尽义，咸足传。惜史失载，为表出。

【1】文天祥，号文山。江西吉州庐陵（今江西省吉安市青原区富田镇）人，南宋末政治家、文学家、爱国诗人、抗元名臣、民族英雄，与陆秀夫、张世杰并称为"宋末三杰"。德祐元年（1275年），元军沿长江东下，文天祥罄家财为军资，招勤王兵至5万人，入卫临安。旋任右丞相兼枢密使，奉命赴元军议和，因面斥元丞相伯颜被拘留，押解北上途中逃归。南宋赵昺祥兴元年（1278年）被封为少保、信国公。祥兴元年（1278年）十二月，在五坡岭（今广东海丰北）被俘。被解至元大都（今北京），元世祖忽必烈亲自劝降，许以中书宰相之职。文天祥大义凛然，宁死不屈。元至元十九年十二月初九（1283年1月9日），于大都就义。

王嫱[1]晚事

　　明妃出嫁朔漠，即今云中郡（今山西大同）北，古丰州地，遗有祠祀妃。妃居塞外，向域中索琵琶，部卒仿其制进。妃曰，浑不似，姑手拨之成调。边人因以名。至今又讹称为胡拨词焉。制甚短小，其末如杵，蒙以蚺[2]皮，弦音劲促，羽声多而感慨重，诚行军乐也。传称妃事，单于死，子欲妻之，妃不从，终以汉礼正其身。非也。按史载，妃嫁单于数年，单于殁。其子复妻妃，更为生子，且垂老乃卒。迹妃始终，居然一薄命人耳。后事不振，更可愧。不知青冢[3]何以表异如此。

　　【1】王嫱，字昭君，乳名皓月，西汉南郡秭归（今湖北省宜昌市兴山县）人，汉元帝时以"良家子"入选掖庭。匈奴呼韩邪来朝，帝敕以五女赐之。王昭君入宫数年，不得见御，积悲怨，乃请掖庭令求行，后立为匈奴呼韩邪单于阏氏。晋朝时为避司马昭讳，又称为"明妃"，王明君。
　　【2】蚺：体形巨大的蛇，卵胎生。
　　【3】青冢：北地草皆白，唯独昭君墓上草青，故名青冢。

宦盗

　　崇祯间，有外殿中翰[1]吴某居京师，仆妾众多，出入舆马呵卫甚都，每僦居，不数月即易它所。家故南中[2]，未尝治生产。而家人辈日常食用，止见其衣饰服玩数质子钱家[3]，岁为常，不匮也。所过从者，又皆朝贵，张具治饮无虚日。人以为就中或借关说得润耳，亦不之异。然当其移居前后，巷中必失盗，率皆大姓巨公家。失皆内箧，如珠玉、襦绣、玩好之具。门闼完整，不知自何入。城坊岁数报盗，御史治番捕罪亦日严，众苦之。偶一巨公夜失所爱貂冠及他物于卧所，白御史，搜盗甚力。巨公第与吴比邻，捕人疑巨公服役所为，貌为菜佣辈，日伺左右。见吴第中老仆负一篚，出质典肆，怀锾归。明日，复一人持囊走他肆易焉。篚与囊，盖皆平日诸公家色样。失盗曾嘱捕廉访者。捕人伪称吴仆，诣典肆云，主适闻内质衣物失记色样，令录之，仓卒忘钥。别呼匠发篚，籍其色数还报御史，悉出前某公家失物。窃戒勿发，乃密会卫员，令取向肆中篚，同造吴第。指谓吴曰，此某公某夜盗攫物，何为公家仆出典。吴色沮，从座中械其仆讯之。第曰，是诚主家物，使某质钱耳，他故不知也。御史会卫史具状白上，褫吴职，下台拷问，具服按。吴通籍[4]仕路，结纳诸朝贵以炫耳目，人多不疑。伺察京师殷实巨家，先于同巷僦居居焉。阴计其僮仆出入丰厚与否，乘夜自键家姬室，独与其妻探所藏胠篚[5]，诸具结束谨密，足履软履，腾身飞屋上，屋瓦无声，能使重关启闭如故，凡密室中盖藏无不立得。归则制姬键同妻处，质明仍衣冠呵卫他出。不旬日，又易居别巷矣。某公貂冠盖识于途，是夜即盗归尔，尚置笥中。坐是并其仆妾皆不知为盗，亦神矣哉。狱成，籍其家，貂冠居然故物，他珍具累。因得其软履软梯诸所行窃物。夫妇并置法，散其仆妾。京师一时喧传衣冠大盗云[6]。

【1】中翰：明、清时内阁中书的别称。《明史·职官志三》："中书舍人二十人，从七品。直文华殿东房中书舍人，直武英殿西房中书舍人，内阁诰敕房中书舍人，制诰房中书舍人，并从七品，无定员。"

【2】南中：在历史上指今天的云南、贵州和四川西南部。

【3】子钱家：是古代对以货币为经营对象的人即高利贷者的称谓。钱为货币的通称。贷出钱后，在收回原额即本钱外，还能得到另外的钱即利息。故将本钱称母钱，利息钱称子钱，营此业者称子钱家。

【4】通籍：指做官，意谓朝中已有了名籍。

【5】胠篚：释义为撬开箱篚，后亦用为盗窃的代称。

【6】此事（明）杨士聪《玉堂荟记》记载：丁丑（崇祯十年，1637年），编修刘正宗失去银带衣物，久之乃得于一典铺，捕役侦其所自，乃中书吴某（原注：忘其名字）所当，及于武英访之，又无姓名，踪迹且久，则积年大盗也。有妻妾数人，延西席教子，每日扇马道上拜客，夜即为盗，有绳作软梯，无夜不入人家，曾盗黄绉存家银数百两，又盗进士李白池衣箱中多物。会余赴一席……时有三方为中书，余因曰："弟有一言，年兄莫怪。"问何言，余

曰："近日刘家失盗，其姓吴者不知是中书贼，又不知是贼中书。"于是合坐大笑……

陶真人

嘉靖间，有陶真人名某者，素无赖。偶游某山中，遇异人，授以丹药，曰，顾子骨当得仙，然非善行多不能成尔。今与子数刀圭[1]，试点之，济贫乏。尽时，予当来语。子慎，毋迹都市，迹之则败道也。陶游它郡县，窃从逆旅[2]中取铁铫[3]，点药少许，俄顷化为紫金。乃碎之，易置衣装舆从。与里中大姓游，人稍知其挟点金术，名遂噪。时上好道，建万寿宫[4]于禁中，征天下善符箓与烧丹者延纳宫内，日夜设醮坛，求神仙不死药。命翰院诸词臣时时撰青词[5]，焚坛上，冀招致之。阁臣严公嵩，上潜邸[6]师臣也。每应制，数当上意。诸词臣青词脱稿，必首进阁公审定，下所司录呈，故上重焉。会上闻陶名，遣使赐书驰驿征召。陶忘戒，诣阙。上赐对与语，悦之，拜万寿宫使。寻命点金，皆验。宠渥日盛，进称真人，出入禁中，舆盖卫从甚都。陶又得异术，能吞舟。太液池西，旧有龙凤舸[7]，藏水厦间，舸长数丈，楼槛广逾常屋。盖备上不时游幸者。上临池观其术，诸侍从见陶果开口吸之，舟立隐。惟上独异，止见其舟边一过则失焉。陶数被诏点金，药已尽。仅一吞舟术，又为上疑。知难久留，托言南中诸名山有神仙药可采，且可佐丹术，愿取之以进上。仍命乘传[8]出，陶不自敛，竟披绣横玉鼓吹刺舟[9]漕渠间。及抵南日，招致四方妄人，求幻惑术媚上，迟久无所得。上又数求仙无一遇，意亦倦，促诏陶归，坐欺罔伏法。至今民间市卖有金箓大醮坛[10]茶酒枣汤磁款诸器，尽万寿宫祀仙物尔。

【1】刀圭：药物。

【2】逆旅：客舍；旅店。

【3】铁铫：一种带柄有嘴的小锅，用来研磨药物。

【4】万寿宫：是成祖旧宫，原名永寿宫，明世宗嘉靖四十年（1561年）

十一月永寿宫火灾，次年重建并改名万寿宫。遗址在今西安门内中海西南岸紫光阁之西，大光明殿之东。宫门为万寿门，后殿曰寿源宫。（明）吕毖《明宫史·宫殿规制》："紫光阁，再西，曰万寿宫，曰寿源宫。"（清）高士奇《金鳌退食笔记》："大光明殿在西安门内万寿宫遗址之西。"

【5】青词：又称绿章，道士祭天的时候把上达天帝的奏章疏表写在绿色的青藤纸上，故得名。

【6】潜邸：皇帝即位前的住所，借指太子尚未即位。

【7】龙凤舸：饰有龙与凤的船。

【8】乘传：官家给提供交通工具，如乘坐驿车等。

【9】刺舟：刺船。撑船，划船。

【10】醮坛：是古代道士设坛祈祷的场所。因明世宗后期迷信道教，日事"斋醮饵丹药"。他在"醮坛"中摆满茶汤、果酒，经常独自坐醮坛，手捧坛盏，一边小饮一边向神祈求长生不老。

"金箓"：是道家斋醮的一种，除了超度外，还包含延寿受生的内容。（明）文震亨《长物志》："宣庙（明宣德皇帝）有尖足茶盏，料精式雅，质厚难冷，洁白如玉，可试茶色，盏中第一。世庙（明世宗）有坛盏，中有茶汤果酒，后有'金箓大醮坛用'等字样，亦佳。"

明世宗喜用坛形茶盏，时称"坛盏"。明世宗的坛盏上特别刻有"金箓大醮坛用"的字样。

毛老人

江宁（今南京）鸡笼山后有小城，近与山麓接，为梁武台城[1]。城外元武湖[2]，俗名后湖。中有大洲，筑广厦，其中乃先朝贮版籍所。厦初成，明高帝（朱元璋）就视。适见老人过其侧，问何姓，曰毛姓。上色喜，令为守舍吏。寻卒，即瘗洲上云。版籍所集多鼠患，得猫则却，后人称毛老人墓[3]云。山建寺为鸡鸣寺，梁天监中所创，即同泰寺，梁武舍身地也。寺不甚广，磴路纡折，颇幽坳，南雍士子[4]多假舍课读其中，今则屐齿声绝矣。

【1】台城：今南京台城，是东晋至南朝时期的台省（中央政府）和皇宫

所在地，位于国都建康（今南京）城内，晋咸和年间开始扩建。"台"指当时以尚书台为主体的中央政府，因尚书台位于宫城之内，因此宫城又被称作"台城"。梁武帝萧衍是南北朝时期梁朝的建立者。萧衍在位时间达四十八年，在位晚期怠于政事，又沉溺佛教。太清二年（548年），"侯景之乱"爆发，萧衍被囚死于建康台城。

【2】元武湖：玄武湖古名桑泊、后湖、北湖，是金陵四十八景之一。道光《上元县志》记载："宋元嘉中，有黑龙见，改名元武湖。"玄武湖方圆近五里，分作五洲（环洲、樱洲、菱洲、梁洲、翠洲），洲洲堤桥相通，浑然一体，处处有山有水。

【3】毛老人墓：湖神庙遗址位于中国江苏省南京市玄武区玄武湖公园梁洲（莲萼洲）西部，其前身传为明洪武时为纪念一毛姓老人而建的神祠（俗称"毛老人庙"）。

【4】南雍：明代称设在南京的国子监为南雍。南雍士子即江南士子的意思。

褫亭虎

山右潞郡屯留县（今山西屯留）内设褫亭驿，唐以前即有之。驿庭古木疏秀，去市氛稍远，庭后一井亭，竖碑甚伙，皆题咏褫亭事。按记称，唐时有官某之任，无宅眷，止挟二仆。道经邑，宿驿舍。时月明不寐，见一女丽甚，推户入，徘徊仰瞩梁间，若有所属者。少选堕一物下，女子取铺地上。卧而展转之，俄化为虎，长啸跃出。某官大骇，私谓驿在城，虎魅焉能至此。窃待之，漏箭[1]四下，风飒飒起庭木，向物仍跃入，伏地一转，则居然一美女子也。束[2]其皮还纳故处，将欲行。某官从榻跃起，执其裙不听去。曰，子何怪，敢深夜幻惑人耶。女子亦不惊，但曰，妾固人也，为邑山下村农女。偶夜中被魅，尝见一物状类虎，附妾身过此，时从梁间取皮加体，便得乘风去来，倦后仍置皮送妾归卧所，醒亦无所苦，如此殆久矣。不虞君见我丑，虽然，君何以脱妾。某官惑女子色，乃谓曰，予将之官，明当发，卿既农家女，能相从远游乎。女欣然就某官寝。及旦，视女貌更妍，心益喜。官私取皮投井中，不与语，乃同之任所。女性又慧黠，善射[3]人意，能治家，仆窃窃称贤不置。连举二子，官非女诸不能办，愈德其力焉。数年调官入京，仍过驿庭宿，谈往事。女请曰，向皮君纳何所，试为妾一验。某官令仆取诸井，文全败，仅余额上王字。女笑展，倏跃伏皮上，仍一侧化虎，大吼而去，不顾官与二子狂号仆地。久，仆出慰，始道其详。顾二子又皆人，无少异。迟至黎明，竟不归，相与涕泣行。后人摭其事于碑，覆以亭，因名驿。至今井亭峃然存，终古无汲者。邑远近虽山，绝无虎患，不知其何异也。

【1】漏箭：也称箭漏，古代计时器。箭，置漏壶下，上刻时辰度数，随水浮沉以计时，也就是用以标记时刻的部件。引申指时间。还称刻漏，中国古代的计时器。漏是指带孔的壶，刻是指附有刻度的浮箭。有泄水型和受水型两种。早期多为泄水型漏刻，水从漏壶孔流出，漏壶中的浮箭随水面下降，浮箭上的刻度指示时间。受水型漏刻的浮箭在受水壶中，随水面上升指示时间，为了得到均匀水流可置多级受水壶。

【2】原文"束"，疑误，似当为"束"。

【3】射：猜度。

王翠翘

翠翘王氏，嘉隆（嘉靖、隆庆）时人，为吴中曲部名姬，有才知，与交者皆三吴名俊。其游间，公子流虽持多金，不能谋一面。姬名噪，东南幕府[1]贵人无不知之。姬转自辟客，常与姥礼天竺，数游湖上，湖上人士多迹之。时浙督胡公宗宪[2]开府会城，幕中挟两佳士，为山阴徐文长渭[3]，四明沈明臣嘉则[4]也。胡公偶泛舟六桥间，命小舠[5]携徐、沈二生采莲湖中。见一轻舫过，朱帘碧幄，两青衣[6]理茶具，有一美人[7]对炉香，他瞩若有所思者，其姿韵流丽，总非目所经见。公心羡，谓世间亦有此绝色耶。两生方白袷乌帻，指画湖山，为公动，甫目瞩之，舫已去。公令舟人尾问，则翠翘也，乃怏怏归。会海上倭难起，所在剽掠。吴越滨海郡邑，无不被其蹂躏。天下承平久，东南兵力柔脆，不谙战，猝遇变，不及斗而披靡甚。倭性轻飚且犷悍，劫杀无定所，转战千里，所向莫与撄。胡公时总方略，谓难与力敌，乃阴使侦者探导倭何人，知为徐海、汪五峰[8]辈。海故南中亡命，素从海舶入倭，识水道收风诸处，勾倭入寇，所拥无算。胡公幕府下，有掌符节官叶某，素器□才，密召嘱，徐海为倭之蜂虿[9]，一日不除，则民受害益深。吾观海，不过利子女多资尔。汝衔吾命，窃诣吴，务聘致王翠翘来杭，则吾事济矣。乃以千金为姥寿，叶受指语姥，姥涕泣呼翘商之。翘慷然叹曰，胡公不惜多金买一女子，以挽生灵之困，我又何惜一身酬胡公哉。行矣，毋多言。翘遂至杭。胡公闻其来，大悦。复命叶为制衣饰、奁具，赍黄金百挺，锦绮称是。令踵徐海营，馈而说曰，胡公闻将军名素矣，使某通问，非有他，倭之来不过利中国财耳，今其志已饱，纵多所杀伤，徒自疲。将军固东南人，纵与国为难，得无香火情及吴越耶。胡公不加兵者，欲老倭力，乘其怠而尽歼之，使毋归也。将军为一代人杰，乘此胜负未分之际，举军而归朝廷，则目前诸所有皆将军囊橐物。胡公且表将军坐镇宁波、定海间，拥田宅妻女以自奉身，不失令名，何自苦窜迹蛮邦，终为他人卤[10]乎。胡公恐见疑，特力致名姬伴金币而前，进辞去留，惟将军自择焉。叶速人舆翠翘前，海一见已神夺，纳行幕中，厚宴叶送还。曰，为我谢胡公，苟坚前约，我何难举军拜帐下哉。叶返，尽告公。公别间谍，布流言他倭营，谓徐海已窃纳款，将图尔辈馘[11]，献幕府上功，尔辈死亡无日矣。倭首果疑，阴令人伺海动定，海坐毳幕中，籍觽觚，方拥翠翘弹琵琶歌曲行酒。翘正盛妆绮服，倭使惊艳为神仙中人。窃问帐下，侍从曰，将军新得王夫人也。使还报，倭首大恚，怒曰，孺子藉我势取多资，今反卖我乎。夜提精卒袭之。海军不备，大溃。海仅挟翠翘操小舟逸出别港以免。迨天曙收残军，已杀伤过半。胡公探得海败，遣叶慰问，持明珠百粒贻王。乘间谓曰，事迫矣，夫人得无意乎。幸早决归计，时不可失也。又手笺谕海曰，昨闻倭人疑君中变，损君卒良多，恐终不能忘情也。语云，先发制人。君幸留意，旦夕将与君会饮行营，露布奏捷耳。海得报，整兵掩倭。众方醉酒，藉妇人寝，歼其全军并戮倭首。报公，公先颁犒赐于海军，订期受款。至日，公令幕府诸将帅环甲，袭衣[12]各藏利刃。两庑间置精甲数百，操械听命。外则罗羊豕酒品花币等。又伏两军要冲，檄诸门守各为备。徐海披所赐蟒犀佩刀，率死士百人，执兵籍^[13]叩首纳降。公起抚劳，各行酒三，加海冠服，余给花币精镪。酒中公预已置堇^[14]，众拜赐间，力不任。倏炮举辕门，精甲出，尽被执。海大声呼曰，我堕尔计，固当死，死何恨，但尔杀降，亦不利也。促赴江干^[15]斩之，枭示通衢，下令分其军。军皆内地人，归籍者听，去伍过半。明日，公大治具，集诸司宴望海楼，徐、沈两生亦从焉。酒半，诸司各以次上觞为寿，颂公知计，虽古之武乡再出不是过也。公已被酒，传翠翘至座，翘帕首罪服愁惨不胜。［公］笑曰，卿功不在和亲下也。微卿则东南不能贴席，吾今代卿择配，诸公可为助妆。诸司欢然，愿听教。公时目属徐、沈两生为长歌记胜，佐以大斗，意欲两客中俾翘自择。乃曰，两客成诗谁先，当以此子赠。两生从座上釂酒，属草未就，翠翘前起致词曰，妾薄命，误堕风尘，辱明公谬加鉴拔，用间同仇，金珠绵绮，不惜国家之奉以结妾，徒以妾能得徐海欢，可以内力败，乃公事尔。妾感明公知己，薄儿女之私，而尽心效顺，卒致倭焰屏熄，海隅偃戈，此皆明公知虑所及，妾何敢言力耶。但妾以一女子委身事海，海遇妾诚厚，略其恩而阴置之死，且使将卒同时坑尽，于国法则得矣。妾不居然祸水哉。今日辱明公厚意，下嫁名流，妾腼颜再事新欢，是妾既负海，更辱海甚矣。天下后世目章台薄幸^[16]，其祸至杀身蒙耻而不顾者，妾非罪魁也耶。明公倘怜妾，愿假一舟，吊徐海江上，妾虽死无恨。胡公初谓翘曲中负盛名，善度曲挑之，使奏伎众前，当大致金绮赠嫁。及闻翘语侃侃中大义，不可犯，诸司交赞其贤，爰听所请。比徐、沈两先生已成歌进草，胡公手援^[17]翘曰，事虽不谐，两客作颇称今日胜会，退可吊徐君矣。众惨然罢宴。是夜，翘盛饰就舟，设奠毕，自为哀挽^[18]调琵琶，奏于江上。月明潮生，江流鸣咽。翘大哭，碎琵琶水中，身随潮跃入，雪浪卷之而没。舟人与邻舟商旅错愕良久，莫能救。争讯长年辈，谓即王夫人翠翘耳。咸叹惜称义罢去。舟人传城入诣幕府，挝鼓报状。胡公凌辰语诸司，故情沈生为文祭之江。录叶某说倭功，奏请予一官。公以平倭进阶宫保，赐恩荫，其下各赐赉有差。翠翘有别传，语多不文，兹实录也^[19]。

【1】幕府：中国古代权臣、戎帅、疆吏、牧守引荐亲信士人以入府署参

与行事决策的制度。"幕府"原指古代将军的府署（因军队出征，使用帐幕，故称），亦指运筹帷幄之大将。后世将地方军政大吏的府署称作幕府。幕府中的僚属称幕僚。故幕府制度也称幕僚制度。自宋代以后聘用幕僚由自辟改为中央任命，大量幕职编入正官。

【2】胡宗宪，字汝贞，号梅林。祖籍安徽绩溪，家族世代锦衣卫出身，在东南倭乱时期任直浙总督。至嘉靖四十一年（1562年），胡宗宪主持的抗倭斗争取得了前所未有的胜利，渐次平息浙江的倭患，并开始剿灭福建的倭寇。嘉靖四十一年（1562年）五月，内阁首辅严嵩被罢官，其子严世蕃被逮。胡宗宪是由严嵩义子赵文华的举荐而屡屡升迁的，因此被政敌诬为严党，下狱。嘉靖四十四年（1565年）十一月胡宗宪在狱中瘐死。万历初年朝廷为其平反，追谥襄懋。开府会城，即指当时任直浙总督。

【3】徐渭，绍兴府山阴（今浙江绍兴）人。初字文清，后改字文长，号青藤老人等，明代著名文学家、书画家、戏曲家、军事家。曾担任胡宗宪幕僚，助其擒徐海、诱汪直。胡宗宪被下狱后，徐渭在忧惧发狂之下自杀九次却不死。后因杀继妻被下狱论死，被囚七年后，得张元忭等好友救免。

【4】沈明臣，字嘉则，号句章山人，晚号栎社长，鄞县（今浙江宁波）人。平生作诗七千余首，与王叔承、王稚登同称为万历年间三大"布衣诗人"。

【5】舠：如刀小船。

【6】青衣：古代指婢女。

【7】原文"有美一人"，误，当为"有一美人"。

【8】徐海、汪五峰：徐海，明徽州（今安徽歙县）人。曾为杭州虎跑寺僧，号明山和尚。后随叔父徐碧溪投汪直，称"天差平海大将军"，引倭寇扰东南沿海。嘉靖三十四年（1555年）合萨摩、肥前诸岛倭寇入犯，屯据柘林（今上海奉贤东南），分掠苏州、常熟、嘉兴、湖州等地，受挫于陆泾坝、王江泾。次年再据柘林，扰乍浦、嘉兴。后被总督胡宗宪用计诱降，缚同党陈东以献，终受困投水死。

王直，《明史》误作汪直，徽州（今安徽歙县）人。嘉靖时，与叶宗满等私造海船，犯禁出海，经营海外贸易，获得甚丰，人称"五峰船主"，后勾引倭寇，结巢于浙江双屿港。嘉靖二十六年（1547年），明浙江巡抚朱纨派兵进剿，毁双屿港。王直率领余党渡海至日本，自称徽王。嘉靖三十二年（1553年），王直等勾结倭寇，侵扰东南沿海，先后攻陷上海、苏州、徽州、南京等地，烧杀劫掠。明总督胡宗宪派蒋洲往日本，诱王直归降。嘉靖三十八年（1560年）冬，王直被诱杀于杭州。

【9】蜂虿：有毒刺的螫虫，比喻狠毒凶残。

【10】卤：同掳。

【11】馘：与敌国交战时取得的敌人左耳（用以计数报功）。

【12】袭衣：古代行礼时，穿在最外面的上衣。

【13】兵籍：兵士的名籍。

【14】堇："堇，乌头也。"毛茛科植物，母根叫乌头，为镇痉剂，有剧毒。（宋）无名氏《释常谈·置堇》："下毒药谓之置堇。"按，乌头含乌头碱，有剧毒。

【15】江干：岸边。

【16】章台：汉长安章台下街名，旧为妓院的代称。

【17】援：引，拉着。

【18】些："些"同"些"。《康熙字典》：些，又《集韵》桑何切，音娑。挽歌声。

【19】清初余怀的文言小说《王翠翘传》写作时间约在明崇祯年间，似早于《三刻拍案惊奇》。主要写妓女王翠翘，实际上涉及当时明代诸多政治、军事人物，其间最主要是徐海和罗龙文，前者是西湖边的无赖僧人，后者是任侠江湖的安徽财主。他们在王翠翘处相识，一见如故。徐海后来投奔倭寇，成为海盗大头目，王翠翘被掳，成了徐的压寨夫人。

罗龙文借机进见当时明兵部右侍郎总督胡宗宪，自荐招降徐海，并建议行赂翠翘，王氏说服了徐海归降朝廷。胡宗宪乘机进兵，自行弃信背约，擒杀了徐海。罗龙文出卖朋友依附权贵目的告遂。王翠翘则被胡宗宪送给另一降者。王翠翘痛哭悲号，思念徐海，投水殉情。王翠翘的悲剧故事在明末清初流传颇广，被写进多种文学作品中。

胡襄懋识人

胡公宗宪号梅林，徽郡绩溪（今安徽绩溪）人。年少负大志，善别人物。方为山左益都邑令，获大盗刘显等三十余人。公察其貌，皆不凡，且多膂力，俱释之，留为异日用。迨公督倭越中，刘显辈悉致部下。偶行部过吴，为倭所迹，围数重，几陷。刘显夜负公于背，执利刃，其三十余人挟弓矢突围出，馘斩甚众，卒得奉公归。刘显等后皆相次授官至偏裨。倭难平，公中弹劾，夺官下狱。公恐不免，有孙讳登者，尚幼，属其苍头[1]高四曰，是儿为吾令子[2]，余身后搴[3]永赖之，汝善自匿，且有后报。苍头晦迹某山中，卒得免。事雪，公出狱，卒于京邸[4]。家人舁还里。有年，登果及第，上书讼祖冤，复前官，予祭葬，赐谥襄懋。登归，盛治墓事。时山左戚公，南塘里居，进府衔，赐蟒玉，为公门下士也[5]。年已垂白，走数千里，具白衣冠来会葬，匍匐膜拜，泣不起。公之赏识不凡，如此特其一斑。

【1】苍头：指奴仆。
【2】令子：犹言佳儿，贤郎。多用于称美他人之子。
【3】搴：拔取。意指是胡氏家族将来出人头地的依赖。
【4】胡宗宪是嘉靖四十四年（1565 年）在狱中瘐死。
【5】指抗倭名将戚继光，其为山东蓬莱人，是胡宗宪任直浙总督时的部将。

岁星化叟

世宗时，习天官家[1]言者谓，岁星[2]晦匿，当出人间，奏请物色，下所在窃访查。然时京师通衢中，有叟长二尺许，长面广颡，须髯垂尺余，两目方瞳，颜白皙若玉，衣黄衫碧绦，露帻赤足，游行远近，遇佳酒垆，则痛饮至醉。酬值，飘然去，不知其所主，都人第呼为浪迹道人云。日久，每出市中，儿童前后拥观，间杂谐谑，叟亦不顾，饮酒如初。京兆捕缉人闻诸尹，具状奏闻，召入内殿，蹒跚拜柱下。问何所人，年几许。笑不答，但曰，今时和年丰，陛下垂裳而治。臣方外人，偶游春明，饮帝京酒，歌太平耳。上问汝饮几何。对曰，外间酒不佳，臣五斗亦醉，一石亦醉。上命近侍出大官酝饮之，别置一瓮，计叟所饮多寡，贮瓮中，以验其量。叟拜饮殿，上令尚食进馔，挥手退，第乞小果食荐饮而已。近侍数视瓮，瓮将满。叟方对上解绦[3]曰，臣请罪，少舒臣腹得尽陛下赐。再易一瓮，饮如初。凡三易瓮，而叟始称谢曰，陛下酒大佳，臣醉矣。初，上命近侍数视瓮，报满瓮溢，而叟无酲色，已大异。及再易瓮，叟量不少减，知其非常人也，肃然起敬。至瓮三易，叟告退。上曰，先生将安归，朕内苑不能容先生一席耶。令近侍导苑中秘阁下榻焉。明日，台官奏，夜来岁星复见，光映紫薇垣，此陛下盛德可感，得非旦夕有瑞征乎。上颔之，顾近侍召叟。秋阁[4]门闶依然，已失叟矣。自是都市叟迹亦绝，其夜岁星明如故。相传叟即岁星下降人间也。上命西殿内史为图，令学士作歌，纪其异。后临本于外，乃曰非岁星，寿星耳。

【1】原文"习官"，误，当为"天官"。古代通晓星相学即所谓历象之学的人称天官家。

【2】岁星：木星古称岁星，又称摄提、重华、应星、纪星，因为它绕行天球一周正好是十二年，与地支相同，所以称岁星，是五大行星之一。按五行说，天降祸福都会由岁星表现出来。若岁星运行应序，则国家昌运，五谷丰登；若运行失次，则国有战争、瘟疫、水旱灾害。

【3】绦：用丝编织的带子或绳子，此处即腰带。

【4】秋阁：指苑中秘阁。秘阁，宫中藏书处。

西学

万历间，大西洋人利玛窦[1]来入贡，兼以西学行于京师，公卿多从之游。其学善测天度，察气运，工制作，与台官互抵牾[2]。后以远人所学仅可施其国，于中土无与也，乃筑天主堂馆之[3]。中国受天主教者甚伙。崇祯又有龙华民[4]、汤若望[5]自其国来，所挟书策皆梵字，以革作帙，不可读，其绘事绘人物，生动俨若出塑。所云天主，其国名耶稣，其像散发覆背，右手按一混天轮，天地、日月、星斗蒙蒙然包气鞠中置膝上。左手若将指说者。天主貌类三十许，瞳神白黑炯炯，鼻准高于面唇，掀揭须表，颜色鲜妍若花晕，髭髯若漆，置帷幕中转侧顾盼，殆欲起而言也。盖工之妙在渲染得法，如施油蜡然。天主有母，首覆帨[6]至肩，鬖发不整，姣好一少艾[7]尔。所抱婴儿即天主母子，瞳神皆相注，面作红玉色，世之善写照者，其生气不能及也。习其教者，祀先不用楮，不礼神佛，以所事皆天主，戒置妾媵[8]，或无嗣则姑听之。有少过，躬诣天主前窃窃自忏，忏归，谓得无事已。器有自鸣钟、铁弦琴、千里镜、龙尾水车、混天仪、天地图、吉贝布[9]、西洋"帨"诸制。又善为杏核丹，止可日度一人，食不敢多及，然甚秘重，虽知交，多方请之不语也。余童时见龙君，年已称望八矣。今且四十年，闻尚在密室中，久谢客，计其年当百二十。龙四十年前貌如婴儿，须发旋螺白，双瞳澄碧，语娓娓，多名理[10]可听云。彼航海数年始得至中国，其人皆童身，终不娶。近时汤道未闻有子，与龙言异，则固不知也。

【1】利玛窦，意大利的天主教耶稣会传教士、学者。利玛窦是天主教在中国传教的最早开拓者之一，也是第一位阅读中国文学并对中国典籍进行钻研的西方学者。他通过"西方僧侣"的身份，"汉语著述"的方式传播天主教教义，并广交中国官员和社会名流，传播西方天文、数学、地理等科学技术知识，他的著述不仅对中西交流作出了重要贡献，对日本和朝鲜半岛上的国家认识西方文明也产生了重要影响。

【2】台官：台官即司天台或钦天监负责观察星象，制定历法的官员。抵悟：冲突矛盾。

【3】明末清初基督教第三次入华。明万历二十九年（1601年），意大利人利玛窦，字西泰，入京，万历皇帝准其留居北京。1605年，利玛窦在宣武门住处建"礼拜堂"。宣武门"礼拜堂"由于地处北京，仍采取了中国传统样式，且沿用一百多年，直至1712年重修后才改建为西洋样式。

【4】龙华民，明朝末年来中国的天主教传教士。意大利西西里人。万历二十五年（1597年）抵达澳门，一开始在韶州传教，万历三十七年（1609年）到北京，次年继利玛窦任在华耶稣会会长。为中国教区会长，负责耶稣会在中国的传教事务。在华传教58年，经常在山东济南一带活动。

【5】汤若望，德国人，神圣罗马帝国的耶稣会传教士，天主教耶稣会修士、神父、学者。在中国生活47年，历经明、清两个朝代。汤若望在中西文化交流史、中国基督教史和中国科技史上是一位不可忽视的人物。他以虔诚的信仰、渊博的知识奠定了他在中西文化交流史上的重要地位。他在华40余年，经历了明、清两个朝代，是继利玛窦来华之后最重要的耶稣会士之一。

【6】帨：佩巾，巾帕。

【7】少艾：形容年轻美丽的女子。

【8】妾媵：泛指侍妾。

【9】吉贝布：以木棉缝制出来的布，即古白氎布。"吉贝"，是马来文的音译。

【10】名理：特指魏晋及其后清谈家辨析事物名和理的是非同异。

御容

明高皇御容有二，一在灵谷寺[1]，一在鸡鸣寺[2]。在灵谷者，草本[3]也。首冠包巾，衣战袍，蹑革靴，腰软带，额颅突起，豁目浓眉，鼻准轩举，两颊骨张，河口广颡，额兜出过于额，须挺拔数十茎，面有大斑十数点，飘然尘表，望若龙状。其一颜色如渥丹[4]，五官端好，丰于颐颊，须三绺，疏秀可掬，面无纤痕，冠翼蝉[5]，衣绿衮，宝带，革靴，坐围椅，真天日之姿，人间未尝经见。二处凡游者，必请主僧展礼。两地迥殊，不知其孰是。或曰灵谷者上令工为之，宣威外域尔，非真也[6]。

【1】灵谷寺：灵谷寺位于南京市玄武区紫金山东南坡下，中山陵以东约1.5千米处，始建于天监十三年（514年），是南朝梁武帝为纪念著名僧人宝志禅师而兴建的"开善精舍"，初名开善寺。明朝时朱元璋亲自赐名"灵谷禅寺"，并封其为"天下第一禅林"，为明代佛教三大寺院之一。

【2】鸡鸣寺：鸡鸣寺位于南京市玄武区鸡笼山东麓山阜上，又称古鸡鸣寺，始建于西晋，是南京最古老的梵刹之一，自古有"南朝第一寺""南朝四百八十寺"之首寺的美誉，是南朝时期中国的佛教中心。明朝洪武二十年（1387年）明太祖朱元璋下令拆去旧屋，扩大规模，重建寺院。朱元璋题额为"鸡鸣寺"。

【3】草本：大约是指没有上色的底本。

【4】渥丹：润泽光艳的朱砂。多形容红润的面色。

【5】冠翼蝉：乌纱翼蝉冠，以其薄如蝉翼。

【6】（明）陆容《菽园杂记》："明太祖朱元璋尝集画工写御容，多不称旨。有笔意逼真者，自以为必见赏，及进览，亦然。一工探知上意，稍于形似之外，加穆穆之容以进。上览之，甚喜，乃命写数本以赐诸王。盖上之意早有，

而它工不能知也。"目前外界能见到的画像也主要集中在这两类，即一怪一俊，但版本众多。朱元璋画像，既有宫廷的，也有民间的，版本达16种之多，有的相貌很滑稽，十分新鲜。对于这个问题，当代人也争议不少，其实龙形脸是根据相术书画的，并不是朱元璋真实画像。当然，也有人说，朱元璋本来就长得丑，至于官方画像，则是他出于美化自己的考虑。

龙马池

云中马邑（今山西朔县）为唐尉迟恭[1]旧里，城外有池一，泓广数顷，通桑干水。相传公微时，数闻村人传，田间夜有物食禾，莫可迹。公乘夜坐池上，见一物腾出水面，就田食。公起，裸臂驰捉，乃一黑骓[2]也。骓不受束，矫首斗，田间禾尽薅。公挝其鬣，殴击遍，旋腾身上跨，俄顷数十里。骓不得入池，益嘶鸣甚。村人传火，惊烛之，真龙种，有甲出前后腹胁，足距而耳角，两目烁电。公手提归厩，自是邻田无恙。后人因名为龙马池。筑亭池心，祀公像，至今水不涸。

【1】尉迟恭即尉迟敬德，以字行，朔州善阳人。唐朝名将，凌烟阁二十四功臣之一。《大唐故司徒并州都督上柱国鄂国忠武公尉迟府君墓志之铭》："公讳融，字敬德"。《文苑英华》收录（唐）许敬宗《尉迟敬德碑文》："公讳恭，字敬德，河南洛阳人也。"

【2】骓：毛色苍白相杂，最好的宝马，骏马。

御河桥鬼

天启初，长安御河桥（今北京正义路）侧，每向暮，路人窃相戒不得过，谓有鬼物攫人立死，且灭踪迹。凡半年，所过者偶一犯之，辄飙然失所在。有一秦人（陕西人）健足也，初至京，不知故，夜腰锸[1]乘醉过桥，闻鬼声啾啾出桥下。初远渐近，见一物类人状，自石砌间腾起，直奔秦人。其人素强悍，多胆略，乃解锣橐提而扑之，中物首，立仆地不起。就之，则见披发障面，面衔一鬼具，两臂裹革，两手缚铁爪甚利，赤足，衣犊鼻裤[2]，乃人尔。砌下别有数物，见其首为人伤，前趋格斗，又为秦人捶折一物足，不良于行，余皆遁去，验此物束缚一如向制。血渍道上，但呻吟而已。秦人后归阓阛[3]，疾呼捉贼，一时衢巷更卒燃炬直前，向仆者已稍苏，执所司。讯鞫同党凡数人，各结束[4]如前。遇夜过者，掠沙扑面，作鬼声惊之，无不股栗被攫。攫得，勒死桥穴下，故卒不败。计已数十人矣。乃并擒其党，置之法，行御河桥者始无恐。

【1】锣：银子或银锭。
【2】犊鼻裤：也写作"犊鼻裈"。省作"犊鼻""犊裈"。意为短裤。
【3】阓：是指环绕市区的墙；阛：是指市区的门。古时，市道就在墙与门之间，所以通称市区为"阓阛"。
【4】结束：装束；打扮。

明崇祯善政

崇祯朝，帝励精图治，每章奏手自批阅，中夜不寝。有所得，下阁臣议，辄以片纸书某事某先生教之。令小中贵[1]持问，未尝名。与阁臣议殿上，必赐坐赐茶汤果饵，终席无倦色。性尚节俭，顾瞻不妄。故事，凡所御衣隔宿即易新以进。帝衣必三浣，数用香熨之而已。江浙织造减去什之五。日进常膳，乐九奏，尚食[2]以次献，帝概撤去，止三奏，食列数器，三宫[3]亦同焉。遇旱涝祷请，终月蔬食。旦夕一布袍御殿，忧思溢于天表。至雨旸得时，颜始少霁。宫室一仍其旧，无土木之役，一切声色货利玩好之奉皆不事。万几少暇，惟抚琴动操一二，亦不属意为也。晚年多作字，丈尺幅绡，作劈窠大书，矫健绝伦，时以赐臣下，至今有宝之者。帝望治过殷，念科目多立门户，力欲破格。于是淮安武举陈启新[4]以伏阙建言，立置台员。又令各藩宗子俊秀者，由本郡弟子员举乡会两试，与众同之。一时词苑台谏庶司郡邑皆宗庶交列焉。已，更取弟子员贡于京师入辟雍[5]，期年为换，授与明经并用，而间于岁贡廷试，亲为阅卷，拔数十人，进之司郎。复谓，词臣积望久例入政府，恐徒有清誉，而不娴舆情。又令有司考选得入翰林，枚卜[6]必举六曹大臣名以进。稍稍令中官典禁军，渐总外柄，日亟九边饷，不使悬欠。甲仗夹纩属，岁颁以时。秦楚寇急，命辅臣行边，访唐宋故事，躬为行酒饯送，赠之诗，都人士至为泣下。凡先朝矿役、珠役、杂榷无益之遣，尽报罢。帝之图治诸大端，殊非前代中主所及，而中外狃于时事，习于成法，遂一败不可救。或曰帝非亡国者也。时之亡已兆于熹宗矣，而不亡者，帝延一线于十七年，盖翊运主也。岂得谓亡国哉。亦诚知言。

【1】小中贵：小太监。

【2】尚食：明代有尚膳监、光禄寺、尚食局同掌伙食。明末清初人憨融上人《宫廷睹记》载光禄寺拟好三餐菜单，交给皇帝过目，转交尚膳监烹调，最后由尚食局伺候用餐。尚食原由女官掌管，明成祖以后转由太监负责。

【3】三宫：指周皇后、田贵妃、袁贵妃。

【4】陈启新，崇祯九年（1636年）由武举而破格拔为给事中，曾遭朝臣激烈反对。《明史·庄烈帝纪》："崇祯九年（1636年）二月辛卯，以武举陈启新为给事中。"同书《温体仁传》："给事中陈启新劾黄景昉，皆奉体仁指。"《选举志三》："用武举陈启新为给事，亦声名溃裂。"《钱士升传》："自陈启新言事，擢置省闼。比来借端幸进者，实繁有徒。"《詹尔选传》："詹尔选……崇祯八年（1635年）擢御史……明年（崇祯九年，1636年）疏劾陈启新：'宜召九卿科道，觌面敷陈，罄其底蕴。果有他长，然后授官。遽尔授官，非所以重名器。吏部尚书谢升、大学士温体仁不加驳正，尸素可愧。'帝怒。"《明季北略·杨光先参陈启新》："及十五年壬午（1642年）八月，时启新为刑科右给事中，匿丧被劾，下抚按讯之，寻遁。"

【5】辟雍：辟雍本为周天子所设大学，校址圆形，围以水池，前门外有便桥。其学有五，南为成均、北为上庠，东为东序，西为瞽宗，中为辟雍。其中以辟雍为最尊，故统称之。后世辟雍是太庙国子监的中心建筑，是天子的学堂，古代皇帝即位后必须在此讲学一次。这里指的太学，即京师的国子监。

【6】枚卜：明代指皇帝决定入内阁大臣人选，首先由吏部尚书会同有关官员推荐候选名单，然后由皇帝决定。

稗说校注

明末遗事

帝在信邸[1]时，数与中官[2]微行于外，故民情周知。且内恶魏珰逆状，即近侍前不轻发一语。御熹宗诸宦寺不严而肃，人多畏焉。尝偶过太庙前，见两宦者[3]舁食具仆于地，互相角，大声呼皇帝。众宦解之不得，帝前问曰，此何所，尔辈敢恣肆如是。宦者曰，千岁为此言，奴得何罪。曰，尔无罪耶，尔擅呼圣号，惊动列祖，罪顾不大欤。众宦者俯地称死，叩首相率罢去，自是异之。迨践祚[4]，削除珰党[5]，不假声色，未尝与一二亲臣谋。其睿断中古罕匹者。初年屏佛教，凡禁中旧设诸像概移外库，独崇儒重学，起故大臣田间，孜孜求治日切。周皇后起家故微，外间疾苦亦素谙，六宫相尚俭约，郡国诸方物概不取给，两圣[6]相助为理，中外颂焉。其后皇四子痘殇，帝梦中感太皇太后九莲之异[7]，范九莲大士像于宫，因复诸佛旧所。从内帑[8]发洪武时一椟，封识甚固。启阅之，乃图谶也。一图绘诸官人委冠于地，披发狂走。一图宫室火，一人散发跣而经亭下。帝知不祥，仍锢秘付所司。后梦神人装大轴，轴中示一有字。寤而密语大珰[9]，令晰其义。识者窃曰，兹亦谶语也。盖大明二字，破裂不全耳。大珰讳之，无敢举，卒有甲申三月十九日之变。先是，江南孝陵宿卫居陵园，夜半忽闻呵跸驰道，声出原庙[10]。众起窥，窗隙见绛纱笼数百，列行辇道中，杂以葆羽幢盖拥仗，皆天人，与卫士迥殊。灯仗去地丈许，若在云雾间，鱼贯出。寻见樱舆赭盖[11]，高皇冠翼蝉[12]黄袍软带俯首作委顿状，迅速渡江去，人马驰骤不异寻常警跸。诸宿卫述之内厂，戒勿传。稍乃闻于外，未几北变至，计时正三月望前也。

【1】信邸：崇祯皇帝即位前封信王。

【2】中官：指宫内、朝内之官，后多指宦官。

【3】宦者：指的是宦官。

【4】践祚：指即位，登基。

【5】珰党：阉党集团。

【6】两圣：即周皇后之下的田贵妃、袁贵妃。

【7】九莲之异：悼灵王朱慈焕，崇祯皇帝第五子，田贵妃所生。《明史·诸王传五》：五岁时病危，崇祯皇帝临视，"忽云：'九莲菩萨言，帝待外戚薄，将尽殇诸子。'遂薨。九莲菩萨者，神宗母，孝定李皇太后也。"《明史·外戚传》：崇祯十二年（1639 年），崇祯皇帝采纳首辅薛国观的建议，向武清侯李国瑞借军饷未果，竟削夺其爵位，李国瑞惊吓而死，"诸戚畹人人自危。会皇五子疾亟，李太后凭而言。帝惧，悉还李氏产，复武清爵，而皇五子竟殇。或云中人拘乳媪，教皇五子言之也。未几，国观遂以事诛。"

【8】内帑：指皇室的仓库。

【9】大珰：亲近的大太监。

【10】原庙：帝王先已有庙，再立则称原庙。

【11】椋舆赭盖：椋，树木，类松。椋舆就是椋木制作的车子。赭盖：古代帝王所乘车子上朱红色伞形的遮蔽物。

【12】皇冠：皇帝戴的帽子，多用来象征皇权。翼蝉：乌纱翼蝉冠，一种帽子，以其薄如蝉翼。

铁老鸦庙

京师宣武门外琉璃厂南鄙有巷，俗呼为铁老鸦庙。居人刘某夫妇，俱凶悍。时崇祯辛巳（1641 年），天下大荒，京师石米四五镮[1]，物力腾涌。刘所居故僻，初治肉，日鬻于肆，稍得利糊口。后乃增巨镬[2]，大治器具，每醉归，余资累累。邻人皆叹羡其夫妇善治生云。刘虽多治肉，但未尝共伙伴，夫妇日夕操刀，又不见辇负羊豕到门，即间一提携，不过豚肩而已。居顷，庙巷远近数失儿童甚多家，各巷哭，邻人渐相讶，然未得间也。有隔巷童子卖饼过刘所，刘利其饼资，鬻之尽。令还取数十枚，并酬其值。童子归语父母，更持饼诣刘。刘延入，键其户，扑杀灶下，将镬之。童父以子迟久不至，从刘所问讯。值刘出购煤，忘扃户，童父得入院中。见其妇方操匕治人踝，血狼藉满壁，童父大惊，知子被赚杀。疾趋出，号呼里邻白所见。刘适归，众执之，共搜室中，得其子骸与前所鬻饼具，镬中人腊[3]犹烝烝[4]然。乃鸣于官，闻之上，夫妇并磔焉。毁其居为隙地。葬毂之下变异乃尔。或曰，是时山左、河北逆旅皆食人矣。禁地特一见也。

___

【1】镮：古钱量名。
【2】巨镬：形如大盆，用以煮食物的铁器。
【3】人腊：枯干人尸。
【4】烝烝：热气升腾貌。

鼍异

登州（今山东蓬莱）故滨海，闻昔近州一县，夜半居民忽惊天已曙，市肆俱启，邑吏亦出视事，与佐员相讶，夜何促乃尔。久之复晦，星河仍出，盖夜漏甫四下也。众转异不知故。明日，数海舶来。舶贾云，夜来泊岛中，觉海水涌沸有声，众起验风候，天已晓矣。遥见巨鼍[1]如高岗浮出海面，翘首西望，目所射云霞，岛屿纤细毕现，历一时乃稍稍没，仍如初夜焉。邑人益咋舌如故。

___

【1】鼍：又名中华鳄，扬子鳄。俗名土龙，猪婆龙。分布于长江中下游，是中国特有的一种鳄鱼，是世界上最小的鳄鱼品种之一。吻短，体长二米多，背部、尾部均有鳞甲。穴居江河岸边，皮可以蒙鼓。它既是古老的，又是现存数量非常稀少、世界上濒临灭绝的爬行动物。在鼍身上，至今还可以找到早先恐龙类爬行动物的许多特征，人们称鼍为"活化石"。

美人鱼

南海近洋岛中，人置陂池，引潮水注内，候潮退，于沙间尝得美人鱼。其身如海鳅，无鳞，腹白滑若玉，长五六尺。首则居然一少妇也，眉目唇鼻五官具，色甚姣泽，有发长三尺披脊上，发色微黄，类马鬃[1]。岛人舁归畜陂中，覆以苇箔，此物畏日兼畏生人故耳。岛人无妻室者夜则就水与交，了不异人。久乃狎熟，啖以鱼虾饭饵，有阅多年无恙。亦怀孕，孕七八月产子，即黑白彝鬼。嗜鱼鲜，能伏水，不惮昼夜，畜鱼之家，一如夫妇。第不敢出水，稍籍床笫间则立槁。经淡水必病，得潮乃愈，然其类无一雄者。造物亦何神奇若是哉。

【1】马鬃：马鬃。

兽食虎

昔传一樵夫采薪山间，夜归遇虎，衔走数十里外，置深山一大树下，以鼻候樵息。樵虽惊怖几死，心犹惺惺动，私谓必噬矣。虎觉其未绝，置石上竟去。樵渐苏，见大树嵯岈可登，援而升树巅，伏阴翳中。食顷，乃见月下前虎先驱，导一物至。其物高丈许，作人立，止一足，披发数尺覆背上，两目如电，遍体皆白毛，跳踯虎后。虎诣旧所，已失樵，曳尾股栗，伏不起。前物向空大吼，声振山谷，木叶乱下，虎益缩如猬。前物挥足掷虎丈许复地，以两手擘虎腹，抓其心食之，弃去，还归旧道。樵战怖，复欲死，及旦乃归。不知其何兽。又大同灵丘（今山西大同市灵丘县）山中数多虎，相率十数成群，当昼噬人。灵丘驻褊帅[1]，常牧放营马山下，虎时就群中残啮去。军人相戒，捕之不得。一日，群虎复来噬马。忽有兽腾出，状亦类马，体甚大，鬃黄而微有短角，爪距锋利，群虎见之不动。此兽取一虎立饮其血尽，复噬他虎三四，乃它逸。余虎无复向时咆哮状，垂首各辟匿焉。嗣是虎患顿绝，前兽更不见。相传马化[2]善噬虎，虎遇之无得脱，独不伤人畜，其状与马同，前兽或马化欤。

【1】褊帅或是偏帅之误，偏帅即副将或一方守将。

【2】马化:（晋）干宝《搜神记》卷十二："蜀中西南高山之上,有物与猴相类,长七尺,能作人行,善走逐人。名曰'猴国',一名'马化',或曰'玃猨'。"

刘定

梁生某,京兆人,为诸生[1],丰姿秀颖,倜傥多才,每为同舍生所推重。偶从玉河拉友闲步至平康里[2],见一第宅中驻帷车,车出一丽人,妆饰闲雅,铅华不御而天然殊秀。回眸顾生,入第去。生使苍头问舆人[3],此何第宅耶。舆人曰,曲中[4]名籍刘定邸也。问,向车中即刘乎。曰,是也。乃同友造访。刘延别室中款生,两相契,遂定情焉。生自是数往来刘所。生家故右族[5],年少美风韵,姥与刘两利之。是岁生秋试[6]竣,招同志饮家园中,使刘行酒为寿。放榜夕,刘延生过邸,酒间订以终身之约,谓生旦夕即云泥[7]矣,若鹿苹醉归[8]走马章台下[9],得一目风流死无恨。生方醋卧达晓,揭录者已排闼入,呼刘索采,刘姊娣辈争取锦绮分赠,扶生立书酬值而去。生领宴归,命驺从鼓吹由玉河还第。姥知生必得刘,故悬千金聘。生适当一第,不能应,私与刘约,南宫[10]后当不负子雅意耳。明年果捷,刘复出采助之。生宴上林,仍翘鞭玉河道上。平康女伴啧啧如堵,不减河阳年少拥果车[11]。时刘名籍甚,阳武侯薛公知之,招刘饮客,不听归。侯欲结生欢,集宾客,座中出刘为赠,别酬姥值,生终当德我也。先期治具盛供帐,为书招生,且大致客。会生饮座主[12]所,至夜分,竟醉归。侯方张宴,聚众客广坐,招致两院乐部待。久不至,日向暮,主宾意怠,使使侦所向,知饮他所。侯大恚且愧,谓客曰,孺子薄乃公耶。速且与诸客醉。质明,呼姥立付数百金,竟纳之。刘但啼泣而已。生闻,数造第请罪。侯终不一面。遣客多方关说,侯意坚不能动。未几,生授洛阳,挈家行,自是遂绝。刘年甫二十,丰格娟楚,顾盼有余媚。善吴歈,一发喉四座间清飔袭人,木叶俱下。盖商调多而一往殊不胜情也。余从梁生游,数见之。已,再饮侯家,隔帘度曲。余笑谓侯曰,歌者得非定生[13]乎。侯但匿笑已尔。

后不知其所终。

【1】诸生：秀才。

【2】平康里：唐代长安街坊名，是妓女居住的地方，后世成为妓院的代称。

【3】舆人：众人。

【4】曲中：妓坊的通称。

【5】右族：豪门大族。

【6】秋试：即乡试，考中者为举人，有资格参加会试。

【7】云泥：云在天，泥在地，比喻地位的高下相差极大。这里指梁生即将参加会试而高中。

【8】《诗经·小雅·鹿鸣》作为早期的君臣宴会乐歌，后来成为贵族宴会或举行乡饮酒礼、燕礼等宴会的乐歌。及至唐宋，科举考试后举行的宴会上，也歌唱《鹿鸣》之章，称为"鹿鸣宴"。这里是比喻梁生会试中式参加的宴会。

【9】章台：汉长安章台下街名，旧为妓院的代称。原指骑马经过章台，后指涉足妓间。

【10】南宫：即礼部在京师主持的会试。

【11】《晋书》卷五十五《潘岳列传》："岳美姿仪，辞藻绝丽，尤善为哀诔之文。少时常挟弹出洛阳道，妇人遇之者，皆连手萦绕，投之以果，遂满车而归。时张载甚丑，每行，小儿以瓦石掷之，委顿而反。"果车，美男子的代称。

【12】座主：即座师。科举中式者称主考官为座师，教授功课者为业师，也叫本师。

【13】定生：指刘定。

杨宛

杨宛，故待诏茅止生[1]姬。初，宛以书画噪名南院，止生与订盟，掷数千金挟归，筑别馆贮焉。宛书多遒媚，善画兰，止生为镌石兜壁间。同人有乞者，辄榻与之。宛名走四方甚。崇祯末，止生卒，宛入田戚畹[2]家。

田原利宛有重资，百计诱之归。归而尽掩所有，使宛教其侍儿辈，不与御。宛戚戚自伤，追悔无及。会流寇入京师，宛乘乱挟田家资出城，为盗剽掠尽，仅以身免。卒狼狈死中道，而其名曲中犹啧啧。

【1】待诏：官名。汉代以才技征召士人，使随时听候皇帝的诏令，谓之待诏，有待诏公车、待诏金马门等名目。唐初，凡文辞经学之士及医卜等有专长者，均待诏值日于翰林院，以备传唤。玄宗时遂以名官，称翰林待诏，掌批答四方表疏，文章应制等事。茅止生：即茅元仪，字止生，号石民。茅坤孙。天启初，为孙承宗幕僚。崇祯初，上《武备志》，为翰林待诏。后任副总兵，守觉华岛，旋以兵变论戍漳浦。边事急，再请募死士勤王，权臣不许，悲愤纵酒卒。有《暇老斋笔记》《野航史话》《石民集》等，所辑《武备志》网罗历代军事著作，附大量插图，尤具资料价值。

【2】田戚畹，指明崇祯皇帝宠妃田贵妃之父田弘遇。田弘遇以女贵，官左都督，窃弄威权，京城侧目，人称"田戚畹"。田贵妃尝因过一度被斥居启祥宫，崇祯十五年（1642年）卒。

甘州土风

甘肃为九边之一，地处西北，逼临黄河皆水田。汉时治大堤，于外作水门，引黄河流溉稻，旱涝时启闭之。河水多泥沙，稻所壅，其获更倍。其粒软白而腴，江南殆不及。自秦汉来，河循故道，终无迁溃患，堤或岁久间一治。河生鱼，甘腴异于常味，他郡有走数百里购取者。当秋冬际，鹙雁水鸟百千成群[1]，喧于水隈，土人时罗致，鬻于市。人家皆平屋，施筒瓦，类官司衙署，然以地近边，边多风且劲，凡瓦不能敌尔。男女皆操吴音，盖明初高帝徙秣陵人戍此，至今语不易，妇饰亦如吴宫髻[2]，长衫，但不纨绮[3]。家各蓄弓矢鹰犬，数事猎。西北边劲兵，此其一。

【1】原书：郡，误，当为"群"。
【2】吴宫髻：苏州一带妇女的发式。

【3】纨绮：精美的丝织品。

黄牡丹状元

广陵（今江苏扬州）郑超宗，讳元勋[1]，家世业鹾。及超宗成进士，筑园蜀冈前以奉母。云间董宗伯玄宰[2]以影园名，谓据胜在山影水影柳影之间也。雅好客，以文酒交四方知名士无虚日。园中植黄牡丹数本，遇花时，集诸客饮。先期制金叵罗[3]一，悬置座间。饮且醉，乃请客分题赠花，限以韵。诗成各书笺，糊其名，走使渡江至虞山，请牧斋钱公甲乙之[4]，戏拔其首为状元。公为评骘，返其诗，探首函则海南黎遂球也。遂以前叵罗为寿，而江南北称黎子为黄牡丹状元云。惜其诗偶逸未得录，亦一时风流雅举。超宗后与高帅杰交善。高泊广陵，超宗守陴间，与议屯驻，为郡众猝起扑杀之，同志惜焉[5]。

【1】郑元勋，字超宗，号惠东。明代画家。广陵（今扬州）人。崇祯十六年（1643年）进士。官至清吏司主事。工诗善画，为江东名流。

【2】董宗伯玄宰，即明著名书画家董其昌。

【3】金叵罗：即金制酒器，金杯。

【4】牧斋钱公甲乙之：牧斋钱公即名士钱谦益。甲乙之，即评定优劣。

【5】郑元勋死于南明时期高杰之乱。徐沁《明画录》卷五云：郑元超"因悍镇分地临扬，欲纾难而出语小误，为众击，惨死，时论惜之。卒年四十二"。

地师易兆

山左（今山东）一巨公家延地师卜兆[1]，其子弟固贵介，多忽之。地师阴已得佳兆，即巨公家别墅，以轻己不与语。巨公有老仆某，其循谨，数于地师所，服役殷勤，心额之。乃辞其主人归，夜宿仆室。仆预戒妇烹一伏雌[2]，杂鲑菜佐酒。酒间所进皆伏雌之余。地师私谓此奴固狡，知主人倦客，彼亦和之耶。凌辰遂行，仆执袂怏怏不忍别，售一角物，封缄甚固。曰，留为前途逆旅侑杯勺可耳。地师夜至传舍[3]，饥甚。发仆所贻，则皆伏雌，具兼杂饼饵。乃大追悔曰，吾误矣，吾误矣。复至仆所愧谢，道其故曰，微君用意良厚，几失君。吾昨得地，即尔主家田，善图之，公卿世世未艾也。夜携仆示其向背结穴[4]，遂辞去。他日仆乞地于巨公，与之。仆恐主中变，爱身鹅酒[5]乞一帖。主为题绝句曰，为怜仆老乞骸过，给与南园数亩多，后世儿孙须记取，受他斗酒一只鹅。仆归，私令子识其处。仆夫妇后先殁，祔于穴。果簪组[6]代起不绝，山左推为望族。

【1】卜兆：占卜以确定墓地。

【2】伏雌：母鸡。

【3】传舍：旅舍。

【4】向背：分别而言龙背、龙面，指龙脉的正面和背面。风水家认为，龙脉结穴只于正面，背面则非，因而只有正面可安坟立宅。结穴：旧时堪舆家谓地脉顿停处地形洼突，地气所藏结，称为"结穴"。

【5】爱身：亲自。爱身鹅酒：亲自送鹅和酒作礼物。

【6】簪组：古代官吏的冠饰。比喻做官。

沧州铁狮

旧沧州，汉渤海郡（今河北沧州旧州镇），距长芦城（今河北沧州）五十里。明正、嘉间（正德、嘉靖），以地远运河，邮传不便，乃就长芦改今治。旧城废置多年，中有铁狮，高寻丈，大逾象，腹下行车，相传周世宗时物。世宗数急边，常过州，立烽堠长芦北备侦瞭。今堠址尚存，易为药王庙台。时州人某罹法当死，善治冶，愿输铁万斤铸兽请免。世宗薄其罪，使冶之。兽成，即今狮，昂首野中，宛若行然。州遂以狮著，盖旧郡也，而非芦[1]。康熙八年（1669年）冬，今上曾临幸观焉。

郭景汾报仇

郭景汾,晋之闻喜(今山西闻喜)人,为康熙丁未(1667年)进士。未发时,其祖父世居乡寨。顺治初,云中(今山西大同)帅姜瓖[1]叛,所在咸受伪命。邑有渠贼李登授伪帅,率所部破邑诸寨。汾祖、父皆被执,汾有妹方十四,色姣好,李欲乱之不从,汾祖父益诟骂贼,俱为所磔。汾时幼冲得免。后瓖难平,李归顺,仍居邑。汾长,私铸铁鞭一,镂报仇二字柄间,出入衣袂[2]积二十年。汾得第,(后)于康熙七年(1668年)[3],值登于市,猝掣鞭击之,中肩不死,汾仆李某从而协殴。同时市人集数百纵观,知汾为祖、父报仇,咸恨登平日所为,攒相击,俄顷毙。汾挟仆入邑,白罪状就死。令陆君某廉得实,援子孙为祖父杀仇例,法无抵,具谳各台。晋抚上其状,下廷尉议,谓登归顺久,汾迟至二十年后始称仇杀,坐谋杀,故论死,下诏狱者五年。汾有媚母年高,恸子伏法,每食辄使人伺汾,汾食则食,汾不食亦不食。汾知之,姑强食饮以慰母,故得无恙。有子郭□娃,年十四,号泣伏阙上书,请代父死,不听。会值赦,乃减等,同妻流闽之松溪(今福建松溪)。陆令亦坐失出故褫职,并流闽。父子皆孝子,固足传。

【2】衣袂：衣袖。

【3】按：文中说郭景汾为康熙丁未进士，丁未是康熙六年（1667年），此处又云其得第于康熙七年（1668年），两说抵牾。考《康熙六年丁未科（1667年）殿试金榜》无郭景汾，康熙七年（1668年）无开科考试。《顺治辛丑科（1661年）殿试金榜》载郭景汾中在三甲第198名。因此，郭景汾中式应该是在顺治十八年（1661年），杀李登在康熙七年（1668年）。康熙十二年（1673年），三藩之乱爆发，郭景汾在福建受靖南王耿精忠伪职，平叛后以同党论死，押送北京斩首。

近代诗媛

近代女郎能诗者往称吴中王修微，自号草衣道人，与陈仲醇、钟伯敬善，有集行世。常至钱塘，结社圣湖，一时推为韵事。嗣有柳是，字如是，亦吴姬，善诗，虞山钱宗伯牧斋纳焉。松圆诗老程孟阳与诸客作河东君咏，唱酬者众。柳亦有集，钱公秘之不概见。比兴化季夫人母子著闺秀集，庭训居多，可为壸范。同时广陵卞夫人母子号能诗，镂有全帙，藏刘峻度家，然不他见。此数诗人皆独出手眼，积岁而成一家，言无倩笔惑世。近余游湖上，从友人所读王玉映夫人杂作，知夫人为山阴遂东王公女，名端淑，丁公半千媳也。国初，夫人亦结社，问业四方名流，晚乃侨家湖上，著书自娱。客时造门，多投篇什就正焉。闻夫人年垂暮，炊烟不起，则弄笔作画片，乞米归。人争购之，然不数数为也。王先生固好奇者，乃奇至此哉。

坚白

国初京师有坚白者，一中年妇，冠男子冠，衣氅，辟社结客，称谓一如丈夫礼，能诗，善画兰，朝贵多与游。有时作女妆会客，语皆古今诗画事，不他及。外有广堂，接四方士以诗文来贽者。内治斋舍甚精洁，四壁皆名公赠答，余惟书数架，一琴、一榻、一几、一炉而已，外无长物。雅好琴，客集外舍，数闻琴声出户间。迟久始一见，见不作寒暄，相对终日泊如也。后闻一巨公挟之山左去。或曰，坚白非结客，乃以诗阅人择嫁者。昔曾为某家姜，姑示诡异耳。

金水河

大内紫禁城外金水河，先朝水边皆大珰休沐别馆，甚幽闵。朝贵凡谢恩陛辞后，多邀致其间共饭。饭不张供具，惟设短榻、一二几，一团清语，毋敢哗。治具极精良，咸仿上方食珍为之。或上撤膳馐赐珰，珰不敢私，即从座中分馈诸客，酒皆湛如乳，甚清冽，亦出自大官制者。四时如瓜菜果实属，南北先时毕备，出以饷客。酒间具吴绫佳楮，时向客乞诗索书。然愿谨，绝不及朝政，故一二士大夫亦与之游。

卢沟断梁

康熙七年（1668年）秋，京师淫雨经旬，桑干[1]泛涨，水腾出卢沟桥上，桥为断。西山水直[2]浸都湟正阳梁东西多河，淹没市居殆尽[3]。先是，卢沟居人薄夜见桑干[4]河势激，有一物大逾象，龙首四足，遍身鳞甲，飞腾轰流前，狂澜卷之即走，头触梁，梁辄崩。有策卫过梁者方半，忽闻大声起足下，挟砖石飞掷河流外，人与卫皆无恙。还顾梁上，水壁立倒泻，其人了不知故。老人谓万历末亦久雨，西山水至正阳门堪[5]，距今殆一甲子再见也。

【1】【4】原书"轧"，当作"干"。桑干河，今永定河。

【2】原书"真"字，误，当为"直"。

【3】《清圣祖仁皇帝实录》卷二十六："康熙七年（1668年）七月丁未，以浑河水发，冲决卢沟桥及堤岸，遣工部侍郎罗多等前往修筑。辛酉，命禁

︱稗说校注︱

止浑河堤岸处所庄佃私开沟口,仍命工部察看在京内、外河渠,及时疏浚。"

【5】《明神宗实录》卷四百八十四、四百八十八。明神宗万历三十九年(1611年)六月壬午,大雨水,都城内外暴涨,损官民庐舍。十月丁卯朔,礼科给事中周永春等上言:"畿辅今岁水灾较之三十二年(1604年)、三十五年(1607年)两年,其势尤甚。"门堪,即门槛。

邓小吏絮铁

林铁崖公[1],闽人,为岭南罗定(今广东罗定)监司。海外无事,公时以诗酒自娱。罗有小吏邓某,素驯谨,得公意,因昵焉。公以他事诖误,械之北,邓间关数千里从之。天寒,公时镮首,邓为擘絮衣裹银铛上身,分荷其重,夜则袭公侧,伺动止,未尝少间。事公还南,遣邓归。公有絮铁歌行于时,同人嘉其义,多相和。余见邓吏时,其人已娶,且有子矣,状亦山野,讯往事,犹只徊忾叹云。

【1】林嗣环,字铁崖,号起八。清代顺治年间的福建晋江(现泉州市安溪县官桥镇驷岭村)人。明崇祯十五年(1642年)壬午科中举人,继而于清顺治六年(1649年)己丑科登进士及第。授太中大夫,持简随征,便宜行事。顺治十三年,被耿仲明、尚可喜二藩诬告落职。被捕之时,民众悲声载道。顺治十七年(1660年),嗣环下刑部狱西曹就计无果。"帝念三任勤劳。暂放杭州治下。待康熙初政(1662年),复审平冤获释,诏升广西左参政"。嗣环经历磨难,无意仕途,遂客寓杭州,放舟西湖,寄情山水,唱和名流。后因贫以死。

粤东闱事

粤东闱事之盛,他省莫与比。帘官入帘后,自九日至揭晓先一日,至公堂。每辰悬百花灯数联,灯取茉莉木樨兰蕙各山草花芳艳者,穿作采缬,大数围，香气袭鼻，隔日一易。诸帘官日所给，自常馔外，例得以嗜好取用，如海错诸珍。以片纸出，立应。闱内外有泉微卤，南番两邑数飞艇，数里外携甘泉日荐之。别有室，蓄名酒佳茗良药珍果，备缓急，司以尉。越一夕，内外帘人具一筵，亦丰洁胜常，终闱乃已。至室宇供帐器用，纤细毕备。发榜夕，初更时内帘启键，抚军率提调、藩臬、监司与弥封所[1]，更以次入，会经堂，仍扃户。两主考、内帘官俱集，主司[2]左，抚军[3]右，各帘官[4]雁行列，藩臬[5]、监司[6]向上皆冠服，俱从吉。弥封官侍坐，抚军左距诸帘官上，命吏以次取卷拆之。每卷必验名，抚军旁吏书草于条纸，先进主司，次进藩臬、监司，次进各帘官。已，乃置广案。案先设榜，榜用内府贡纸裱制，外饰绫锦，内作乌丝栏，随拆随书之。书已，藩台用钤印金押日。弥封官纳卷椟中，授司吏，舁至司藏焉。外复启户，鼓吹导榜复亭，舁二小轴，乃装制龙虎，列榜棚首尾，谓龙虎榜云。先一日设棚，悬采候榜。榜放，每新贵名下悬小红纱笼一盏，终题名若干炬，无遗者。盖发榜时天未曙，便观览也。黎明，抚军与主司、藩臬、监司、房考集至公堂，立候新贵入。每十名班立檐前，诸吏捧果馔行列，人进三镏，各给花红，设拜堂下，仍鼓吹引出，闱试始竣。各归邸，向午速诸司赴宴。旧例设藩司署，近署废，改设郡学[7]明伦堂。主司、抚军各东西面南坐，藩臬、监司、内外帘官列座，新贵侍坐棚下，诸司名专席。预设银盘盏银花于筵，进优人演剧。席终，起诸乐迭奏。棚外建长桥丈许，栏楣悉施采缯，诸妓艳妆两行列，新贵鱼贯登，诸妓以次簪花，进之酒。过此则就舆绮各采旗导归，诸司乃散。是日，衢巷间皆罢市就观，路为之梗。南番两邑分役馈前宴于邸并食器，皆置不问。明日，新贵交拜，各房官具手版大逾常。朱幅冒以绫缯，重所知也。三日，平藩遣官传宴饮，两司各道太守、州邑印官咸得与宴，设王内苑中。导司至一亭，亭下尽植木樨，时盛放，芬香满亭，中设王几筵一，诸司行列序座，几各置金罍，供木樨一本。酒五行，王命宦者持金爵分酬诸司，各引满者三。诸司起为王寿亦，王进觞复座。王出宫姬奏乐演剧尽欢，诸司皆潦倒称醉，不听归。至夜分，始笼灯出苑，襟带犹馥作竟日香。凌辰，王已传止谢，诸司相邀饮无虚日，因各解维就道。朝廷遇士之典相沿之盛如此[8]。特其一人家子弟读书博科名者，闻之可以兴矣。

【1】弥封所：弥封所是一种机构名，科举考试期间临时办事机构。负责糊盖试卷姓名事宜。宋代始置封弥院，此后各级考试均有封弥院或封弥所设置。元、明、清诸代，在科举考试中沿用此法，惟改封弥所为弥封所。清制，乡、会试及殿试皆设弥封所，专司弥封试卷。按规定，考试士子交卷，由受卷官亲收，每十卷一封，戳印本官衔名，送弥封所。弥封所将试卷上士子姓名用纸糊盖，钤印后编号，至考中填榜时才得拆封，以避免阅卷时考生与考官间舞弊。若错印卷号、重用号印等皆受处罚。弥封后之试卷，交誊录所誊抄。弥封所官将封固之卷送至公堂，由监临、知贡举饬令誊录所官当堂领取。弥封所官，殿试六员，例用光禄寺、鸿胪寺汉堂官及内阁、翰林院侍读学士等；顺天乡试及会试均四员，由礼部咨取内阁及各部院进士出身或举人、恩、拔、副贡出身之官员充任；各省乡试之弥封官，以举贡正途出身之州、县官充任。弥封所差用人役，京师由部、院衙门经承、书吏内挑选；直省于附省州、县书吏内选拔。

【2】主司：主考官。

【3】抚军：明清时巡抚的别称。

【4】帘官：明清科举制度，乡试、会试时有内帘官、外帘官之别，统称帘官。称帘官者，因至公堂后进有门，加帘以隔之，后进在帘内，称内帘；帘外为外帘。主考（或总裁）及同考官居内帘，主要职务为阅卷。其助理人员为内提调、监试、收掌等官，掌管试卷等事，亦居内帘。外帘为监临、外提调、监试、收掌、誊录等官所居。外帘各官管理考场事务。内外帘官不相往来，有公事在内帘门口接洽。

【5】藩臬：指藩司和臬司。明清两代的布政使和按察使的并称。藩台，即布政使，在总督和巡抚之下，掌管一省的财赋和人事。臬台，即按察使，在总督和巡抚之下，专管刑名。

【6】监司：有监察州县之权的地方长官简称。有监察州县之权的地方官员统称监司，如清代的布政使、按察使、道员，等等。这里指布政使和按察使以下的各道道员之类。

【7】郡学：地方最高一级的学府。

【8】这里指的是乡试。参加乡试的是秀才，中式即为举人。

杨艺遇仙

吴江县（今江苏吴江）之平望镇有杨氏，右族，以田雄里中。杨氏族姓繁，惟杨艺者，早得异人术，晚年历游吴越间，所言多验，咸称为神仙云。自杨神仙之名著，凡所经，无贫富贵贱少长多款留，不听去。质以休咎进止疾病之事，趋如惊，杨皆一一答之，不少倦。而其言或经旬，经月，经岁，多操如左券然[1]。病者为立方，方皆出本草，药味外其药品骤即之，以为奇而诞。迨信者饮焉又立瘳，坐是人益敬畏其术，怦怦然，惟恐其言之中也。杨昔游白下（今南京），与溧阳（今江苏溧阳）令张公善。张补浙之新城（今浙江新城），杨过之，道经富春山[2]中，余得晤其人，与语信宿，雅相合，因备述其行事而传焉。杨字硕甫，自号不了道人，幼习儒，为制举业。弱冠，好与里中儿为樗蒲雉卢戏[3]，多所负，荡弃父业，父以故遇之良薄。一日，父与邻翁对弈村树下，一丐者过观，久不去。杨父局将北，丐从旁指其道曰，从此进子公且胜，何北为。弈已，杨父肃然起谓曰，尔非丐流，何置身若是身。曰，老亲见背早，家故贫，不善治生产，遂至此。问其年，亦弱冠。杨父招至家，收为义子。每与邻翁弈，得丐指一二，尝转胜。杨父与邻翁里中同称善弈者，而丐往往下之。杨父愈益重，暇日见硕甫与无赖博，数规谏，谏不听，常环臂曳之归。凡三年，忽病狂。初，啖饭不计多寡，辄啖辄啸歌。已，乃于市中掠取牛羊肉生啖，数斤立尽。枕藉犬豕牢间，或终日一偃仰头面，身体臭恶不可近。杨父厌之，驱使出。出游村之远近，不逾月，竟死厕中。杨父寻亦没，家中落。硕甫弃儒游西粤贵竹（今广西、贵州）间，忽于桂林（今广西桂林）市上遇前丐，不异昔时，面目光采，衣裳楚楚。从众中招硕甫前谓曰，家间事我已熟知，不必言，尔能从我往乎，去此不远，可伴归。硕甫同其行桂林山中，不计里，于林际得一草庵，入内无长物，惟黄草藉地一二处，尘釜破罂而已。两小童亦黄肿若病起状。硕甫叩其不死故，曰，我仙也，俗何能知我，以与子有宿缘，曩得聚而未可教，此其时矣，子姑留此，当语子出世之道。日饭一餐，粗粒杂木叶，不可食。渴则饮涧泉，不复举火。夜则四人交藉蔓草间，和衣卧起。日无事，丐惟嗒然趺坐，仍授硕甫以空心静坐法。初数月，强而为之。已，渐能坐二三时，诸妄得尽，更教以练气还元之诀，硕甫觉空尽一切，于人世靡所不知，盖不待思索而然者。阅数年，丐乃遣硕甫出，且别曰，余有远行，不留此。子尚于郡少有濡滞也。硕甫出，适当唐藩[4]趋黔粤，其辅某公善硕甫，辟为赞画，渐致通显，拥多金，娶子女，名奕奕起。无何，靖藩[5]下粤，平定全黔[6]。偶病剧，征医。知硕甫名，招行幕，遇以客礼，使投药。硕甫为调剂进，一夕立愈，王称神。自是常在行营，治疗诸病者，多得全活。王移闽（今福建），欲挟以去，硕甫辞甚力，散其重资子女，独轻舟还里，乃赎少时鬻产与田居，然仍素封[7]田叟矣。然性厌宾客，岁常挟平头数游吴越，为人疗病谈易，精于数学，兼善风鉴。盖其授受本诸异人，故不烦多语而立剖，不知者咸称神，其实从静中生慧，得于[8]易理微矣。硕甫数许可余，余逊谢未遑，而终不为之请，然其术固自奇。其人落落寞寞，饶酒趣，亦间[9]为诗，诗有别致，年六秩[10]矣，而清癯如壮夫焉。

【1】古代称契约为券，用竹做成，分左右两片，立约的各拿一片，左券常用做索偿的凭证。后来说有把握叫操左券。

【2】富春山：富春山在浙江桐庐县南（今富春江镇）。一名严陵山。前临富春江。

【3】樗蒲雉卢戏："樗蒲"，古代一种游戏，像后代掷色子。以五木为子，有枭、卢、雉、犊、塞为胜负之彩。博头有刻枭形者为最胜，卢次之，雉、犊又次之，塞为下。樗蒲的玩家掷"五木"时往往喊叫希望得到概率只有1/32的"卢""雉"两大彩，为"呼卢喝雉"成语的由来。樗蒲在中国文化中也成为赌博的代称。

【4】唐藩：1644年福王朱由崧建立了弘光政权。次年郑芝龙、黄道周等人扶朱聿键于福州登基称帝，改元为隆武，后世称之为隆武帝，也称唐王。

【5】靖藩：指清初三藩王之一的靖南王耿继茂。顺治七年（1650年），耿继茂与平南王尚可喜联手攻破广州后，展开"广州大屠杀"。顺治八年（1651年）耿继茂正式承袭其父的靖南王位。他帮助清朝消灭各个南明政权有功，被移封往福建。

【6】按：此段史事有误。"黥"字疑有误，或为"黔"。

【7】素封：指无官爵封邑而富比封君的人。

【8】原文"子"，误，当为"于"。

【9】原文"问"，误，当为"间"。

【10】原文"六裏"，误，当为"六秩"。六十周年。

还妇成梁

顺治间，嘉兴（今浙江嘉兴）郡[1]之某村农娶少妇有艳，夫妇归宁，行田间路，值一河梁，去妇家逾里。适雨，妇促其夫前取雨具接之，身憩大树下。夫踵外家门，值客聚饮，客皆平时相狎友，拉入座，先沃大斗数四。农多方告语同妇来，众嘈杂不之信。迨苦陈至再，其内兄乃携雨具偕之妇所，则杳然莫可迹。寻回夫家，叩其邻，咸曰，尔夫妇偕出，何问为？农大恸，内兄谓农谋其妇，故作诳语动众，遂讼之郡[2]。拷掠倍至，卒不得白。会遇赦，以疑案免。农坐妇故倾家，众怜之。因前时河梁断，为醵金制一舟，令农日济渡，获余钱自给。农之妇向遣夫去，遇一舟过梁下。舟人见美妇心动，又利其无伴，乃扣所以。谬曰，此河通汝母家不远，余与汝父交善，当乘我舟送汝归，不□愈田间踯躅耶。妇信之，登舟，舟人匿妇艎板下载归家，已深夜矣。妇知赚，大号泣，舟人操刃挟曰，若毋自苦，此固僻野地。若不从，即膏刃弃波中矣。妇无奈与合，凡两年。舟人家渐裕，弃其操舟业，为贩枭，往来嘉湖间。岁暮，偶来妇村籴米，欲载归。仍经向之断梁处觅舟，见农立河干，出钱请其载，农具道渡舟不可。舟人曰，此去距予家三十里耳，日已向暮，乘夜载归，明当返矣。乃厚其值，农为载之家。其妻自篱壁间窥农，惊异为夫也，胡为至此。乘间问之曰，尔何村人欤。农反不忆其为妇，漫应曰，予某里人，姓某氏。妇洁曰，尔素操舟者乎。农蹙额曰，家故农，以失妇得祸，众怜我给以舟耳。妇审其果为夫，乃窃谓舟人曰，今已除夕，载米人远来，姑饷之酒食，令其元日归可乎。夫听之。妇于岁朝大治具，凡村邻族戚过者，款留不听去，出盛馔饷众。居农别室具食，食之酒半，妇出拜四座曰，妇负大仇两年，今始得雪，然必邀众亲长者同鸣之郡，幸毋相讶。众愕然问故，妇戟手詈舟人，述赚己之颠末，且呼前夫出曰，此吾结发夫也。农初亦愕然，迨闻其详，相抱哭之恸。众交恨舟人所为，共讦于郡。郡鞫讯，舟人具服，棰楚毙于狱。听妇举舟人所有与前夫归。农耻不义，尽以所携造石梁，故所以利往来过者。咸指谓某农桥云。

【1】【2】原文"群"，误，当为"郡"。

王文安书画

往见孟津王文安公[1]作书科，首衣短，后衣不距案，两奴张绢素，曳而悬书，书不任指，乃任腕。必兴会至，始为之，虽束绡立扫尽，续以楮幅短扇，至裂歌裾杂进，无不人人餍所欲去。墨酣后，又能为蝇头小楷。间作画，画出入董、黄间，螺气瀹晕秀色润纸面。数令善歌者喁喁座次，而身和之，且和且书，佐以诗文及古今韵事谑语，倦而后已。已进酒，不再行，即呼餐具。性喜啖麰麦[2]，最嗜北地桃花冷淘[3]与新韭粉饵杂醢蒜，立可尽。釜鬲少选，就弄杯勺听歌，街鼓动，方罢去。公自言归，而马背车轼或入厕，尚成诗若干首。至拥衾枕未即卧，犹张灯从榻上属草不休。前辈风流举动，诚近代一段佳话，琅玡[4]后人自不俗乃尔。公有《琅华》《瑶华馆》[5]诸帖行世，独家藏拟山园石刻颇佳，藉茅即世[6]。后家中落，收辑无人，残篇断简散失四方。公弟大愚公曾于白门镂公平生诗文全集，未行而大愚亦殁。其梨枣[7]今藏泰州（今江苏泰州）宫宗衮[8]家，宗衮郎君为大愚婿，故授之。余向请集于宗衮，诺而未见，及寻当索之也。

【1】王铎，字觉斯，一字觉之，号十樵、嵩樵，又号痴庵、痴仙道人，别署烟潭渔叟，河南孟津人。明末清初书画家。入清官至大学士，谥文安。

【2】麰麦：大麦。

【3】冷淘：古代的凉面。

【4】琅玡王氏是中国古代顶级门阀士族，晋代四大盛门"王谢袁萧"之首（也有称"王谢桓庾"），是中古时期中原最具代表性的名门望族，素有"华夏首望"之誉称。王铎亦以琅玡王氏自诩。

【5】王铎的两篇书法作品。

【6】王铎次子王无咎，字藉茅。即世，去世。

【7】梨枣：旧时刻书制版多用梨木或枣木，故以"梨枣"作书版的代称。

【8】宫梦仁（1623—1713 年），字宗衮，号定山、伟镠子。江苏泰州人。廪监生，康熙己酉八年（1669 年）顺天府举人。康熙庚戌九年（1670 年）会试会元，康熙癸丑十二年（1673 年）殿试二甲第五名进士，授翰林院庶吉士，贵州道监察御史，河南督理粮储道布政使参议，湖广按察使，湖北驿盐道参议，提督山东学政，按察使副使，通政使，兵部督捕，大理寺少卿，都察院左佥都御史，通政使，都察院副都御史，福建巡抚、提督军务。（清）叶梦珠《阅世篇》卷二"庚戌会元宫宗衮梦仁，以冒籍被论，虽旋即辨明，而不及与殿试。及至癸丑会元韩元少□，丙辰会元彭凝祉定求，相继取大魁而宫亦与登馆选，是亦本朝前此所未有也"。

陈征君余山

　　陈继儒，字仲醇，号眉公，家云间[1]，为万历初郡诸生。与同里宗伯董公思白[2]共学。董公捷南宫[3]，仲醇因就试，搜捡无状，谓朝廷遇士非礼，早年尽弃制举不就，遂肆力古文辞。时太仓王弇州公[4]以古学雄于江之南，仲醇怀其文进，弇州公[5]心器之，呼为小友。尝寓所知书曰，近得董、陈两生[6]，岳岳不自下。董固英起特异，陈少作豪举，为仙为鬼未可知也。仲醇故尝谈书二陆祠。二陆者，士衡、士龙也。岁久，祠渐圮，仲醇为葺之。辟养花场，自制文乞花于郡人，多寡听。弇州公[7]助花三百本，逾年而二陆祠之花甲于郡。思白荐臻通显于长安[8]，为仲醇延誉，自是仲醇名渐著。四方征其文者，束帛挺金造请无虚日。以润笔之资卜筑余山。余山去郡咫尺，山不高，饶林木，又泉石清嘉。仲醇岁为充拓，就其形势向背，可庐则庐之，可亭则亭之，委迤近远，小作野致，不烦石师，堆垒瑰奇，凿泉穿沼，作种种匠意也。踵者犹行佳山水间，入野人田舍，竹篱草榻，风味攸然，其位置朴秀若入此。弇州[9]、伯玉诸公既没，时海内攻制举，耽诗赋古文辞者寡。仲醇以后起负时名，又超然于功名尘俗之外，天下益高其人。郡国具闻于上，怀宗下诏征聘，援文待诏征明例，将以词林一席待之。仲醇自念栖遁山林久，不闲冠冕，又时拘资格，立门户，非由制举出身者，摈不与伍。两被征召，卒不起，天下又因是称陈征君焉。比思白董公已晋宗伯[10]，其间援引之力居多。仲醇居山，尝与草衣道人王修微游。岁春时，必刺轻舟纵游西湖南北山中，卧起率于舟，以朝夕移棹不常，可避酒人残客，兼乘兴了文字[11]，逋迨夏始返。纵情山水数十载，年八十四卒于家。有白石山房全集行世。后人不振，余山日就荒，近已易姓矣。然八十余年处太平全盛，席享友朋诗酒泉石之乐，而又负物望，亦古今名流不多得者哉。

【1】云间：旧时松江府的别称。松江府约为今上海市吴淞江以南直至海边的整个区域。府治在华亭县，即今上海市松江区。

【2】董其昌，明代著名书画家。字玄宰，号思白、思翁，别号香光。松江华亭（今上海松江）人。谥叫文敏，因称董文敏。

【3】原文“捷南官”，误，当为“捷南宫”。南宫指礼部会试，即考取进士的考试。捷南宫即考中进士。

【4】【5】【7】王世贞，明代文学家、史学家。字元美，号凤洲，又号弇州山人。原文“弇洲”，误，当为“弇州”。

【6】指董其昌、陈继儒。

【8】长安，指都城。

【9】弇州，王世贞。伯玉，萧士玮，字伯玉，万历四十四年（1616年）中进士，官行人司行人，因故谪河南布政司知事、光禄寺典簿，后迁评事、礼部主事、吏部主事、南京吏部考功司郎中。明亡后，回到故里，专心著述，著有《春浮园集》十卷、《起信论解》一卷，另有多种日录传世。遗著以日录为多，是读书、吟诗、做学问、研究学术时的札记，有较为浓郁的抒情味。还有些是诗品、诗话。文笔简练，文境较宽。钱谦益论其为人：“无俗情、无俗务、无俗文、无俗诗。”

【10】宗伯：大宗伯为礼部尚书的别称。礼部侍郎称少宗伯。

【11】“乘兴了文字”，疑误，“了”为衍文。

卷
二

诸葛翙铭

　　闻故老传，明神宗时，诸葛翙铭者，不详何地人，为诸生[1]。坐水次，见一人若胥吏状，青衫负黄袱，渡河过，其行甚疾。生异之，乃追及，谓曰，观君非类世间人，此地固僻，愿语我。青衫者邀坐石上，语曰，与君有缘，予不讳，君毋讶也。予诚非世人，乃冥曹赍榜吏，今科榜中一士子，已列名。偶有非行，当易命，予还报主者耳。生跽请曰，不识某可得代欤。青衫踌躇久，曰，此日已晚，予当报命。试为君一捡籍中，果得，当明晚仍会于此。去如飞，倏灭。至期，生待旧所，青衫复至。至则笑曰，捡君籍，须后中一科。已为君图今科，得代所易者。事后幸大焚楮锭以酬众，慎勿忽也。生果中，日会主司[2]诸年友[3]，宴饮交欢，遂忘前约。春明当试南宫[4]，先数日，入夜从长安街，见向青衫被械而过，容色沮丧，顾生叹曰，君何误人乃尔，曩事败矣。予对簿，当罹严遣。念君甚，复窃得今闱数题名，早为制就挟以入，不负相成终始。咨嗟别去。生得题录文，阴纳器中，为逻卒搜获，褫名械于市。夜见前青衫至，曰，君苦我甚，聊以相报，虽然，亦阴谴也，从此别矣。生事峻归，落魄，不久终。

_____

【1】诸生：秀才。

【2】主司：科举的主考官。

【3】年友：明清时期，参加乡试或会试时同年登科的人互称同年、年兄；各家彼此称年家。

【4】南宫：即礼部在京师主持的举人参加的会试。

李青山

山左大盗李青山弟明山，素为郡大侠。兄弟皆具臂力，敢斗，居常窝盗。凡河北魏博邢洛与淄青间，驰骑数十成群，掠道路行旅，夺县官饷无忌。事发，相率匿青山兄弟所。青山复遣其党，赂上下胥吏辈，故沉其案，日久渐阁。前党复出掠他所，千里外攫客物，数馈贿不休，家日益富，而肆恶日益剧。四方亡命徒争投纳门下，日治酒食轰饮，所谋皆剽夺行劫事。青山兄弟视财轻，好结欢无赖，过之者不惜多金赠，故人乐为之用。崇祯辛巳（1641年），海内大饥，石米金数镮。河北山左逆旅间，争刲人饷客。客只身徒手匿足不敢前。关西盗蜂起，中原数千里兵燹，所在皆是。青山同弟号招平昔羽党，掠取远近马匹兵仗，聚数千人，据梁山为巢，数出掠村镇州郡，官民时苦之。梁山素多水，灌莽颇深，与漕渠密迩。安山一带又其犄角，东南粮艘至，例候闸，闸层次栉比，不数里即衔尾。维河干，又候蓄水盈渠始放舟，粮艘日集梁山侧。青山令从贼索米，每艘计石，廉其所携货轻重而什取三，始传箭放行，无敢越者。会宜兴相公[1]再被召，舟过之。青山兄弟裹甲拥百骑出列河干，请曰，传语相公，梁山泊李青山欲造请一言，幸毋相讶。公不能却，勉就见。青山马上俯身执手曰，武人不谙礼，且在野次，愿相公恕我。此地不能多陈，乞相公一临山寨，当有大事相干也。立命一舆至，舆卒数人促公登。公私度曰，我大臣也，初入国，固无利害相加。拒而不纳殆示惧，已往听之。乃谬谓仆从曰，东平郡吏手版进候，为语赴李将军约，当来前途尚有谕，少待之，毋令遽归。公至梁山寨，青山预已肃从贼行列旗帜金鼓，盛其军容以待。纳公座，率头领数十人拜堂下。公起谓曰，予奉召，难久留，汝曹有何大事速陈，我苟力可致，奚难。青山曰，某等为凶岁所迫，铤而走险，聚至多人，县官岂能忘情我辈。但今天下乱矣，关之内外，河之南北，兵甲连年。我辈身处父母之邦，邀结子弟，无非守此土以御外耳。相公归朝，乞奏请青山等罪犯赦其往而录之，愿自当一面，为天子捍山左臂，众所望也。公慨然曰，上悬赏破寇亟，若曹果革心归命，脱得成功，封侯之爵可坐致，予何惜一言收众杰耶。青山送公还舟。入京，上问曰，山左盗猖獗甚，闻断漕艘，卿来得无恙乎。公具述前事，密奏曰，察青山志在踞山左，以窥伺南北尔。夫济东地连三辅，门庭之盗不除，则腹心受患。今关陕楚豫何尝不就抚也，数抚救叛，寇得挟其术，尝我所谓养痈待溃，徒自贻戚无益。莫若密谕东抚，令就近大帅召之归，阴散其众，就军中执魁桀送阙下，不烦糜士卒饷粮而肘腋之害潜消，策之善者无逾此。上召枢臣，谕其指事下东抚之。青山果举众投幕府，借援剿流寇名，别命将分将其军。执青山兄弟以下数十余人，槛送京师。上择日御午门受俘。是日，京城闭九门，自长安道达西市，所在衢巷尽杜，羽林禁军环置市之左右，防奸人不虞也。青山等伏阙恸哭曰，臣等率众来归，欲为国报效，不意为奸相诱执。今天下用兵，陛下再示招抚，信哉。上不听。众出至右掖门。贼中一伪帅，长髯大躯，面顾青山大笑曰，痴儿子，拥精兵数千，不攻杀以示威天下，乃搏颡[2]一老书生，卒中其术，不死何为，咄嗟乎。此时但得三尺铁在手，取儿辈头如刈芥，惜哉。一腔血徒泼法场耳。怒目眦尽裂，两膊缚立断，众卒复加械，犹恨恨不已。青山兄弟以渠魁论磔，余以下骈斩。盖其军中已伪称正副元帅，立军师偏裨有差，坐大逆故耳。或曰，青山辈诚勇，使当日羁縻一官收为用，未必不贤于刘左。而终以疑见杀，卒使贼中执为口实。宜兴后日之不得全，亦有由然。

【1】《明史·周延儒传》："周延儒，字玉绳，宜兴（今江苏宜兴）人。万历四十一年（1613年）会试、殿试皆第一名……庄烈帝即位，召为礼部右侍郎……崇祯二年（1629年）十二月，京师有警，特旨拜延儒礼部尚书兼东阁大学士，参机务。"崇祯六年（1633年）周延儒任首辅时被温体仁排斥，引疾乞归。崇祯十四年（1641年）二月复受召入京，数月后再次入阁担任首辅。崇祯十六年（1643年）罢，寻赐死。

【2】搏颡：叩首。原文"博颡"，误，当为"搏颡"。

李定远度鬼

渤海李公人龙，号震阳，为丁亥（1647年）榜元[1]。初，公举贤书[2]时，其房师张公文明甫生。历三十余年之久，张公以词臣分房领元，其鼎元[3]则吕公宫[4]，皆张公所取士。两元及门，亦盛事也。李公以不善书□廷对殿三甲，出授定远令。定远属滁阳，明高帝发迹所，地旷民贫，汗莱满目，公下车绥恤之。县治后旧闭一亭，封扃甚固。询老吏，云，故宋包公拯曾令邑，凡断决罪囚死者，悉纳其魄置窖中，岁久愈益集，覆石加碑于上。遗令领邑者岁增一封，亭或败，葺之。无他禁，第禁毋弛键耳。相沿久，咸惧其不利，皆置勿问。公掀髯大噱曰，是诚齐东野语也。使包公多所论决，岂空人间狱，而反锢地下乎。即果尔为令者，且苦其发之不早，忍重困岁月哉。试启焉，祸福惟吾所主，无执邪说以乱听。吏不能强，呼众椎键排闼入，凝尘藉地尺许，中果竖一碑，无文字年代可稽，顽然质尔。寻起石长广三尺许，探下则空空深莫极。公方讶其诞妄，忽黑眚腾起如飞灰状，湿泠扑人，腥秽甚。经一时方散，终不知其故，各罢去。是夜，凡城中民家与署内院落间，鬼声啾啾，彻晓始已。居民咸搏颡[5]，乞公治之。公曰，毋惧也，我知之矣。此真包公恶其孽重，一死不足赎转，为是禁锢久，待我出之。但朝廷门禁严，以若许若敖，欲窜出司阍者，宁听其长往耶。汝辈归，各奠以酒浆楮帛，吾自遣发也。众如公教行，果少已，然啼号街衢如故。公廉访远近高衲得十数人，为坛城隍神宇前，先期牒告神，使诸衲呗诵，飨之牲醴宴楮，凡三日，夜乃洞开四门，为楮舟，载以出，焚之。水滨守门者，各见腾出黑眚如前，一饷时方灭。至暮，则城中寂然无闻矣。明日，相率叩厅。事殆，数千人欢呼神明父母，为包公再生云。事闻，京师多传闻失实，谓李公断鬼及度鬼耳。余闻于其师张公如此。后李公擢内院中翰[6]，未久，以老疾终，年已望八有二。子为郡诸生，政至此亦异矣。

【1】榜元：科举中会试第一名。

【2】贤书：原指举荐贤能的文书，后世称乡试考中举人为"登贤书"。

【3】鼎元：科举制度，会试后再参加殿试中状元的别称之一，因居鼎甲之首而得名。所谓鼎甲，即一甲中状元、榜眼、探花的总称，鼎有三足，一甲共三名，故有此称。

【4】吕公宫：《顺治四年丁亥科殿试金榜题名》一甲第一名吕宫。

【5】搏颡：叩首。原文"博颡"，误，当为"搏颡"。

【6】原字是错字。

【7】内院中翰：明清时内阁中书的别称。

秦良玉

秦良玉，四川某偏将妻，在军中多得士心。夫死，两院交奏秦领其军，上报可。明万历末，曾调赴京师，兵数千人，皆步卒，善走敢斗。其军中器具装制与常殊，人戴藤帽，裹软铠，铠以楮为之，铅镞不能入。凡临战，臂藤牌，执刀跃入坚壁中，人马遇之立靡。或铁骑四面猝至，各辨队分一路与角。骑而驰者，止利前进，至左右先后数难御。蜀卒刀牌，回翔千军万马间，时上时下，蹶一骑，则众骑为之纷纷，乃无次。蜀卒得跳踯乘间取之，故秦卒以劲闻。秦年三十许，色微黄，两颧张起，善驰射，其陷阵不以骑，惟舞牌贴地进。遇骑则滚而劈其足，立刃人如刘。军中又逊其矫捷。然秦故持重，能用智术，不概事力，故所向独全。与他帅幕府论兵，常具冠服，拜起一如男子礼。退则易戎服，岸帻佩刀，仍一武人装尔。秦赏罚明，恤士卒甘苦。师行未食，秦不食。凡屯扎定，伺更深，必挟匕首周视营内外乃返。其营中更候不用刁斗鼓角，惟刻香传箭。箭五传帅幕，天已曙。所过村落，部卒无敢阑入。少有取，立枭示。士卒战阵还少定，必解甲验创。创多而前者，受上赏。创少且后薄其罚，无创则录罪。数战而全身以归，无馘获，无人畜，无兵仗辎重者，为卖战。卖战者，不力，杖脊，箭其耳，游示军中，置之殿卒。故秦军每斗，悉有死志也。然秦故中年，微闻幄中蓄少年数人，夜置酒弄琵琶，奏出塞曲[1]为寿，醉则侍寝，此其一失也。

———————

【1】原文"秦出塞曲"，误，当为"奏出塞曲"。

红彝炮

东南海大洋中有红彝国[1]，崇祯间，自闽道入贡。其国数巨炮[2]抵张湾（今北京通州张家湾），每炮用两车相衔，数牛曳而前，置禁城西灵济宫（今北京灵境胡同）。彝使上下面黝黑，碧眼黄髯，须发鬈然作螺状。首覆朱幔，衣朱衣，履革，腰短匕，其人类闽、粤间黑鬼。语侏离莫辨，译者数疏其意云，其国在大海中，逾年乘风汛便始达闽。国王知中国用兵，需火攻，爰遣使进，其制古无有也。炮长二丈许，大合抱，色若青铜。铸盘龙周炮上下，龙之须鬣鳞甲，吸吸生动，中国良工不能及。容火药石余，铅子大小亦石计。彝使以其国制，为架车，奏请试。先期告都鄙，毋越陌出。试南郭，彝使登车坐炮末，手自燃引药，兵民观者逾万。药发炮作，忽见青尘腾起天半，耳中簌簌如过鸟，烟气袭人，曚昧。极目数里外，了不见物。俟闻雷声震地中，则见天外飞黑子万千，食顷时乃已。众迹之，凡炮所经，草木摧为蔏粉，铅石交击入地尺许。道上鸟兽为火石中者，焦糜无完肤，计十里内外不能全也。向之黑子，盖树木瓦砾禽兽之属崩腾飞扬耳。彝使密语译者曰，此固神物，中国虽仿吾制，制之终必炸裂。炮所忌在女妇裸而遥拜，虽数发不利，且防后退。若欲厌之，亦于炮末，令男子裸而逆拜，炮无虚发矣。上厚遣还国。明末施以御寇，寇令妇褪衣拜，果不发。惜当日无一厌之者。

———————

【1】红彝国：旧称荷兰。红夷是因为欧洲诸多国家来到明朝的时候皮肤泛红而被称为红夷，并非因为服装的区别。

【2】16 世纪初，欧洲为战舰设计的舰载加农炮，在明代后期传入中国，也称为红衣大炮。所谓"红夷"者，红毛荷兰与葡萄牙也。因此很多人认为

红夷大炮是进口荷兰的，其实当时明朝将所有从西方进口的前装滑膛加农炮都称为红夷大炮。

蚺蛇

粤东罗阳（今广东省惠州市博罗县罗阳镇）西关外，一木工夜归，忽觉腥气溢鼻，草木簌簌作声。工知有异，匿身榕树下，榕为荫甚浓，半枕池塘侧。见巨蟒长数丈，大如瓮，首翘起数尺，目如两炬，趋池中饮。工偶挟短木突出，击其要害，不两三捶，蟒已不支，旁所籍丛薄靡碎数亩，竟死道上。工持斧劈其腹，腹裂，出一死狐，完然未化，大逾家犬，狐色黄赤，意甫吞之即就饮耳。工取胆归，呼邻人秉炬，舁村中，脔取其肉数百斤，分饷焉。工云，非蟒也。俗云，蚺蛇胆能疗杖。杖得此，虽备受箠楚固无恙。其皮可幔乐器。又云，山中时有，不为异。肉可糟食，兼愈疯癫诸疾，粤人珍之。

陕碑

陕西西安肃藩藏古法书石刻甚多，石式一如卷帙，长不逾三尺，藉以袱褥置闷阁中。遇各台或诏使差试出例朝王，王辄颁赐诸刻，间请石外榻，则裹羃，舁置榻所，还验之，其珍惜如此。闯逆破关中，堕召藩，部卒出入王宫，取前石砌以饲马，或为砺石者。坐是散失不备。近大吏稍稍购辑之，什不三四。民间利其端好，甚有砻为阶槛。历代名迹半不传，亦一大劫也。

胡叟祛狐

国初京师宣武门外有老叟胡姓者，语貌俱土著人，举动在雅俗间，常与菜市诸巨家游，多以太公称之。胡年虽六旬余，精健逾常人，双瞳烁烁，能鉴诸隐物。善驱狐，一外乡人家女妇因夫他出，偶存想间，为狐所祟。昼则阖户熟寝，向暮起，栉沐进饮食，仍扃门闼，窃窃语笑，至鸡鸣始已。妇年余骨立，舅姑数相叩，不答。以为中鬼魅，禳祷备至，卒无效。其父偶闻胡叟名，托友人致叟。叟慨然曰，呼所善来询所以，当为遣去。乃速妇舅至，语其状。叟笑曰，此儿后生小子，未谙世故，溺妇乃尔，无伤也。与一符命悬门上，别以一符，令病妇焚茶汤器中饮之，立平复。其舅如法行。及夜，祟不能入，辄从牖外涕泣，与妇别曰，胡太公吾族长者也。不意剧作恶如是，诀矣，诀矣，予从此逝矣。欻然没。妇果以饮符渐愈。两家邀友人谢叟，叟挥手速去，第曰，苟相念，可乞孟津王公[1]扇头一诗为玩足矣，他不事也。叟踪迹多在酒市，与友人饮，饮半酣即去，不知其居址。固请之，则曰，问某寺某第几廊。如问造访，皆曰，胡太公昨下榻，今已去他所矣。人疑其技术辟客，亦不较。积久，相传叟故多年老狐，幻迹觅异人证道[2]耳。叟知众觉，不更来。

【1】王铎，字觉斯，一字觉之，号十樵、嵩樵，又号痴庵、痴仙道人，别署烟潭渔叟，河南孟津人。明末清初书画家。入清官至大学士，谥文安。

【2】证道：悟道的意思。

徐福岛

登莱（今山东半岛）出大洋，乘帆一风可至，有岛名徐福，即秦始皇命福求仙航海之地。福携童男女五百人入海采药，不返，终始皇之世不闻。

有追求物色者，当日疑谓福溺风涛，或真遇仙忘归耳。相传福过此，见岛中地广衍可耕，草木繁殖，禽鸟异种，足诛茅可家焉。乃使童男女配合，渐治舍辟田，教众以蚕桑布絮之业。因山凭海，鱼盐金铁之利不烦外置，卒致富甲海外，以岛名远近。自秦至今历千余年，户口繁庶，皆童男女子姓所代衍也。曾有自岛来者云，其境止有海滨一径可入，四面叠嶂，中多异木，大合抱，长数丈，阴翳不见日，土人亦不知名，盖皆秦以前物。进逾数里，有土田甚平坦，悉树五谷桑麻属，居人傍四结庐，或十数家不等，相聚一巷陌。家各有流泉到门，可供饮濯。居有隙地，概植果木，惟桃梨枣栗独繁。鸡犬散落树下，鸣吠相接。耕耨多用人力，无牛畜。妇子尝采山蔬，如薇蕨薲蘑之属以自供。岛中不尚纨绮，独绢布麻葛数种，妇女辈织为衣，制不贵，亦无贵之者。家各有囷廪储谷，遇海舶过，取以易器具。中多垂白老叟，巍衣冠杖履而乐，与外人言，皆百余岁人也。岛人世相婚配，终千余年无出岛者。四时皆和煦，独春夏冬飓风，故居人复屋，概置石片以御之。海水味卤下不堪饮，惟此岛泉出石隙，甘冽与常殊。其菜实又皆鲜美。蘑有松蘑一种，色微黑，腴滑异常，雨后产多年枯松上，可远携，然不多得。岛据诸饶胜，虽僻处海外，不异仙源，即海舶间一过之殆不知也。

郡神灵异

国初云间[1]陆公某，以谒选[2]旋里，舟次天津之唐屯（今天津唐官屯），倚蓬窗间，见一健足青衣持寻常所递文书诣舟投。陆拆之，则沧郡城隍文请公代事也。陆亦不之讶，置箧中，青衣还复驰去，独陆见之，舟中家人辈皆不知。明日薄午，陆命具浴，易新衣冠，语家人后事，众大惊异。陆曰，毋异也，沧郡城隍当满，上帝以予能任，昨已遣役速代，晡时即去矣。未几，舣舟郡郭外。陆见诸胥吏台隶辈来逆，舆骑千旄鼓吹纷沓水次，家人辈第见陆指示左右状，食顷时，乃顾众曰，善护榇归，予之郡宇拜命矣。嗒然坐逝。香气遍舟所，家人治丧还南。陆既代神，日益灵，诸感应不具论，独惩恶妇一事，通郡人共见之，无不股栗，颂赫赫也。妇某故郡人，居郡河之西，素凶悍。夫为卖菜佣，有姑老，妇日夕诟詈，夫畏不敢语。一日与姑谇厉，夫他出，乘忿顶楮神走城隍所，跽拜咒诅，踵而观者众。言未既，则见妇目眦尽裂，手自挦发，发散，复裂裈，两手交掴面至百，乃大言曰，恶妇敢尔玩神如是耶，汝谓神无知欤，汝旦夕悖逆当暴恶死，以余禄苟留今，肆恶甚，与众白之。妇忽仆地，出两股若承杖者。口中作呻吟声，两股渐赤肿。已，更破裂，血狼藉被地。已，复起两手合掌作承指状，呼号愈若。十指间皮肉又残碎，下血如注。妇始乞哀称罪。观者动千人，庙祝率众代为请。妇忽曰，姑少已，且为众微。立抉一目出，垂眶颧间，流血被体，妇乃起。邻媪掖而归。途观者拥不前，交相咋舌，今古未闻见也。妇归，纳姑坐，拜地下不已，且誓曰，奴死罪，死罪，乞姑恕我，自今长斋削发奉姑老，不敢萌他想。姑为搏颡[3]，乞神纳睛于眶，扶之卧。明日妇起，睛完好如旧，仍瞩物无恙，邻里悚叹称神。妇寻祝发为尼，时得施忏数饷姑不间焉。庙中道人刘姓者，辽左人，家素饶。有妻子尝感神异，捐所有治神宇。不给，从远近告募积多金，竣其役。神之退寝，盛供帐器具，即微至盘帨盥帨亦毕备。神之灵甲于畿左。

【1】云间：旧时松江府的别称。松江府约为今上海市吴淞江以南直至海边的整个区域。府治在华亭县，即今上海市松江区。

【2】谒选：官员到吏部等候选派。

【3】搏颡：叩首。原文"搏颡"，误，当为"搏颡"。

应州木塔

边徼风高，诸边郡概无塔，惟云中应州（今山西应县）有塔七级且高，而周塔上下无一砖石，盖全木所制。木巨细不一，构作甚奇特，大类架重木更叠为之。每级下覆板杆，履舃所践摇摇然，虽甚风不能撼一椽一屑。凡督抚巡行必一登。郡故有监司例邀供具数十百辈，治庖行酒，下上杂还，经年无火患。土人云，顶际有辟风、辟火二珠，故得无恙。塔下无碑碣可考，不知创自何年。上悬一诗榜，明武宗御制。帝数幸云中，闻塔异常，一登焉。游者虽有作，寺僧不敢加于上。应州木塔遂甲全边。人多不知，或曰公输班所为，故迥异凡制也。

蔚州暖泉

边地多寒，以山高谷深，风气早于幅内一月。故上谷云中诸郡，先秋负裘，入夏向火，习为常，不异也。云中又称边外，寒较甚。然蔚州（今河北蔚县）为云属郡，气候则大殊。环郡皆山，山且峻，壶流经其郭，草木丰茂，土壤皆膏腴，四时一如内地。郭之东饶水田，居民治稻，无异江淮水乡。郭西鄙二十里，有镇曰暖泉，因泉得名。其地数千家，分筑四堡居之。堡所环中，具一大池，广可数亩，横长堤于中。堤上植榆柳合抱，便人荫憩。池中水清可鉴底，皆卵石，大小成丹青色。其泉自地底喷射，明如溅珠，百千泡交腾水面。春夏间尚不觉有池气，稍秋渐凉，则池水蒸然，远望犹釜之揭甑也。入冬，气益盛益热，凡浣濯沐浴者，悉就委流，池深不可纳耳。水虽热，而于中荇藻鱼头千百，萦洄池之上，积岁不见有焦萎，亦大奇矣。泉上列亭馆，杂莳花木，备采风大吏游观焉。池水分注田间，居民皆艺麻，不他种植，为利倍于粒也。客径此不复知身在塞下。蔚地人文又甲全郡，春秋两闱[1]数接踵，起号才薮云。

【1】春秋两闱：科举时代考试举人、进士的场叫闱。由吏部主持的进士考试即会试在春天，故又称春闱；由地方主持的举人考试即乡试在秋天，故又称秋闱。

刘泽清

刘泽清，初为山左漕郡快役，数通盗，后从军，由散校官至大帅，郡中田宅甲于全省。怀宗（明崇祯皇帝）檄其会剿寇，刘但伺所向尾之而已。寇所过，遗弃民间辎重，刘军复剽掠尽。至子女财货有避匿不得发者，刘悉搜攫无遗。故当时有"寇来犹可、军来杀我"之谣。甲申变，刘渡河驻军淮阴，恃长淮大河之险，治第淮城，自号藩府。引淮水注第中，架石梁于上，外设两庑，宿精甲死士，仿唐节度外宅儿之制，更番值夜。身居深院，日拥四方卤获良家子美好者，杂诸娼，纵声伎为乐，门下诸百工艺术奔走谄嬖之徒，咸置兵籍中，食月饩。中枢下片檄，辄从中恣睢，不赴调遣，谓坐镇淮壤可弥一切域外忧。未几，大兵渡江，刘举军归款。向时工技阿附辈散尽，寻分其军，解兵柄，独率其妻子嬖幸北上，赐邸居焉。无何，复蓄逆志。事发，父子俱弃市，籍其家。

左良玉

同时又有左良玉，秦人[1]，拥兵数万，自号强盛，亦玩寇。寇东西走，左军乘其后，凡堕一名藩，攻一城，寇举其遗与之。左但利所有，置不与斗。当时行军称饶庶者，左为盛。后屯兵荆襄，建治府第，侔于泽清。更出私财与民间，责子母之利。其部伍效之，亦时时贸易诸货。商贾至为裹足。军中奏记掌籍与谈兵习天官家言者，日在行间，供谈谐杯酒之乐，数得冒军功邀上赏。至身挂府衔披蟒横玉流不下百人，此辈拥声伎，逐刀锥，伺寇所向，预为辟匿以图全。左信之，谓古人多据荆襄上游，开幕府，厚屯聚，坐制东南，以窥中土，势不可失也。益大治战舰飞艎属，用以自备，实非备寇尔。当马、阮盗大柄，左借诛奸为名，沿江发檄声罪进讨。军中诸客咸恐移军则堂奥生变，且刘、黄、高诸帅列近肘腋，南下果胜，力愈而百害集，不胜，重为天下笑，皆从中劝止。左犹预未发，会王师下建业（今南京）。左移兵安、庐，其子梦庚就军中弑之[2]，自领其军，诸将与客稍稍多引去。庚举军投顺，已乃解兵柄，分其军，庚入京，就居私第。寻以左右与畿辅大盗通，数剽劫国门，按验实，庚并坐法诛。

　　【1】左良玉，字昆山，临清人。南明时官至平贼将军、太子少保，封南宁侯。

　　【2】左良玉是在征马士英、阮大铖时病死于九江舟中，并非其子左梦庚所害。

明末灾异

　　明崇祯癸未（1643年）末，京师三大营卒与羽林卫士，皆食禄家厮养辈充伍，半属老弱，间有一二少壮，又皆牙侩市贩，月搏石饩，遇操演则缀甲执伏应籍而已。是岁，遍京城内外传染疙瘩瘟一疫，古今方书所无。疫所中人，忽于身体支节间突生小瘰一，食饮不进，目眩作热，呕吐如西瓜败肉，多寡不一，三二日即不起，百药无救。其什百中得生者，惟有挑毒法。用银簪脚就瘰上刺破，挑得紫血出则苏，否必死。一人感之，全家以次传患，甚有阖门皆殁无有棺殓者。亲戚不敢吊问，及门必中疫，殆返则家口得全者什不二三。九门日出万棺，涂行者悉垂首尪羸，淹淹欲绝。凡市肆鬻饼饵所，夜捡匦钱，半皆楮。白昼人鬼相杂不能辨。诸市邸贮水巨盎，鬻钱即置水中，别冥莢也。外省尽为流寇蹂躏，兵饷不前，内帑告竭，诸营卫士糈压欠数月，部伍空虚，无从补募[1]。京中部寺胥役与星卜技术，贱至鬻水曳面之徒，尽寇私人为谍者，密通闯逆。次年春三月，不趋河北范阳，一路直奔上谷，入居庸，焚毁陵庙，长驱[2]薄京城。城中守陴者，每十垛一卒，卒且老幼间杂，即向市人咸充[3]役，而董率守御器具半隶中官。又差科道员偕勋臣分守内外门，事权不一，无待命专制之人。士气平日沮丧不能振，遂致寇逆得志，一旦沦陷，亦天意使然，莫可挽矣。先是，天下大饥，山左雨青米，雨人头荳。云所在若民得此御饥。青米如常稻大，黑色，为饭类青精，亦能饱。人头荳大逾常粒，五官毕备，目具黑子，耳鼻隆起，后有发际，饮食亦疗饥。食久人膨肿，多不愈，曾贡京师告灾，多有见者。

黄得功殉节

黄得功，号虎山，军中又号黄闯子，为明末战将。时诸镇领兵会剿寇，皆尾寇所至，利取其遗，或剽掠屯驻郡邑乡镇，餍饱而去，未尝与寇战，噫其一军，歼其一魁也。虎山所部皆劲旅，素受约束，与士卒同甘苦，军中自甲伏外，无敢匿辎重，有则以攫夺论，立枭示。身经数十百战，他镇子女金帛车轸连营数十里，虎山一身外无长物。性不嗜色，在外征调数年不挟一妇，军中亦不敢私，故其师轻捷倍他[1]镇数。能自立，不为瑕所乘。遇寇破一郡，他镇距数十里或百里屯兵，窃探所向，踵而进。间[2]杀良冒功以文罪。虎山侦寇聚所，乘其纵逸，出不意用精骑捣之。下令但咸斩贼级，毋[3]他卤获生口也。贼中闻闯子名，辄咬指称劲敌。寇或饱飏他逸，虎山预伏兵半冲，每车重子女过，戒部卒听其前。谓贼以此尝我，毋堕彼计中。伺过尽，寇大队殿后至，乘半出击，尝至披靡。盖其军不贪得，数以死自矢，故所向辄利。尝谓众曰，主上以疆场事畀我，知我辈能捍寇也。一腔热血不于此洒，将何洒乎。儿辈莫效他家姜妇态，使我挽上方剑，则此曹皆谢天下物耳。一军无不感泣。闯破京师，虎山兵檄在南。闻变，军中皆易服，号哭之声振林木。仰天呼曰，臣万死，臣万死。所不死者，留此一息以报在天。恸几绝。时南枢史公可法，出总各镇兵，开府淮扬，命虎山游巡安庐江黄一带，以控两河。虎山奉公调度维谨，绝不以大帅[4]自居。常叩幕府，慷慨谓史公曰，功，武人，不娴大计。今国破家亡，惟一死赎封疆之罪。自今听公指东西南北，惟所命也。他镇顿兵所，自谓建藩地，大治邸第，拥声伎，招纳中原游客，以虚声邀结朝贵，置寇仇不复问。虎山虽专镇一方，仍托迹间署。居无姬妾，出无仪卫，日简练士卒，切切以报仇为念。无何，大兵南下，淮师刘泽清归顺，史公殉节。寻下江宁（今南京），福藩[5]走太平（今安徽芜湖太平），虎山分调战舰布江中，欲扼采石。大兵猝至，水陆夹江并进。虎山独操小舟将及岸，众军大溃，争投戈弃甲于江。虎山知事去，拔佩刀北向，大声呼曰，臣力竭矣，今得死所矣，遂自刎。同舟死士数人、皆缳甲投江中，余尽降。至今江左人犹啧啧曰，黄将军，真人杰也欤。

【1】原文"地"，误，当为"他"。
【2】原文"问"，误，当为"间"。
【3】原文"母"，误，当为"毋"。
【4】原文"师"，误，当为"帅"。
【5】闯王李自成攻陷北京，崇祯皇帝自杀，福王朱由崧监国于南京，后即皇帝位，改元弘光。

苏有功破械[1]

明崇祯时，边师执亡将苏有功，槛车解于京（今北京），幽演象所。苏故多力且智，乘间语防弁曰，予至此旦晚鼎俎尔，劳君与若辈远来，无以谢，仆被间有藏镪数镪，可为贳酒脯，共君辈一醉何如。弁众首肯，发被，镪果精金也。大治羊豕肩佳酝列槛前，相与轰饮。苏时时取巨器自引满，私倾槛扳下，数数劝弁。众饮将酣，故笑谓众曰，予两腕被械甚楚，得少一苏息，与君辈相拍和歌，博一乐，死何恨。众已被酒，咸曰，此何害。遂脱其械。苏从槛中拍手，作边人调荐酒，故为羽声慷慨，众相率泣下。时近夜半，各酕醄[2]睡去。苏潜折槛逸去，复断其项链。乘更漏尽，杂众中出城，取榆关道越塞，奔旧京。黎明，弁众酒解，顾槛车已无人，藉地惟断链折槛而已。各惊呼起，门闼洞然，不知其何时窜去。城坊系弁众，闻于上。上大震怒，下弁众廷尉掠问，具对如前，奏上俱置法。使工图其貌，发远近悬赏，待捕不获愈半岁。苏奔旧京，守者谓其被执无归理，今归得毋为间谍来乎，疑不纳。苏复由宣云逾边至居庸关，关吏以无符验不听行。苏亟殴关卒趋入，众卒掊击之，执告吏。苏大呼曰，吾途穷至此，殆天亡我也。吏讯其状。曰，我折槛逾重城苏有功也。以出入枑腹走数千里，足已茧，不良于行，为尔困。苟得尺铁，尔辈奈我何。取旧图以质，果是，复械送京，因前坐杀多人，立磔之，颁悬赏于众。然苏诚勇矣。

【1】（明）杨士聪：《玉堂荟记》亦有记载："苏有功，毛文龙营中副总兵，原名毛有功。文龙死，东降后被擒，解京。在槛车中饮酒放歌，旁若无人。及被旨处死，而其夜自演象所逃矣。究其故，乃解役于途中每夜放出说书，至是亦然，遂忘收禁而逃也。解役抵罪，五城及东司房出示悬赏，杳然无踪，三月后乃于边外得之。解京正法，临刑犹丐酒不已，亦奇事也。"

【2】原文有误，疑当为"酖醯"。

朵叟内养

长安朝天宫（今北京阜内朝天宫）前，昔有张肆谈星学者朵姓，号石林，西域回彝也，时年已六十矣。高准深目，丰须髯，儒衣冠，而作京师语。其学视人支干[1]，按五星列宿，遂年变迁，以生克为休咎[2]，名曰演禽[3]。言多中，他演禽者咸不及。善书，书学圣教，不草草酬应，日阅数人即下帷谢客。归治饮食，市斗酒尽醉。朝暾后，复开邸。朵故隐于星者，善道引服食法。年虽老，颜如童子，身挺立健，谈语刺刺[4]无倦色。自言童时偕国人来贡狮，走西域诸国数万里。他若不具论，独径沙漠数千里绝水。始置水袋负数驼背上，日量口饮之。饮既尽，杀牛马血，且啖且噉[5]，过此方得水。大约诸国皆繁富，尚佛重僧，产宝玉金珠诸奇器。然道里远，难至，数有死亡患，坐是朵不归。今又逾四十年，余复见长安，惟须髯垂白，色益腴好，盖已百余岁人也。非内工不至此，尚谈星学如故。

【1】原文"支千"，误，当为"支干"。

【2】生克：指五行相生相克。休咎：吉与凶，善与恶。

【3】演禽：占卜的一种。以星、禽推测人的禄命吉凶。

【4】剌剌，误。当为"刺刺"。言语不绝貌。

【5】按，此处疑有误，或是且啖且行。

铁索桥

缅国近王城，两山对插，险峻殊常，中出缅江，水又甚毒。盖瘴疠之气蒸被草木，益以蛇虫鸩虺诸秽流泻百川，交注于江。凌辰与亭午[1]，中之无不立毙。江流激不可舟，从两山间凿窍，煅链数百丈，纳窍中，成悬絙，施以横木，藉草石于上，济渡者。然悬絙虽坚，下无承址，江面远而势奔于数，不能容车马。缅人据险称第一，因以铁索名桥。顺治中，大兵下滇黔追李定国[2]入缅，李断链毁梁，划江而守。大兵理余链，刻期复桥济众，且令骑兵先，少逗者，人马立刃江中。随鱼贯进，直薄关下。缅人望见麾帜从江涛水雾中拥出，惊怖称神，乃执定国纳款，降其军。

【1】辰，早7点至9点。亭午，正午，11点至下午1点。

【2】李定国：南明抗清将领。

前代制作

前代制作之善亦有可垂者。终明祚，母后无亲政事。外家虽贵显，有殊眷，不过增食禄，赐钞帛，无封侯干政者。宫室动用，悉遵祖制，如汉唐所称土木之役，至文杏沙棠金珠玳玉饰为链槛绝无也。内外有大小构筑，必下水衡[1]估值，取用帑金，未尝轻动内府。后妃嫔御夫人才人以下，月有常给，尚衣司衣，尚食司食，寒暑服饰悉着于籍[2]，司者按籍[3]别上下大小轻重之分，或月一进之，或季一进之，日进则间，已无明光雉裘、夜珠、火齐诸珍敢内闻也。上暨六宫常膳，止方隅时物，他山馐海错概不荐。列侯外家，中外大臣，例不得进遐方食用珍异物。且戒内臣与勋戚部寺诸司交，有之则坐黜。东宫成童，出就外阙置经筵。诸讲官选端恪品望词臣充之，保傅即三公不他设，无前代太子纳宾客进用私人弊。诸王稍长，即出封，岁时不得请觐。宗子支庶禁入都及游境外，犯者锢其身。公主命妇，寡不再嫁，主无出，驸马都尉始得纳妾。命妇遇大礼或元日、太后皇后千秋节、举皇子，例得朝。否则不入朝，多在坤宁宫前，不入禁。枚卜[4]阁臣与进用部寺长，皆铨曹[5]同九卿会议，上内批，下阁用之。边幅大帅亦由会推，概不出中旨也。拾遗给谏，月有建言牌，轮值言事。凡弹大臣，先于朝廊出弹文示之，谓为进揭。然后拜疏，大臣谢，趋就私第，注籍候旨，不敢理。有问乃辩。阁、部臣入对，史官与台垣侍殿上引奏。史官日注起居于册，纳归院，备一代实录。台垣则就拜对间举不合者补纠不罪。辅臣引年归，遣行人伴送，水陆乘传，岁给饩米[6]，时命使存问。词臣如庶常月设阁试馆试，读中秘书，掌院者殿最其撰作以进。镂有历朝馆课于院，盖涵相器也。郡国具狱上，必下三法司论谳。谳无赦，坐死，幽廷尉狱。迨秋复朝审会鞫，众曰当，始伏法，即古三宥置刑，重民命若此。边帅操兵柄，但治兵粮糗请于饷司，马匹给于牷仆[7]，甲杖车纩颁于虞衡[8]。有发，枢府密檄大中丞，中丞转檄之下郡县储其备，师乃行。帅有罪，一缇骑就军中执之，可立报，跋扈之患鲜有焉。又命龉商中盐塞下。中盐者本商持重资出关，择附关隙地，招佃具牛种，种菽粟，量力为之。秋则获取所有纳塞下若干，取符券还验计部，计其资之多寡为引价，得引卖他所。盐尽，引仍徼。谓之中盐。不费朝廷输挽，边外岁可得粟菽数百万石，实边莫善于此。郡县长吏，悉用科第，三年考满殿最之。殿者黜奏，最者[9]循次转，无久任者。内外文武大小员之品，仿上古云鸟纪官之意，以鸟兽威德见著者比拟其官，如一二仙鹤与锦鸡，一二绣狮子类。阁、部大臣非赐玉，循职惟腰金犀。武臣无府衔[10]，亦不玉。内外员掌篆则缓，否则无缓。有紫、蓝、墨三种，墨称下也。内惟阁、部、寺、侍郎，外惟督、抚两司靴得用缎，余俱皂革。各省两司入觐，素服角带乘骢马，冠笼眼纱，不呵卫。其在京得踏道呵卫者，独台垣五城侍御耳。台垣遇部寺大臣于道，例不辟部司，或由词林转台垣，或由词林出礼序前后辈，得辟焉。京察大典虽二品以上令自陈，然必由铨部过堂，辅臣亦循例过。肩舆至部仪门外下，冢宰率左右侍郎就门揖，而上延接后堂，序主宾礼。一茶毕，由部后门肩舆出，随自陈其他。踵堂揖，不候茶，不坐，仍由部门出。部寺院有章奏，例从朝房候阁得尽言，台省亦如之。科甲叙座主房师甚重。闻捷后，三踵师门始见。隔坐随行，执弟子礼维谨。虽品位出师上，非设朝不敢加也。生员试至廪即食饩，禁条陈建言地方政事。历年而岁荐为明经，得官他省学，有荐举辄领邑。外彝如朝鲜国，号称文物，遣世子就学辟雍。岁与诸世胄游，肄业，置邸，厚其廪给，学成使归国。一切中国书籍，听购置不禁，风化直被海外。此皆一代盛事，或可备举也。又闻朝鲜人云，他书皆可过海，独《易》不能携。如私挟舶中，至大洋，则风涛作，必至复舟。故国中少《易》，纵背诵归，渐复忘失。殆天之限中外欤。

【1】水衡：指主掌皇室财政的官吏。

【2】【3】原文"藉"，误，当为"籍"。

【4】枚卜：明代指皇帝决定入内阁大臣人选。枚卜是由吏部尚书会同有关官员推荐候选名单，然后由皇帝决定。

【5】铨曹：政府中央机构中的吏部，掌官员升转的人事权。

【6】饩米：米粮之类。

【7】明太仆寺，属兵部，掌牧马之政。

【8】虞衡：虞衡清理司，属工部，掌制造、收发各种官用器物，核销各地军费、军需、军火开支等事。

【9】原文"昔"，误，当为"者"。

【10】原文"御"，误，当为"衔"。

陈孝子

渤海陈孝子某，昔为郡诸生。家贫，父早丧，独侍孀母，夫妇日更番炊糜饮以奉。孝子教授里中，月得脡[1]修，辄市时鲜为母馈。夫妇家居衣短，后衣犊鼻不全，泊如也。孝子性耿介，无伪辞。凡与交，徒文酒游，不敢至夜。向暮，则趋归，向母曰，饮食几何。袖出席间他方物或果饵以进，母为食辄喜。或少置语他事，则窃问妇，得毋逆姑意肯乎。踯躅必终母食甫已。念母年垂老，非人不暖，又虑中夜更溺必倩挟掖，使妇伴母榻，别庋一草具于侧以伺母。夫妇终岁未尝一共衾枕也。母疾殁，孝子哀号。以草舍逼隘，难久留，遂出葬田间。里人高其孝行，远近白衣冠会葬来者甚伙，咸拜母墓上，至醵金盛供帐治具为孝子款客。客散，孝子手自治庐箔为小龛，暮所不能蔽风雨，而孝子竟不归，日夕居之田间。农多悯孝子，数以饷馌[2]之余来饭。孝子答其意，为饭尽。稍乃具爨具釜鬲属助孝子举火，更时时杂进米粟菽麦周之。孝子坐庐墓，故废教读，藉是得自存。旦夕必一至墓上，呼曰，母无恐，儿在此，儿在此。泣辄数行下，遇风雪张甚，则竟夜不寐。黎明操帚立尽墓雪，心少安。地故多狼穴，近村居人常置罝[3]备狼。自孝子居庐，狼为之徙。村人中夜从行得无恐。孝子以一庐舍坐卧三年，不知有寒暑，饭糗掘蔬，日仅一炊，再饭则留余耳。饭罢，出樵野中，不逾里即归，十指至为龟裂。交游辈间携壶浆问劳，孝子躬执盏絮酒墓前，已，强进杯勺，即逊谢去。众哀其伤也，转饷以饼饵面具，不更酒。除服归，村人共葺其旧庐，曰，留以表孝子行也。里中概以孝子呼之。众欲举于郡，孝子谢曰，嗟乎，我何孝，贫生分事耳。孝子今五十余，司农戴公数过孝子家，谈道自伤母逝，无意仕进，教授如初。

【1】脡：四束长条干肉，此处指送给老师的薪金。
【2】饷馌：给在田间劳动的人送饭。
【3】罝：捕兽的器具。

海烈妇[1]

烈妇海氏，京师人，生而质美，性贞洁多知。嫁夫某，亦旧家子。夫贫，有中表某，为江南毗陵守弁，夫妇相商往托焉。诣境，中表已移官他所。行橐罄如，彷徨舟次。邻舟泊漕艘甚多，旗甲某素大猾，雄于资，从舱中窥见海貌美，又妆属外方，止夫妇二，孑然无他伴，乃叩其所自。夫为道故。甲曰，毋虑，予掌漕艘者，来岁压运北。子夫妇可附长行，得遂归计矣。何容偿值耶，予且代子觅顿所。阴令人就近僦室，纳其夫妇，更馈以酒食，不时讯门。海私谓其夫曰，予观某甲殆南中狙诈辈，吾夫妇萍水相值，且坐贫乏，彼何所利而殷勤如是，宜却其馈奉，第属意防之毋忽。夫故愚懫不听。甲某又数醉之酒，酒间结为兄弟，出入称海为嫂，但不得乘其间。爰发橐金数挺召海夫谋曰，子持此资贸近地，得子钱可少佐薪水。予行将修艘，早暮不能顾，嫂请移艘中，令室人日相依倚可也。夫归语海，海曰，子速归渠金，彼之利得吾，审矣。世讵岂有倾盖[2]贫贱交，脱手赠多金者乎。夫艳金，竟置妇，为小贾邻郡。甲某有仆嗜饮而多力，甲私与镪数镮，嘱曰，海夫吾何所厚耶，不过利海耳。昨已饵之金，遣去，汝速腰刃追及杀之，取其原金还验，金尽归汝，尚有后酬。仆唯唯，兼程往，果遇于市。仆呼曰，主人恐子不谐，遣予视所货。近若何。对曰，方计货值未易，子来更得助也。相拉饮酒垆。仆忽自省，主人利彼妇，而令予刃夫，予妇少日且供役，安保他日不转谋我乎。乘醉尽泄所谋，相与持金具讦毗陵守。守方遣捕捉，而海变亦猝至矣。盖甲某乘夫外出，命其妻邀海登艘，置后舱。海恃其妻，脱有犯，则舟中人皆彼敌国也，听之。甲某于是夜排窗入，拥海求合。海疾呼曰，何物奸徒，强辱良家子乎。众来救我。声益厉。长年辈果出，验为某甲。众第劝归，不敢言。明日海度贼不能忘情，必强制，我一妇人，力几何，不堕其彀中。乃明粒易服，自内及外，凡裳衣纫针殆遍。坐且泣曰，等死耳，与死水落奴计，何若死此，雪吾二人辱耶。向暮，甲某果复至，且露刃，挟曰，吾为子糜多金，尔夫妇仰给我，不为不厚，今败德若此，宁谓刃不利乎。海笑曰，姑且去，舟中未定，此非行乐时也。更静，当迟汝至。甲欢然信之。海扃舷窗，用帛经于床。少选，甲某叩窗，不得入。力排以进，见海侧身挺立，趋而就之，已僵矣。舟中闻排窗声起视，值甲越舷出。众问故，甲不能隐，但曰，死矣，奈何。众声之地保。及旦，郡捕与夫至。夫见海投缳，遍身皓素，色如红玉不变。持哭之恸。观者争唾骂甲某，械缚拥郡告变。守鞫讯，甲具服，遂痛捶下之狱。

即以厚锸为海棺殓，营墓河干[3]，更建祠，表其烈。狱具论死，入报，立决焉。其夫感海节，削发为司香火。逾年，坐盗良人妇笞决逐去。今祠易他僧。余舟过其地，念海节烈，执男女别嫌礼，不欲进观，友人为述碑记如此。

【1】（清）董含《三冈识略·海烈妇》亦载："海氏者，徐州（今江苏徐州）人，有姿色。夫陈有量，素孱弱，仅知书。岁饥，转徙毗陵（今江苏常州），偶为恶少杨二所窥。二故酒家佣，素结漕艘卒，以为此奇货也，诱以酒食，复与结兄弟欢，始得以叔嫂礼相见。侦有量他出，微语挑之。氏怒，厉色疾叱，二仓皇走。既知不可犯，独计：'与若夫交，何为者？'会运艘骈集，中有卒魁林显瑞者，与二狎。一日酒酣，二因设谋，使附舟还徐（今江苏徐州），复令林捐金，聘为会计客。有量喜得归，以告氏。氏疑之，曰：'二非良人，宜亟反其金。'方逡巡间，林怂卫弁诬陈受雇不赴，胁氏登舟。再出廿金，俾往苏（今江苏苏州），置篷缆诸具。氏持不可，奋袂去。时祭金龙大王，垂帘舱门，请氏观剧。氏阖扉不出。林方刑牲，长年蓝九捧盘，倏蹙，覆血淋漓。林怒，殴之，九饮恨而已。林百计诱，氏终不顾。是夕，欲掩其睡，乃穴艎板入。氏方危坐，大呼'杀人'！持之急，呼愈厉，邻舟俱惊起。林大沮丧。微闻哀泣声，久乃闻窸窣声，视之已投缳矣，时正月二十七日也，年仅二十有三。遂匿尸米中，谋渡江抛之。念有量且还，林之弟四建议，悬金募人能死量者。蓝九欣然应募，怀金密首于监兑。朱司理士达阅牒大惊，传经历缪国瑞，授以牒，戒必得贼。缪查兑籍，见卫弁雷某旗丁有林显瑞者，曰：'得之矣。'急启钥，谒弁于梦，诒之曰：'适奉严檄，某艘藏逃人。'弁惶悚偕行，呼舟人点名，至林，曰："此逃人也。"命锁之。林方肆辨，而烛光影中，蓝九跃出，语塞就缚。次晨验尸，舁出米中，颜色如生，其衣上下连缀，乃夫去后自刭，以备仓促者也。狱既具，上之司理，论如法。林遣弟四走淮，嘱兄三具告总漕，言氏死于反目，而司理申详先达，得允。三呕血数升，暴卒。显瑞愧悔自怨，述氏前后坚贞状，更恨误听杨二，誓不令独生。会有量归，杨二亦捕获，因赴讯，市人丛殴，遂先死于狱。士民赴奠，议范像构祠。启其棺，已七十余日，色不萎腐。进士赵止安、诗人王君麟辈竞投挽歌，多至数百首。毗陵令王光业为之记。予节取其大略如此。"

【2】倾盖：两人车盖稍斜，靠在一起。指偶遇便一见如故的朋友。

蜍矶

蜍矶在芜湖对江中,有庙,江南人称蜍矶娘娘,即汉昭烈后孙夫人也。按昭烈(即三国时的刘备)伐吴不利,归屯白帝城崩。传孙夫人闻报亦投江以殉。其在蜀在吴未暇考,亦甚烈矣。吴人重其节,建庙矶上。凡舟楫过者,必登谒焚楮去。以逼近姑熟(今苏州),邑人春秋间多载大小舸祷祀,登临始返。闻夫人庙食甚灵,邑人商贾所祈辄应,故香火日盛。然夫人殉节于蜀,而食报反在吴,何也。今江右南昌吴城镇有张令公庙,亦甚灵。土人相传令公[1]即唐睢阳张巡也。巡为唐捍河北数十郡,卒以城无救援立饥死。而血食又远在南州,事固不可知,得非忠义之气,魂魄所感,不限地欤。

吕祖

世谓神仙多居名山洞天间,至荒陬僻壤则绝足无闻,实不然。如邯郸所称黄粱梦,岂胜地乎。邯郸南城上有丛台,云汉王朗驻兵所。距城不一舍,曰黄粱梦。吕祖度卢生仙去地,数十家蔬食栉比,居官道旁,为数省行旅要冲,无大林木,徒有黄沙涌起障客目而已。道之左楼阁巍然层出,即吕祖祠。祠前室祀汉钟离公昧表授道所自也。中室则吕祖,翠帻黄衫作方外装,今概饰金矣。退有寝室于两楹间,设石榻,卢生侧卧其上,冠衣毕整,左手支颐,盖尚在拥妻妾子女盛享富贵时。抚其臂,硈冷。触手,亦石制也。无他碑记,道人述往事与所传同。指吕祖室谓,即当日煮黄粱待卢生处。云每岁春终,邑人例来享。有社会四方羽士毕集,吕祖辄一过,其来或杂众中，为行乞跛癞流，必施丹度人，间有随而去者，故地益称灵。按吕祖为楚人，尝饮汉阳酒楼，酒家媪不责偿，数听其饮，祖德之，取榴皮画两黄鹤于壁，能下对舞，助酒人欢，媪家日富。画壁年深渐没，郡人为筑楼城上，曰黄鹤楼。楼侧有仙枣、铁笛诸亭，亦吕祖迹。吕祖曾食枣，置核石间，后生枣不一二枚，食之无疾病多寿。树经兵火久已枯。铁笛者，吕祖数好酒游，爱故国江山之盛，每江清月白，持铁笛奏石上。鱼龙为之起舞。居人表其胜，因作亭。闻近亦废。吕祖不更来，然则"黄粱梦"吕祖殆寻旧游，而数以三字醒世耶。或曰吕祖唐之宗子也，故姓李名岩，因唐武后之乱，弃家辟山中，山有大小二洞，洞内石岩具三室，遂以洞岩为姓名。遇钟离公学道证仙，自愿度尽世人，故数游行人间，所在多著迹。

魏忠贤盗柄

魏忠贤[1]，初名进忠，河间肃宁（今河北肃宁）人。年二十余，素无赖，与里中恶少博，多负，不能偿，自割其势，选入禁中为小火者。盖中官最下职，执宫禁洒扫负荷之役。魏为人多机变，有小才。自念职任微，欲循分历阶级，徒垂老无济，乃时从卫圣夫人客氏所通殷勤，结欢门下为进身地。客氏亦畿辅人，明熹宗乳媪也。年少艾，色微赤，丰于肌体，性淫。每入值大内，不经旬即休沐私第，以昵其私。方苦长门永巷夜漏未央无与款洽者，得魏[2]为一助，因与通焉。魏虽腐余势未尽，又挟房中术以媚客，得客欢。引置上所，早夜侍起居。时上幼冲，好嬉戏。魏购制外间戏具玩好物窃进上，又善逢迎，深当上意，遂不能离左右。逾年由小火者躐进[3]司礼监。太监故事，司礼监为内翰苑，凡中官娴文义通古今史籍者得厕身其间，盖备他日秉笔之任。小火者即历次进，不过入御马监，赐刀布，赐鞭极矣。内例，中官位尊者始得佩刀布。刀所以剖果实尚食，布乃揩拭上几案，此亲幸臣之荣遇也。再则赐鞭，念中官日趋侍劳，苦大内宫巷深远，艰于奔走，乃许于紫禁外左右掖门以达后朝，概得乘马入值。若司礼监，位至秉笔,则赐板舆如前例。但前朝为上御道,舆马无敢御者。魏既日贵盛,与客氏表里作奸。比司礼秉笔乃神宗老臣王安、刘朝二人,忠谨守祖宗法,宫禁多赖之。魏阴嫉二臣在己右,且又先进,使己不得肆志。爱媒孽二人过,先后各罢职,出奉山陵,中道复矫旨杀之。魏遂攘其位,阴除异者殆尽,布置私人侍上左右,即一嚬一叹之微,亦举以闻。己乃参预外政,引用崔呈秀为都宪,田尔耕为金吾,两人皆其假子,故得骤进。司礼秉笔原参赞机务,阁员票拟入,有不当上意者,秉笔辄谕中旨改票。魏不谙文义,遇机密奏请或弹劾己者,必与崔、田议,使从中拟中旨行,阁员为之束手。崔、田既得盗窃大柄,益狼狈骄甚横。外间少有异议,即多方罗织中于法。稍反唇立死。道路相视,以自无敢偶语也。盖都宪总言路,塞朝廷耳目,而壅于上闻。金吾领缇骑缉事人员,宫府内外巨细事伺察无遗。言官杨涟首疏忠贤二十四大罪,魏持其疏至手颤。使崔、田读之,读竟,相顾咋舌曰,世间安得有此盲庸男子,宁不计死乎。魏曰,我知外间有南士数人,欲以谠论耸天下听,自谓名高,纵坐罪不过褫夺已尔,不杀此獠不足以威天下。乃矫旨下涟诏狱,棰楚死。寻又有言官魏大中、左光斗交章入劾,同日付廷尉鞫党人,事连周顺昌宗建。魏、左,榜掠不支,先后毙狱。时暑月,二公体已变,故格不听出狱,弃三日,始令两家子弟收殓。更坐赃累千,变产告募以竣。周家居吴下,遣缇骑往逮。缇骑坐张威福,凌轹其。吴人不堪,有颜佩韦等五人率众击缇骑至死。抚臣惧,上其事,魏大怒,立出旨骈斩五人,械周系狱,亦刑毙。今虎丘半塘有颜佩韦五人墓,吴人表义也。自杨、左诸公中祸后,举朝结舌,而谄谀颂德之风纷起,京兆太学生某率六馆诸生伏阙建言,谓厂臣翊赞圣躬,中外大治,请于成贤坊建祠以旌功德。厂臣者,魏也。魏时复掌东厂篆,上允之。于是各省抚臣交请建祠赐额,天下若狂。中外一切章奏,上与厂臣,并颂朝贵,动曰上公。魏之门下,直有千岁之称。如崔、田辈称谓竟呼为爷与儿而已。崔位至部堂,田加府衔,两家宅眷诣魏,行家人礼,长跽捧觞上寿。崔更范金铸己作跽状,首戴溺器,镂其名于背以进。魏大悦曰,孝哉,家儿作如此解事[4]耶。魏侄良卿本田夫,以魏贵,援边功,官至大金吾。又筑第京兆府前,日役万工,宫室廊庑僭制拟于王者。第前石兽仿禁闼为之,庶司争赍金钱犒工。第成,崔、田辈大治供帐器具淫奇玩好之物实宅。魏顾良卿曰，吾老矣，百岁后贻此待汝辈享也。额[5]曰肃宁府。客氏亦数过从，两人张筵饮，调笑狎昵，无所忌。醉则留信宿始去。都人匿笑，窃指为牝狐。魏又邀结边幅大帅致门下，月速大农给士卒饷无匮，甲仗糇粮接轸供塞下，故边庭士马饱腾，争曰，上公恤我辈良厚也。其用术多类此。上春秋鼎盛，魏私与客氏计，恐亲政，外廷诸大臣数相启沃，则吾辈事必败。莫若妙选良家子数人使承御，吾得以声伎狗马乱之于外，聪明有所用，天下事归吾掌握矣。乃购美女数人，日教歌，治吴越妆。习成，进于上。上果大悦。尝于重五，魏命众宦者具龙凤舸，导上游太液池，兢为鱼龙戏。上偶被酒，倚舷击掉，风起舸动，上失足堕水。池深不可测，诸宦者群惊，投水中援上，得小舟飞济以免。上袞裳内外湿尽，溺死者数人。魏方凭他舟漫视，第曰，上醉矣，姑奉归。众窃惊异，魏之傲慢若是。其心殆叵测也。已，魏请告过里省墓，令诸名下具蟒玉前导，身坐步辇中，舆卒尽衣锦，撤卤簿什之七，逐队行道上。所过郡邑，望尘前驱拜，俨然侔于王者。大赐乡人金帛乃还。凡中贵无子，收养年少宦者为己子，名曰名下，治身后一切事，不异所生。虽大贵显，终身执子弟礼甚谨。魏事权夺人主，故投拜名下益众，冒滥蟒玉皆魏所致也。魏平昔内惮者独信王一人，王为上亲弟，智识深远，寡言笑，不轻假人以辞色，中涓素多敬畏。魏自念势且张，阴遣人伺王所，诉魏不法状，冀挑王，得其意，可还报。王逆知其诈。第好言曰，忠贤才可辅主，上方眷赖，尔曹萋菲欲何为耶。且吾外藩也，行就国，尚借引重，勿多事，益其怒，将祸汝。伺者具闻于魏。魏笑曰，王果惧吾，不足虑也。王深自抑下，时携二三小涓微行都市，少倦，则就市肆饮，或饭于查楼。查楼者，京师御街酒垆也，祖宗时已有之，知名四方。王游行民间，魏之逆恶备悉。会上御女多，病痿，魏私进香药燃之，闻而立起，不数旬，上大渐。无嗣，遗命立信王承大统。客氏适就外第。中夜，魏骤闻上不豫，心已乱，彷徨靡定，欲传崔、田与计，而宫禁门钥与宿卫之士森然，非可直达。迟久，顿足曰，目前宠遇尚可固，何自苦为。转请张皇后懿旨，奉大行皇帝命速信王入。魏伏地恸哭敦请者再，王亦恸，捧后旨，验之玉宝□然。王辞曰，天未曙，诸大臣无一入值，孤安敢轻进。宜传请后旨，启禁门，召诸勋戚大臣卿贰

稗说校注

入议大行礼。孤凉德，不敢觊大宝，尚听宗政议或他贤藩可举也。已，诸大臣集皇极殿下，曰，魏上公安在，上宾[6]有遗诏欤。魏趋出传上遗命。云，后旨已速信王；王以大行未成礼，且待议不入，众加额曰，皇天祖宗在上，信王以弟承兄入缵大统，天下人心归服其贤久矣，奚议耶。乃就信邸，上笺三劝进。王乃践祚，诏明年改元崇祯，率众官哭临治丧，移张后居别宫，出客氏外邸，一切中外职事悉如旧。魏窃窃不自安，又要结信邸亲侍图内固。太学生某首上疏劾忠贤大逆，请正法以谢天下。上褫革太学生名，温旨及魏。魏稍慰。无何，言官交章攻魏急。上黜魏为孝陵净军，籍其家，收魏良卿、客氏、崔、田辈下廷尉，使论罪。魏挟名下李朝卿伴行，道经阜城，宿逆旅。中夜，魏私人驰报，上已发缇骑逮公还，幸早自裁。魏、李相持大哭，魏且促李去，曰，毋因予并祸公。李曰，公何言乎，朝卿富贵，非公不至此。今公失势，从患难者无一人，公死，朝卿义不独生。同雉经传舍间。凌辰，店人方觉，鸣于令。逮者果至，已无及矣。廷尉列罪状上，首犯魏忠贤、客氏，从犯崔呈秀、田尔耕、魏良卿等，朋比作奸，黩乱大法，俱骈斩，家资概没入官，子孙戍边，其党奸者按置四等法有差。定逆案，颁天下。姓氏载案中不具论。众并伏法。魏虽死，仍戮尸枭示，追赠诸言官杨涟等进爵予谥，毁天下生祠，中外大悦。说者谓明之坏，始于王振，续于刘瑾，至魏忠贤而祸极矣。怀宗特振起十七年，尚有裨于宗社也。

【1】魏忠贤，肃宁人。少无赖，自宫，变姓名曰李进忠。其后乃复姓，赐名忠贤。魏忠贤和皇长孙朱由校的奶娘客氏，深相结交。光宗崩，长孙朱由校嗣立，是为熹宗天启皇帝。魏忠贤、客氏并有宠。忠贤不识字，按旧例不当入司礼监，但有客氏说项，遂成为宫内权力最大的司礼监太监。他生性猜忍阴毒，好诹。帝深信任此两人，两人势益张，宫中人莫敢忤。神宗万历皇帝时期，廷臣渐立门户，以危言激论相尚，国本之争，指斥营禁。及忠贤势成，其门派即谋倚靠宦官势力以倾东林党人。他的党羽遍政府要津。于是益无忌惮，复增置太监武装万人，恣为威虐。他和客氏联手迫害光宗选侍赵氏、裕妃张氏致死。又革成妃李氏封。客氏以计堕皇后张氏胎，帝由此乏嗣。天启三年冬，魏忠贤兼掌权力极大的皇家特务机构东厂事，欲尽杀异己者。

刑罚酷滥，甚至剥皮、刲舌，所杀不可胜数。至此，朝廷内外大权一归魏忠贤，他一岁数出，锦衣武装夹驰左右，其他侍奉随属以万数。士大夫遮道拜伏，至呼九千岁。客氏居宫中，胁持皇后，残虐宫嫔。天启七年（1627年）秋八月，熹宗崩，信王朱由检立，即崇祯皇帝。嘉兴贡生钱嘉征劾忠贤十大罪，十一月，遂安置魏忠贤于凤阳，寻命逮治。魏忠贤行至阜城，闻之，自缢死。诏磔其首，悬首河间。笞杀客氏于浣衣局。

【2】原文"卫"，误，当为"魏"。

【3】躐进，越级提升。

【4】原文"解事事"，衍一"事"字。当为"解事"。

【5】原文"颜"，误，当为"额"。

【6】原文"上上宾"，衍一"上"字。当为"上宾"，指皇帝死去。

蠡堂老人

　　僧正岩，号蠡堂，杭郡人，能诗，善画山水，法范宽、董北苑一派，住湖南净寺。蠡公既工笔墨，江南好名士多丐其诗画，从之游。交渐众，不暇酬应，欲倩客为之，难其人。会山人某，亦娴诗画兼书，游湖上，与蠡公交渐契，延归居密室中，令为捉刀，颇惬蠡公意。山人故狷薄好外，挟数少年，皆其娈童。中有最少者一，方及鬌，甚驯。山人令拜蠡公，称弟子。蠡公名日益重，丹青尺幅购者金一镮。山人窃谓蠡公，借名于我，我徒裹腹香积下终老乎。乃求去，实要之也。蠡公力不任，听别去。山人出，卖画旅次，画无一售者，穷益甚。向少年迫于饥，私谓曰，尔知我谁氏子耶。我先朝王子耳，流落民间，暂从尔，宁甘长贫贱乎。乃相与作伪札，鼓惑乡愚。初以救困，未几事露，为江督执下狱。拷讯余党，谓曾师事蠡公，坐叛逆逮之。时蠡公大辟讲席，念净寺开山主，曰，祭颠大师瘗三世佛宇后，惑形家言，谓不利法众，迁堆云所便。堆云者，净寺下方塔院也。郡人士闻颠大师改迁，观者众。迨发龛，惟金钵一钵，中有少顶骨作黄金色，余舍利数粒尔。甫纳龛，而逮者至，遂就系。事下江抚按验，皆山人辈为逆，与蠡公无涉。且蠡公受徒众，宁一一叩其出身颠末耶。具狱上，得旨放还山。蕴公因自敛晦，谢一切交游。闭关与缁众谈禅，间作诗以自遣。遇风清月白时，幅巾野服，命童子理茶具，棹舟六桥两堤间，领略湖山空明之趣。尝至夜漏四下始归。归而巾服如漉不顾，第籍灯速草足所得佳句而已。其高弟匡瀑退居吴兴之白鹊寺，不事诗书，而妙通禅理，与人语皆本色，无世俗客气。岁时辄来视蕴公安。余下榻寺寮久，匡公数过从，为余言白鹊寺之胜云，山多林木，木不记何年，皆大逾抱，密不透日。寺廊有唐宋人画壁十二，山水人物竹石具其最著者。首为吴道子，下则管夫人也。历千百年无毁，以山水幽邃，素未中兵火尔。庚戌冬，蕴公示疾，先期为书，辞诸知交。已，手嘱后辈缕晰，入龛建塔所。举其遗稿若干卷授匡公，曰，吾大事已办，此则禅门所谓绮语障耳，到当下皆空，我亦余物，水火任尔所择也。绝粒饮汤数日，具浴易衣化去。匡公悉奉其遗规，置龛堆云旁院。疏钟清梵香烟达于林樾。初，不觉蕴公去，而法侣有哀戚声，于此叹禅宗之妙也。已，匡公守龛逾年，以净寺数绝粮遂归吴。舆蕴公未入塔，云，尚有高弟某募楚未回，蕴公有订待之也。

海市

登州（今山东蓬莱）郡城枕海，蓬莱阁居城巅，海舶帆樯，日集阁下。每岁春时，郡僚佐常登阁眴海市，辙轩过望者，数不相值，或偶一见之耳。市成多在云气暝蒙半易时，忽失海，第见平原一白无际，有城垣现出数里，雉堞历历可数，郭外桥梁屋舍树木参差映带，俱入画。亦有舆骑负荷行走之人，俨然一都会也。市变不常，或历二时，或俄顷又成他状。约为山峦城郭台阁桥梁属居多。更有幻仙佛形者，最奇，然不数数见也。有宦其地者，偶尔小吏驰报海市现，集僚属登阁，则见白云铺海面。极望，倏自云中先后涌出阿罗十八尊，长丈许，衣各殊制色。有褊袒者，有裸两臂者，有踞大鳌顶者，有振锡前而身飞渡者，有跨龙虎犀象者，有瞑然结趺者，有杖而立，袋而负者，有指说者，有合掌者，有乘夜叉背枯槎者，有坐莲花舟而天女侍法者。其形貌骨体，即道子、龙眠辈所传笔，不过人间意耳，未能得其奇骇诡异真从之殊绝也。时观者城陴皆满，忘其为海市，若直从云烟中诸尊者示异然，相膜拜称神。历一时许，云气渐蔽，化为碧霞，附风驰散，仍然海涛鼓汤而已。有垂白老叟，自言年愈八帙（同"秩"），曾两见仙佛现像。前皆仙，此则诸罗汉耳。殆亦稀遘者哉。或谓海市，乃蜃气所结，布此城郭状，欲罗鸟雀噬之，非关海也。然则滨海所在，独无蜃乎。何天下仅以登郡称耶。

海异

明启、祯间（天启、崇祯年间），天津大小直沽（今天津）开海运，凡山左登莱与辽左山海关，粮糗数得互通。海舶除官运外，民间商贾听其计贵贱而贸易焉。官舶常运辽饷居多，有失风得还者，述海中异事颇骇听闻。海舶非得风不行，若泊有岛[1]岙，遇风逆可守无害。常惧偶得风，张帆大洋，倏忽风转，无所施其力，则听之。或二三日得山港，犹可待。否则经旬任其所之，日夜飘忽无定向也。舶人云，尝一日自大沽发舶，西北行一日，夜转风，复向东南，经二日，海水忽清清且见底，下视蛟龙什百为群，有具角具鳞爪者，有全无者，身伏海礁底，昂首奋视，尾蠕蠕动，若螳蜋之攫物然。舶过凡炊许时，水如故。老于行舶者曰，斯清水洋也。有鳞角者龙，否乃蛟与蜃尔。行二日，又视水成墨，无异砚也。渍船两舷皆作墨痕色。问之，曰，斯黑水洋也。去乌鬼国不远矣。次日，忽有刳木，状如长艑，长数丈，鼓栧前来，木中俱坐彝人，面色如漆，首裹红白布，披短红衣，赤足，胫毛如獾犬。问舶人来所，语侏离类闽乡人，不能辨。彼此各示意，少顷抵其境，聚海滨观者甚众。人之衣制与貌皆类前。有译者，少能作一二华语，知中国运舶，悉呼舶人为天使。驰报国主，为设宴，宴众。诸彝每数人肩一板片至，板类桄榔木编削成，上有花纹，作孔雀金碧尾晕形，极可爱。速客登板坐，诸彝以首戴之行。行数十里许，至一城，俱用巨木置成栅。栅门其广，见黑白象逐群出入。云与邻国斗，则用为战，闲时负重供采办尔。栅门架长桥，异舶众以登。谓天使不敢屈走国门也。国

稗说校注

中庐舍悉以葵叶为之，王宫门有五金塔，塔间供佛像极异，皆狰狞，其多面多臂坐异兽者。宫宇皆叠石，琢鸟兽花草形，不施丹腰。王坐殿上，披发戴金叶冠，如中国佛冠状，耳金环，赤身披白花帨，下系犊鼻裈，仍若帨然，亦赤足，颜面同国人。见舶众，但合手令席坐，不设几案，惟金盘贮食品，人各数盘与王同。初进人首鱼，宛然一美女，首目微瞑，众不敢举。王笑谕译者语众曰，此敝国人鱼也，味美在首，称上品。因天使至特致享。国俗无箸，第以匙，众略举一二。花果鲜美。用蛇角兕[2]行酒，酒乃刳椰子去皮尽，剖半，沥其汁贮金盎中，以杓进，其甘香异常。殿两楹间置石槛，涂以金，内皆王宫，眷属首戴璎珞，亦披白帨，手项俱饰金珠宝环，状若菩萨蛮。闻以苏合油沐体，亦赤足。其人白皙姣好，与中国无异。众谢出，仍异还舶。云国中最珍窑器与丝，舶间偶有遗者尽享王。王各答以香犀银花鸟钱，命译者指水道还。还未中道又失风，夜入鬼洋，海气蒙昧类烟雾，见无数披发异状物逐涛争拥而前，哀号之声大类人语。向老舶者顿足曰，此洋非呗诵经咒不得过，舶中顾安得浮屠者乎。会有茹素者携金刚、楞严诸品，舶者喜曰，生矣。命数数裂投水中。异物争为攫夺，得数幅则随风而没，寂无声。诸品已竟，遂出洋。辰望一山远横水面，曳人于樯绝使瞭之曰，素未至，不知又何所。亭午，抵山麓，舣舶山礁石间。结伴相携登山，初入，一径石甚明洁，若尝经行者。渐进，则路皆白沙，沙上巨人迹广三四尺许，深二三寸，纵横甚多。林木益阴森不见日。众惧虎，返舶。甫登，忽见跃出两巨人，遍体皆毛，长丈余，目如电，手足若虎爪，作吼声，直奔舶所。众中有善射手控弦及之，巨人用左右腕击石上，不得近，渐趋至，舶工张帆急驰去。回视巨人坐海滨犹吼不已，不知人欤兽欤。离此山一日复有山，出海面数里去，帆樯如列栅，众加额曰，今得近内地矣。瞭者曰，非是，彼首尾有水，且孤悬大洋，盖岛尔。然内地近海一带无是岛，姑往就焉。迫近岛，所见帆樯尽无，惟巨木如漆，列植数里。众谓必又入蛮国，此仍木城耳。抵岸，岸滑泞不可登，大石黑白色多光泽，广十数秀丈，镜平。无一凡草，惟苔鲜古绿一色，紫织石隙。渐进，益难行，履经之辄踬。众相召回。倏大声振海底，殷殷若雷鸣然，海水腾沸，波浪掀天，岛岸为之鼓动。舶工曰，噫嘻，余辈更大误也，得非鳅作祟欤。屏手窃戒勿言，仍挂帆沿岛岸行约数十里，稍与岛远，召众返视曰，何岛，为一巨鱼喷沫耳。注目未已，向岛倏匿不见，则真大鱼也。凡三日抵关，卸运归，家人辈慰劳，述所状如此。余少闻于长老并记之。

【1】原文"枭"，误，当为"岛"。
【2】原字误，当为"兕"。兕是上古传说中的瑞兽。兕觥是中国古代盛酒或饮酒器。《诗经·风·卷耳》："我姑酌彼兕觥"。此件为椭圆形腹，圈足，有流有鋬，带盖，盖为带角的兽头形。主要盛行于商和西周前期。

黄河源

世称黄河之水天上来。又云昔人乘槎，直犯天汉，遇牛女赠矶石还。古今咸谓黄河直通天也。按河源虽载舆地记甚详，然未若身历目击始抉其疑。元时，曾遣官探河源。据奏，出塞西北行万余里至昆仑山下，见海一泓，广数百里。登昆仑巅望之，泉出地底，彪发水上，如千百珠迸射，土番[1]称星宿海，状其形尔。水激起还复汇海中，甚清，乃奔腾东流。入塞，伏地下千余里，复腾出，聚地脉黄尘冲决而注于故道，故其流尽浊，势亦怒张。元使凡穷源，数月报命，有河源一书可考。[2]是河之发源昆仑明甚，上与天通，诚不经也。天官家又言，天汉乃江河之气上达于天，益非也。今之所视天汉中白气，是皆星光耳。天汉中星有亿万，密不能名，其度如粟米然，岂一线河流反亘天耶。西学天象图甚备，取其察天镜仰瞩之，则天汉列星的烁可毕见矣。

【1】土番：犹土著居民，又称土人。
【2】都实，蒙古人，中国元代旅行家，金朝女真族蒲察氏后裔。元至元十七年（1280年），世祖忽必烈派他为"招讨使佩金虎符"，带领人马到黄河源进行勘察。他们自河州（今甘肃临夏）宁河驿出发，穿过甘肃南部崇山峻岭，经积石山东，溯河而上，历时四个月到达河源地区，完成考察任务。同年冬回到大都（今北京），将考察情况绘图上报。指出黄河源的地理位置

在土番朵甘思西鄙。描述了黄河源区的水文情况，第一次记录了星宿海及其得名的实状，指出今札陵湖与鄂陵湖当时共用一名、虽分实连。绘制黄河源图。元人潘昂霄根据都实之弟阔阔出的转述，写成《河源志》，对黄河上游干支流的情况作了详细记载，这是中国历史上第一次大规模考察河源。

泰岳

孔子登泰山小天下，必谓至极巅矣。今泰麓红门有石碣题小天下处，盖未及山之半焉。古今传孔、颜登泰岳，望吴门，有白练、白马之辨，千百世又谓圣贤具眼真远瞩千里矣，实非也。泰安郡属有地曰吴门，距山不百里。当时所望，乃郡之吴门，而非金阊之吴门也。岳磴十八盘，下有枯松一株，大逾抱，枝干俱秃，即秦始皇所封五大夫松也。五大夫为秦时官名，非封五株松为大夫也。古今则真谓泰山有松五封大夫云。按天下四岳皆立岳庙，奉岳神。自朝廷遣祭与有司岁祀外，民间远近无飨者。独泰岳祀边碧霞元君岁之时，数千里外男妇观，结队来礼。于岳神反寂然。所称吴观、秦观，不过极形其高。人目不能百里，况千里。惟日月观，去东海不远，海气摄浮尘尽，故半夜可俯视其奇，诚快观耳。始皇无字碑卓立山道旁，其制方若华表柱，定非建碑者。好奇家又诡云，此石系袭碑，内自有碑耳，尤可笑。每岁夏初，扃元君祠不纳香火。至新秋，四方日集焉。壬子五月盛暑，余挟江右二衲，夜走山麓。黎明抵扐来峰，遇东省健儿数百人持火具，顾余惊曰，日者虎来山路搏人，客被虐已数矣，客何尝试乃尔耶。余愕然久，是岳已薮虎矣，前此未之闻。

雷雪冤

浙之杭郡塘栖称大镇，有士子某，妻中年，止一女，及笄[1]未字，相守以耕读为业。一日，士子他出，值旁村师弟两尼来镇乞米，因觅一舟归。舟人某，故狙诈流，行次士子门，尼止舟登岸溺，其徒少不练旋亦就溺，舟人利其有，急荡舟遁去。两尼还觅舟不得，知自误，互诉诽不已。天且暮，无所止，遂踵士子门。见妻述以故，以其尼也，悯而纳之，黎明辞去。邻人不知其为尼也，交相诧谓士子妻女乘夫出而通僧。轻薄少年作为歌谣播之市。士归，见之不扣所以，谓妻女果败行也，乘忿立促之尽。宅后旧有大池，妻与女相率涕泣投池水死。未几，前时两尼携餐具过酬士子家。士又外出，应阍者告以故。两尼令引视池所，长恸曰，嗟乎，汝母子因我辈死，死且冒不白冤，我辈何惜以身雪耶。相携亦投池死。死之明日，前舟人操舟过门，忽飓风阴云骤发，不前，霹雳一声，舟人竟击死河下，天寻霁。镇人趋视，舟人背大书赤字，褫其攫利杀四命云。众咋舌，始交口称士子妻女冤，并义尼。

【1】及笄：笄就是簪子，女子出嫁戴的头饰。及笄，就是女子到了十五岁，到了可以出嫁的年龄了。

谢山人逸事

大梁故赵藩开邸地，山东布衣谢榛茂秦[1]熟游也。王好客，茂秦为王幸舍上客，鸣瑟蹑履从王座，上时时制艳词，命赵国绝色按琵琶度新声以为寿。赵国咸知茂秦王乐籍中，尤噪其名甚。茂秦一调出，狭邪少年辈争走曲中，掷金钱习其曲归奏之，无不人人慕悦，谓从谢先生游。得其酬赠若是，其致重如此。久之，谢倦游，王赠以赵女归。归而家壁立，年且髦，然不废啸歌。日高春不举火，独高歌平生得意调，使赵女拥弦和之，嘈嘈不绝缕，欢然相对，以为娱乐。谢卒以耽苦吟死。有二子不能殡，赵女出所佩珰珥经纪之。居常手琵琶度谢小词自吊，曲终大弦劈裂，往往长恸中绝。无何，亦抑抑卒。邻媪取所弄琵琶，转玩香槽金钿珠贝的烁[2]一，破锦古囊鸳鸯对飞三十二，龙脑气腻入丝理，知赵宫物，并以殉。茂秦向驰声

稗说校注

七子间，晚与历下[3]隙，太仓[4]寻斥之不录。然畸人亦自足传，终不待贤者一援手也。人止赏其诗，而不知其行事豪举乃耳。

【1】谢榛，明代布衣诗人。字茂秦，号四溟山人、脱屣山人，山东临清人。十六岁时作乐府商调，流传颇广，后折节读书，刻意为歌诗，以声律有闻于时。嘉靖间，挟诗卷游京师，与李攀龙、王世贞等结诗社，为"后七子"之一，倡导为诗摹拟盛唐，主张"选李杜十四家之最者，熟读之以夺神气，歌咏之以求声调，玩味之以衷精华"。后为李攀龙排斥，削名"七子"之外，客游诸藩王间，以布衣终其身。其诗以律句绝句见长，功力深厚，句响字稳，谢榛诗文，著有《四溟集》共24卷，一说10卷。

【2】的烁：光亮、鲜明貌。

【3】李攀龙，山东济南历城人，后七子领袖。以"历下"指李攀龙。

【4】王世贞，江苏太仓人。以"太仓"指王世贞。李攀龙故后，王世贞独领文坛二十年，后七子中文名最高。

金陵名园

金陵（今南京）自宋元明三代来未中兵，古迹多有存者。余向从家大人宦游，居尝所经名园，尚可一二追寻其旧事也。方公未孩园近瓦官寺[1]，园制不甚广，修竹古梅与怪松参差，横肆数亩，如酒徒傲岸箕踞，目无旁人，披风萧月，各抒其阔略之致。园尽岿然一阜，高寻丈，游者常目穷即返，多忽之，不知其为李供奉登高赋诗所，称凤凰台[2]也。仅千年尔，而摧败若是，犹幸得雅人收之，几席间差少快，然世知之者，鲜矣。再则，王丞相导西园，近称同春园，属潘氏，居花露冈[3]。其中山池花木颇近岩壑，独松石犹然晋代物。松长数丈，尽作老龙形，鳞甲须鬣怒张，势欲攫搏然。类皆白松，干挟霜雪气。石则青苍，作黯淡色，秀削多致，若欲语。独此园甲江左。同时，谢太傅东山赌墅处[4]，即今之栖贤院，俗称谢公墩，长松数百章翳蔽，不流日月。路稍仄，近清凉山麓耳。院址为安石别墅，中有一二隐沦托憩，垣以竹结茅，松涛中尚未大辟，其荒落之致亦自佳。郡之亘隅为王荆公半山园，近属明焦太史澹园[5]。踞胜在钟山之半，古木离披上下无位置。飞泉穿树根，崩泻不辨人语，大有幽趣。四园之古得存者，他莫与比。国初，自朝阳通济迤东界秦淮置戍所，半山园当戍中，遂废矣。魏公徐氏诸园特雄丽尔，始于明。犹为近代恒有，不复论，然亦就荒。

【1】原文"瓦棺寺"，当为"瓦官寺"。

【2】凤凰台位于南京市秦淮区长干里西北侧凤台山上。

【3】今南京城内西南角花露冈。

【4】谢太傅：东晋政治家、名士谢安。谢安围棋赌墅，典故名，典出《晋书》卷七十九《谢安传》。前秦苻坚率大军来侵，号称百万，次于淮肥，京师震恐。东晋孝武帝封谢安为征讨大都督。谢玄前来问计，谢安神态怡然，没有一点惧色，只说："我另有办法。"就再也不说什么。谢安和谢玄下起棋来，以别墅为赌注。平时，谢安下不过谢玄，但是这天，谢玄心有所惧。输给了谢安。这时，谢安回头对他的外甥羊昙说："我就把这座别墅交给你了。"淝水之役大捷以后，进拜太保。卒后，赠太傅，谥曰文靖。后世以"围棋赌墅"的典故，形容人从容镇定，举重若轻。

【5】（明）焦竑，字弱侯，号澹园、澹园，生于江宁（今南京），祖籍山东日照（今日照市东港区西湖镇大花崖村）。明代著名学者，著作甚丰。官翰林院修撰，后曾任南京司业。

戚南塘用兵

　　戚大将军南塘，山左之黄县（今山东黄县）人，为明世宗时名帅，多读书，有智计，不专以力称。始领镇西北，于塞外汛所多设烽墩亭障，檄浙之关海卫与金华卒守之，并得携妻子。盖恐边人熟内地语则交通两地，卒语故侏离操闽音，用是以绝内外之虞，计甚深远也。公壮年，自夫人外不置姬妾。止一子，年逾冠，饶胆略，颇具父风。尝从公行营，与诸将当一面备，诸攻[1]取击刺之术。偶值边烽，公遣其子与偏将某出御，坐挫军。公得报，陈师武场，调各路偏裨入侍，令军吏执子与将某进，伏幕下。公盛怒，数其罪，令伏法。诸将免胄跽请至再不听，一军皆搏颡[2]乞命，公卒不回，并戮之。刑甫毕，夫人飞骑驰传代请死，已无及矣。众将卒为之股栗，窃相谓曰，公父子乃尔，吾辈不力，当无死所矣。夫人以是常与公各处。又禁不得近妇人，其中军某念公中年无嗣，私置一妾别所，伺公巡边，语以故，进之，公纳焉。逾年举一子，渐成童。公惮夫人严，不敢露，后稍稍闻，夫人率僮妇数十人骑而索妾与子别室，舆之归。令杖之卒以死，乃抚其子若己出。曰儿毋苦，吾为老奴泄宿忿也。公先夫人卒，夫人守子成立。其孙良宰，顺治中以进士历官大同左卫监司，慷慨有断，数称说公靖倭事，历历如目前。公在日，与王弇洲[3]、汪伯玉[4]两司马[5]善，著有《纪效新书》传于世，两司马雅重之。

【1】原文"功"，误，当为"攻"。

【2】搏颡：叩首。原文"博颡"，误，当为"搏颡"。

【3】王世贞，字元美，号凤洲，又号弇州山人，南直隶苏州府太仓州（今江苏太仓）人，明代文学家、史学家。官至南京兵部右侍郎、南京刑部尚书。

【4】汪伯玉，万历时画家、绘墨模名手。墨模是制墨用的一种模具，从古至今已经历无数演变发展。

【5】司马：殷商时代始置，位列三公，与六卿相当，与司徒、司空、司士、司寇并称五官，掌军政和军赋；春秋、战国沿置；隋唐以后，为兵部尚书的别称。明人好用古称，兵部尚书称大司马，侍郎称少司马。

卷

三

谲戏

来复[1]，万历时进士，关中人，性具颖异。童年，书过目成诵，凡百工技艺之事，一见辄得其妙。为诸生时，自谓举子业，何事卒岁居牖下咿唔[2]耶。尽旬日力，当作誊录生，可高蹑[3]巍科矣。乃于天官地理、阴阳术数，以至医卜之学，无不究心焉。官维扬日，政余退憩，令小吏脱靴，靴曳丈许不得出，公踞榻岸然不顾。吏讶甚，前跽请罪。公笑曰，尔何罪，此特工作不解事，为如许物料耳。言已，靴及地如故。又尝命他吏更衣，使曳袖，袖甫脱，而一臂坠下，持之则宛然臂也，无他苦。吏惊怖不能语，公顾笑曰，尔力抑何卤至是，将予臂去奚为。吏伏地不敢起，谓公果损一臂也。公捉臂纳袖中，徐曰，赖予能续，否则食饭具亡矣。其谲戏多如此。官晋时，恶庖人治具不精，呼众庖前。去冠服，身自至厨案。远近成风，盐豉醢肪五辛属，悉中调法。乃曰，毋怪尔。乃公走四方，聚南北之制成俎。乌得责尔，姑习之，为进技不可乎。至今太原上党郡邑间，治庖遵其制，曰来公庖也。公谓天下诸细事儒者皆当周知。闻女红三吴（今江苏）称最，多金召工绣至，一日尽其艺。曰，得之矣。手为绣，绘采艳发，俨如生动。工绣者叹服，自云，此公之绝技，世间安有是耶。晚年好黄白服食法，家近终南，数致方外黄冠，授丹诀，能辟谷食[4]，引骨作珊珊声，欲轻举去，卒无遇迹，其行事殆所称多艺者哉。

【1】《明画录》：来复，字阳伯，三原（今陕西三原）人。万历四十四年（1616年）进士，官布政使，备兵扬州。性通慧，诗文、书、画皆精。山水穷诸家微妙，格力俱胜。琴、棋、剑器，百工技艺无不适晓。惟未习女红刺绣，至吴门学之旬日，吴中女红俱叹赏焉。

【2】伊唔，误，当为咿唔，读书声。

【3】蹑：超越。

【4】辟谷：是道家的一种修炼方法，通过在一定期间，一般是七天，不食五谷的方法来达到修炼目的。

白公三部诀

大师明素，号白中，婺人。少为郡诸生，家素饶，平生耽饮，好养生家言，而又精于易。子姓甚繁，颇自立。国初，婺未下，闻王师至，争避金华山中。婺绅朱公大典主守，师至，先清野避者咸不存。及城下，婺人男妇逾万，相率匿巨沟间。沟故一郡水道，广逾丈，延袤数里，上施巨石，人马践踏，不知其下有沟也。婺众私谓，王师诛逆三日例封刀得生矣。各蓄糗糒自救。次日，雨大注，沟水溢，避[1]者不能出，尽死。而王师戮叛一日止。师挈家走他山得全，念死生定分，莫可逃。欲学出世法，遂弃家为僧，泛钱塘，渡扬子，栖迟匡庐行脚数年，无所遇。寻游黄山，值贯大师于莲花峰下，授以三部诀。坐草庵四阅月，豁然顿空矣。三部者，精气神，贯大师得于仙受也。先是，贯大师好长生术，历访不得其传，归而结茅黄山，日造峰顶礼斗，数年无倦色。夜感老人星，化为叟，降峰头与语。嘉其诚，遂授之。贯大师隐峰下多年，日再食，食仅哺糜耳，无蔬笋供。而颜如渥丹，骨珊珊作曳玉声，冬不御絮，一白袷，犹蒸气蓬勃也。师闻贯大师之异，造访焉，得尽其秘。师道根深厚，遇人无尔我，脱然尘埃外。早岁留心丹诀诸书，渔猎尽，卒不获。窃谓此盖古人愚世具文耳。多其名目，无当于我，非遘异人难抉其旨，因与贯大师遇。一见知其可教，且非世中人也。语三部炼化驱导阴阳之奥，留师草庵，行之果契旨。临别，贯大师谓曰，汝两关已彻，独末后一着甚难。姑听汝出觅道侣，早来此，工火候，毋自弃也。师以吴越多佳山水，数有异人往来。时芒蹻箬笠遍游近地古道场，如云栖、径山、灵隐、圣果诸刹，奈衲子栖心宗律者众，公案戒行外，觅一单嗒然兀坐而已。语以丹旨，不知作何语。又窃鄙此烧炼，道士挟黄白术，妄云点丹度人，攫利去耳。非然则蛊惑老人，择鼎器，持采补之说，自谓长年，猝值不守。且烹鼎，奈何为此自愚愚我乎。故所在阒无人，师不以道穷介意，数年求友名山如故。山中或径旬乏粮，师敝衲盘礴[2]泉石上，瞑目纳息，飘然于空虚无相之表，至鸟静风来，空山度月，师少一动展，拂袖去，即竟日不食饮，亦不计也。乐富春山水，为王初平、董双成[3]辈修仙地，乃得西岩。岩绝游迹久，山深饶竹木，泉甘启冽，中遗鼎灶，盖葛稚川炼丹旧所。岩深广，日月不到，有舟三丈许藏岩间。师加修葺，架蓬槛其上居之。蛟龙风雨声不异灵窟，昔谓藏舟于壑，今藏舟于岩矣。山中樵采者知师苦，时为外间言之，数有负粮馈者。居近严陵，隔岸为谢皋羽墓。每风日晴美，师呼小舟荡棹钓台下，追寻昔日击石悲歌处，江涌木落，凄然生感。师虽忘情，亦不禁哀，飒自何而兴也。人以是多目师为隐沦，而不知深于道者也。

【1】原文"辟"，误，当为"避"。

【2】盘礴：箕踞而坐、引申为傲视。

【3】据（晋）葛洪《神仙传》载：皇初平，丹溪人。十五岁时外出牧羊，被道士携至金华山石室中，四十余年不复念家。其兄初起行山寻索，历年不得。后经道士指引于山中见之。问羊何在，初平叱白石成羊数万头。初起乃弃家从初平学道，"共服松脂、茯苓，至五百岁，能坐在立亡，行于日中无影，而有童子之色。后乃俱还乡里，亲族死终略尽，乃复还去。初平改字为赤松子，初起改字为鲁班"。（宋）张淏《云谷杂记》卷二引作"黄初平"，并云："今婺州金华山赤松观乃其飞升之地。"

董双成，女，籍贯浙江，是古代神话传说中的人物。商亡后于西湖畔修炼成仙，飞升后任王母身边的玉女。

道让

道让，吴人，一目眇，为玉林和尚[1]高足。应世祖诏，随玉林来北，居大内太液池东蕉园[2]，时时有所顾问。道让以身处禁苑，二时斋钵依然，不无与山林清修。稍间乃出，居京西香山之门头村。已，玉林听归南，诸侍者从，让独留京师。朝贵雅重让，类相遣问劳。让辟众，更深入得一废寺，去村远，樵采所不到，日夕坐寺中不出。让益善导引服气久，能竟月不食亦不饥。即食，日一餐，不再食也。寺昔有僧，山窟中时多山魈木客为祟，僧竟中魅死。人匿迹，不敢往。让居久故无恙。尝冬月大雪经日，凝冰数尺，径路俱失，村人相叹喟，让不立僵则槁腊矣。霁三日，甫得路，共荷锸往掩之。及门，则见让结趺败席间垂目，反视气滃然，流汗被面，色且正赤。众相顾惊愕称神，拜不已。因请让归，得数数听师说法愿毕矣。让姑就之。会房山陈生某数过让，谈相契。邑有兰若数椽，久荒甚僻。让偶与陈游，遂栖其中不归，邑人无知者。陈又家贫，不能自给，间袖黄粱数升为饷让，泻败臼间支铁磬，杂落叶煨食之，惟亭午一餐耳。日夜坐土榻上，榻无荐席，独谷草一丛而已。邑人渐知让异，争具餐。让逊谢曰，山衲盖求道者，若数以异目我，行将去矣。自是绝口不谈道，惟以拆字卜人休咎，无不奇中。众益神其术，卜不已。让虽行若，其心则盎然自乐，不知世有荣瘁得丧事。时为诗画，落笔辄为人携去，不复记忆。兴至，亦作吴歌一二，第不酒。酒间出谐谑，皆韵语。如听晋人世说，隽永有味。小间即就壁角瞑坐，若睡状，稍乃起。起则目炯炯，神益生，盖服气导引法也。惜无识者，不能叩其一二雅赏。值[3]余营先人窀穸[4]，不暇语，闻尚在香山中峰间，近代固多异人也哉。

【1】通琇，清初临济宗僧。江阴人。俗姓杨，字玉林，世称玉林通琇。十九岁投磬山圆修出家受具，任其侍司且嗣其法。后住浙江省武康报恩寺。顺治十五年（1658年）奉世祖之诏入京，于万善殿弘扬大法，受赐号“大

觉禅师"，翌年加封为"大觉普济禅师"，赐紫衣。顺治十七年（1660 年）秋，帝建立皇坛，挑选一千五百僧受菩萨戒，特请师为本师，并加封为"大觉普济能仁国师"。其后，师回西天目山，重修殿宇，将山麓之双清庄改为丛林，因袭该山祖师高峰原妙所创师子正宗禅寺之名称，称为师子正宗派。康熙十四年（1675 年）七月，寂于江苏省淮安慈云庵，年六十二。

【2】太液池，今北京中海。金鳌玉蝀桥东岸之南有五雷殿，又称椒园、芭蕉园、蕉园，与今中海西岸的紫光阁东西对峙。吕毖《明宫史·宫殿规制》："五雷殿，即椒园也，亦名蕉园。凡修实录成，于此焚草。"

【3】原文"馀值"，误，"馀"字衍。

【4】窀穸：墓穴。

二眉山人

　　二眉山人姓朱，号曙青，楚人，踪迹多在汝洛，又称洛人。有家室子女，饶于资，不治生产。尝游江浙间，预卜人休咎，多奇中。从游门下者所在甚伙，咸以神仙目之。成童时，为一道人招致山中，教以澄心出世法，日久有所得，遣归。曰，子固有仙分，第世缘未了，虽居山无益。迟子数十年后，可会我于蜀之某山，当语子不死之道。山人还家，性大通敏，应人接物，出口皆亿中。初时射覆无一脱，渐及死生祸福，靡不刻期应，名益噪。其事不待陈述，第造门通一刺，意中欲叩某事顺逆佳否，托阍者达之，归而燃烛阅。一日[1]造请多寡，即书原刺中，为诗歌短句、一二隐语付还。人得之，初犹格格胸次未化，渐久，如操左券，卒不爽。相讶，抑何神奇乃尔，数不测其何术致此。山人迹所至，开府监司以下尝虚左延请，不听归。归时多在夜，未明，复他出，难与接席作竟日谈也。已，忆及道约，挈家人入蜀[2]。身自诣某山中，数访不得道人所。入山既深，隔一大溪，对岸林木清嘉，异香袭人，忽见道人盘礴悬崖间，衣甚敝，召之曰，子践约远来，诚可教也，能从我长往乎。山人意未决，道人笑曰，子宿孽尚深，予固知未能遽去，更数十年再来会。子振衣行，山人躧迹从之。觉道人上下峰壑间，轻举甚。未半日，计某山至某地已逾数百里。山人相从，初无所苦，道人回顾挥手曰，即此别矣，子毋仆仆也。趋一林木中遂失所在。山人归，行道如初。江右友人曰，予从曙青久，知其故，彼家居有閟室一，极幽邃，虽妻子不得入。室内无长物，止一蒲团耳。无早夜，第谢绝人事后，即静坐团上。约炷香时，则外间诸叩请事辄了了。盖从空明返照中出，非道根深彻不易得，而人动尊谓神仙，神仙岂数数营遂人耶。

【1】原文"一日而"，衍"而"字。
【2】原文"挈家人蜀"，误，当为"挈家人入蜀"。

水月僧

杭州亘山门外有小庵，名水月，荒废不数椽。康熙前数年，一老山僧来居之。僧无长物，惟一敝衲已尔。日不课诵，辰、午（早晨、中午）止两餐，手自炊汲。遇告募薪米不给，嗒然趺坐，终日无饥色。居人第谓之苦行行脚耳，不之异。会大中丞范公承谟[1]抚越，公政暇时，游南北两山间，招衲子与语。闻水月僧状，乃屏驺从造访。盖公父宰辅公文程，少年时曾与僧游，知其得道者，是时年已逾百矣。数数为公道其异，使物色之，不得。公一见，叩其隐，则居然向之僧也，年百又五十余矣。公欢然邀府第中，谈相契，外间不能与闻。僧不欲久居，第数归庵。自是郡人渐传僧为异人。又争相叩休咎。僧故山野语无文采[2]者，既多，概不言。即偶一言，又皆骂詈无所逊，闻者稍倦。或曰，僧为余姚（今浙江余姚）人，孙月峰先生之族子。中年出家，曾坐一草庵苦修多年。一日天大雷雨，有两小儿披单衣赤足避雨庵中，僧时裹衲坐团上。小儿相向股栗称寒，顾僧曰，儿前村某家子，因随母归宁，母先还，儿两人落后，今衣单，雨尽湿，欲乞吾师覆衲下，少许即去矣。僧听其伏腋左右。已，雷雨更甚，飞电绕屋不休。久之，闻屋上人语曰，彼已得脱，可还矣。雷雨渐歇，两小儿跃出衲，相拜地下。僧曰，老僧适有所闻，汝两人得非异物欲避[3]霆击耶。两儿曰，师既援我，不敢隐。予盖地仙也，修山中有年，适当劫，无所匿，借师道力幸免，从此再历，得证天仙果矣。然师道行虽高，终当弃此躯壳，予两人无以报，愿授师不死之诀，可长住人间耳。因语师毕，相拉出庵，寂然灭。僧之年，殆遇仙所致也。然僧实秘之未尝语人。

【1】范承谟，字觐公，号螺山，辽东沈阳（今辽宁沈阳）人，汉军镶黄旗，清朝大臣，大学士范文程次子。进士出身，曾任职翰林院，累迁至浙江巡抚。他在浙江四年，勘察荒田，奏请免赋，赈灾抚民，漕米改折，深得当地民心。后升任福建总督。三藩之乱时，范承谟拒不附逆，被耿精忠囚禁，始终坚守臣节，康熙十五年（1676年）遇害，后追赠兵部尚书、太子少保，谥号忠贞。

【2】原文"文来"，误，当为"文采"。

【3】原文"辟"，误，当为"避"。

萧尺木画学

余生平有两老友，姑熟（今安徽当涂）萧尺木[1]兰陵（今江苏常州武进）陆元见也。两君高旷雅足传，余并著之。萧君讳云从，字尺木，崇祯己卯（1639年）举江宁（今江苏南京）乡副第一人[2]。君善诗画，法诸家笔，又妙达音律字学，凡音中阴阳清浊，每发口著声，无不立证舛错。即一弦管搏拊之际，五音纤微必按，虽老于词场者无以夺也。画备诸法，然往往以篆隶寓笔于山石林木，故落墨疏秀润逼人。四十年前不肯多作，非同调解人秘惜未尝示。向游京师，自成均鼓箧之余，又半兴于诗酒。辇下贵人谓萧子故酒徒也。忽忽年余，无所遇，归里益肆力古文诗画，技愈进。曾再游秦淮，僦居桃叶渡。比时声物繁盛，与旧院仅一水盈盈耳。日坐水轩中读书，书少倦，或拈韵成小诗壁间。有乞画片者，兴到，为泼墨一二。已，命酒，令两青衣度曲，自倚箫和之。少间，为证其误，自按拍谱之声。渡头游航每一过，无不人人指为萧生制词处也。南院有尹、顾两生，以善歌著，闻萧名，数使苍头持楫过江邀与语。尺木造之，两生预待秘阁中治具，更迭行酒小已，各操喉进技，尺木从中别白其喉齿轻重抑扬转换之妙，一一著之谱，而又手被管弦，逐字迟其声，使自绎焉。曲少止，两生理茗饮佐谈，乘兴乞诗画。尺木则盘礴榻上，为作小景数笔，题句一二，即拂衣归。不痛饮，亦不狭邪也。自是曲中善歌者谓非得萧郎顾曲不敢吐词，其引重如此。尺木既久困场屋，不得志，终以乡荐^[3]授职司李^[4]。念李官刑名重任，不娴法律之学，以官为试，其如民命何。遂决意不出，无心仕进。退而筑舍于姑熟（今安徽当涂）大江之湄门，枕寒涛，邑山交拥，篱落下有精舍数间，左右老梅数株，松石映带。尺木日盥嗽毕，焚香著书而已。曩昔教歌作诗之兴，阑删殆尽。然家无负郭一二相知，有力者远不能托，时时借画以治生。每一幅出，则远近人争购去，得一二镮易薪米鲜菜归，即搁笔。寻告匮，汶理绘素如初。生平画多散布人间，其最得意者太平山水图，为册三十余幅，仿诸名笔殆尽。原本藏郡李山左公家，今行者，摹本耳。又有离骚图数十幅，九歌、天问、渔父、卜筮诸篇奇骏不可名状，悉依经义为之，殆绝技哉。二图册尺木赠余，珍诸笥。闻尚有杜诗全图，为某友绘者，莫可得见矣。此皆尺木中年笔，故神理独至，而用意疏密相间，无一毫败气，乘于中也。尺木昔年广交与，结纳皆当时名流，户外乞诗画者履常满，泻酒煮茶声夜分不已，然好客而身未尝饮，兴且勃勃，不鸣鸡不听归也。晚年交游散尽，性厌人事，常谢客杜门，有购画者置金，为期而去，不谋面。授徒门下至数百人。乙巳（1665 年）冬，余扁舟过访，尺木年已□秩一矣，拥褐坐草堂。时梅花盛放，篱落如雪，出诸稿读之，学益深，识亦彻，真名宿佳境耳。其杜律细一编，亦如读诗者调其字句，为易入口，非必欲力挽拗体^[5]而颠倒古人成法，毋讶也。尺木别余三十年，喜余至，为卖画沽酒。令老嫂烹伏雌佐，我两人谈颏，更命子一都涤盏劝酬，喁喁至两夜，忘倦。相叹喟，千里命驾，知心有几，余老矣。后会未可知，迟君数日，当呵冻属意数幅，留作老人身后余想可也。余为滞姑熟（今安徽当涂）半月，得朝夕话言，持所赠渡江归。明年，尺木复从邗上邮致一书一画，则绝笔矣。

【1】萧云从，字尺木，号于湖老人、无闷道人、默思。安徽芜湖人，明末清初芜湖著名画家，姑熟画派创始人。其父萧慎余，为明乡饮大宾，懂绘画。云从幼而好学，"笃志绘事，寒暑不废"。

｜稗说校注｜

【2】副榜：科举考试正榜之外的附加榜，也叫备榜。即于录取正卷外，另取若干名。乡副第一人即乡试副榜第一名。

【3】乡荐：即参加乡试中式，成为举人。萧云从是乡试副榜，明朝乡试副榜起于嘉靖时期，乡试副榜中的人员本来不能赴会试，但从天启、崇祯开始的"副榜准贡"却给予副榜者与正榜举人同样待遇，甚至从优。

【4】即司理，意即掌狱论之官。为明至清初对推官的习称。清康熙六年罢置推官，此后理刑厅亦别称司李。

【5】拗体：拗体诗省称"拗体"。格律诗中不合常规平仄格律的句子叫拗句，是格律诗的一种变体。指诗人刻意求奇，特地变更诗格用拗句写成的诗。

陆元见梅隐

陆君字元见，讳来复，别号梅宜，兰陵（今江苏常州武进）人，为前大司马陆公完学之从子[1]。陆公宦京邸，元见以随任附籍京兆博士弟子员。元见故吴人，作吴侬语，风骨峻秀，飘然欲仙。遇人无雅俗皆和色相对，愉愉间杂诙谐，多解颐，人故乐与交。元见虽出贵介，略无乌衣马粪习。轻衫缓带，徒步长安，遇贵人呵驺踏道而来，即障面急避去，人亦不知其为华胄也。中贵曹化淳与陆公同典戎政兵，曹有侄，欲延江南名宿为师席，诹于公。公举元见，曰，若欲学南士，无出家儿右者。虽然儿年少负才，多不羁，恐数数酒游，误乃公事，益又不可。公能略去世法，不忧子弟不成佳儿也。曹素重公，延元见于家，命居第后园，置为书室[2]，买吴僮秀黠者数人充馆使，室中一切书画玩好之具毕备。园固饶花木，日课园丁数进闽粤名种，滋其娱乐，且夕分馈大官膳馐无间。元见厚自奉，益毕力于学。曹侄虽纨绔子，得元见切劘[3]，北习顿易。然元见故少年，风流倜傥乃其性成，每苦馆事检束，时时托省视陆公，过平康游。游必醉之酒，酣卧曲中，至日高春未出。交游辈知其在某曲中第几宅，争携酒资与款，辄连辰夕不听归。曹侦知亦不较，第语公曰，陆先生日好妇人饮，我不能致，不大寂寞耶。乃命人于陆公邸旁委巷间，置一曲门闼，洒扫良洁，实以几[4]

榻诸器具。元见出，遣人之曰，主人新僦别业所，以待先生不时至此间集饮，差不恶无烦远理游展耳。元见安之，自是与友宴或招声伎，不复他出。元见轻财乐施与乡人、故旧在京师者多仰给。馆饩所入数百金，犹不足供饮。时为朝贵提刀，得诗文润笔资，即付酒家立尽。数年京邸，仅以己卯乡副驰声，太学间无一援之者。已，陆公罢政，挟元见旋里，同时燕市酒人各罢去。元见抑抑不自乐，买舟过湖上，纵游南北两山间，寻入西溪。西溪地多梅竹，饶水，人家各编升为垣，结茅香雪中。又富于茶笋，颇可治生，凿升引泉直入厨，逼林木水石之幽菁，终岁樵采不能到，亦天然绝境也。中多隐人，箬冠野服，杖屦出游，须眉俱多异色。元见游而忘返，罄家资之半置庄其间，遂挈妻子归隐，日率僮仆辟除榛莱，老梅嵯岈横斜之态尽出，得数十本，穿经竹间。编置篱落，客乍进，迷不识路。又疏石导泉，使溪流环绕近远，架桥其上，第可容人。而庄之胜，种种具矣。更于古梅深处筑草堂三楹，两壁各设书史子集，中悬画片一，凡一榻外，无长物，惟茶灶药炉爇香煮茗而已，额曰统梅堂。其他或廊或室，仄径小楼，悉有题识，盖山林中不废风雅高人行径自尔。尔有子二，但令读书，不攻举子业，倦后则与僮仆杂作，谓既为山中人，此殆山中清课耳，奚害。癸未，元见来金陵，居秦淮上。余与盘桓累月，比元见志在隐，虽南国花月，胜场倾城不乏，而言及往事，雪涕呜呜，并酒肠亦为顿减。无何，买棹归，益治其业。门枕清溪，植绯桃数十树，旁辟隙地杂种杨梅枇杷林檎属。又疏畦莳菜以供客，鸡豚散于坨栅，蚕缲布于闺帏，虽幽事耽情实不废。家人生产山中，岁时立有社约，甫春曰斗茶，曰采笋。盛夏曰观荷，曰觅芡。秋中则桂实、菊英。惟至冬而梅，燕饮无虚日矣。梅未放为待梅，既放为赏梅，盛开为惜梅，半落为送梅。诸叟过从率为常，其来不速，既醉，听归。无苛礼，即髡首曳屦短褐而前不责，亦不讶也。会曹公秋岳领副宪，为书召出山，元见故曹公己卯所录士也。师生雅相契，不能却，复入洛。余又得相聚都亭，须髭已鬖鬖矣。中贵曹念旧好，邀元见，馆之幽房小院，酒茗不辍，然视曩昔盛时，无异白头老人涕泣说天宝遗事也。未几，秋岳公左迁粤藩，元见忘情进取，公为赠买山金助其高蹈，临别执余手曰，余老矣，不能再至京洛，家近湖山，颇可自适。子他日能杖屦相寻，山中蔬笋不乏，将为子歌招隐之篇，得无意乎。爰述庄居之胜，手书自制梅村记，贻余曰，留此，归后可披图话旧也。遂归。辛亥，余甫得游湖上，以有事春江，造访不果。因采者便，先为诗二律。问之，则墓草已宿矣。两君襟期出尘，胸中俱无凡物，同时以寿考终。江山风月，恍惚期人，不禁泣数行下也。二诗附记，君□甲子七旬余，着屐看山得似初。老嫂可能常举案，佳儿谁解著遗书。几多桑苧佣耕地，甚处烟波伴老渔。十里梅花当日约，翠微何曲觅精庐。自笑迂疏世莫伦，买田瀛渤结农邻。行年已过知非日，流寓长为北地人。豚子读书明大意，山妻课识乐清贫。老怀得遂寻君棹，拟出藏编较等身。

【1】陆来复是陆完学的侄子。陆完学又名凤台，崇祯时重臣。从子，指侄子。

【2】原文"窒"，误，当为"室"。

【3】切劘：切磋相正。

【4】原文"凡"，误，当为"几"。一种矮桌。

山茧

　　山左青、济（今山东青州、济南）属邑山民，多采茧织绸。其茧不借人力饲养，每春时，各民家入山就本业山场，布蚕子于树，或在椿，或在椒，或在道旁簸萝野丛间。俟结茧后，各采归。缫为丝线，妇女成织，售于市。子就椿曰椿茧，就椒曰椒茧，就簸萝叶曰大小茧。独椒茧树少而茧亦同，为匹无几，值昂于他。椿茧次之，大小茧更次之。山民罢织后，调诸染色，染全匹成始售，不加饰者为上。茧虽不饲，然自布子至紫茧，山中人数看伺，防有鸟雀践啄之患。其蚕田与常田赋无异，织绸之家不力耕而力织，利什倍于田，山民有起家至巨万者。今沂蒙新泰诸村落老人能言之。

腽肭脐

脐即海狗肾,产登莱(今山东半岛)海中[1]。其来时,岛人预置网海滨,身伏小舟中,闻海涛蹴起成声,窃望水际,群狗数百腾跃欢斗,出没波间,渐犇近沙。诸岛人审视群中有狗,与众同而微小,形势矫捷,为众所拥逐不离者。伺其半过,则四面掣网捕之。网所中不一,或什之三四。罗[2]网间踌跳啮网,岛人各执挺捶就毙。捡视其具,什又不得一。盖雄者行往皆匿众群中,每群或数百,或数十,仅挟一雄。网所施不过及其余类,雄已早逸,故最难得。岛人断取家犬联缀雌者窍间售于城,市其值甚廉。间得一真者又为有力攫去,索价至二三十金,究无益也。此兽性燥急,日交数百雌不倦。人利其暖为扶阴计,不知鼓邪火以丧元,受害甚迷也。医家有群药,以此为君制丸惑人。而富贵多嬖者与老人,尝歆慕之,初亦奏效,久则烦惫喘渴,进他药数不治焉。

【1】腽肭,一种海兽。腽肭脐,腽肭的睾丸,又称海狗肾。海狗,也称海熊、腽肭兽,是生活在海洋里的四脚哺乳动物,因其体形像狗,因此得名海狗;由于又有些像熊,因而又名海熊,现属世界濒危动物,在我国原产于登州(今山东蓬莱)黄海中。见(明)沈德符《万历野获编·滇南异产》、(明)谢肇淛《五杂俎·物部三》、(明)杨士聪《玉堂荟记》。
【2】原文"罹",误,当为"罗"。

火浣布

布出西南夷中。其地有山,产大鼠。鼠所穴,多近硫磺矿所,而丰于毛尾。彝人捕之山,取其毛,就温泉灌净,合线以成布。其长不过逾丈,织理粗劣,色亦苍黯,煅于火乃白。滇、蜀人常以货易归。官其地者,杂取数幅入内地馈遗焉。布不适用，仅可作抹具。有垢，取火上炽之立下，复如旧。当日石季伦[1]令从奴衣火浣迎晋帝，得毋[2]粗恶，近怪异乎。示奢示俭不可解[3]。

【1】石崇，字季伦，小名齐奴。渤海南皮（今河北南皮东北）人。西晋时期文学家、官员、富豪，大司马石苞第六子。

【2】原文"得母"，误，当为"得毋"。

【3】《耕桑偶记》载，外国进贡火浣布，晋武帝制成衣衫，穿着去石崇那里炫耀。石崇故意穿着平常的衣服，却让从奴五十人都穿火浣衫迎接武帝。

石蟹

琼州（今海南岛）海滨有小港，积沙所聚，甚寒冽，每潮退多蟹，常伏港中不动，俄顷化为石，螯甲诸足无异。独叩之，玎玎然，石也。海边渔人数取以鬻，土人云，此物性甚凉，能解诸毒，凡赤肿疮疖，以陈醋磨敷立消。中瘴，中蛊，中诸食毒，清水研服亦即愈。琼人登为海错异品，时赠外客。又云，以盘盂贮水养案头，日对之可以明目。

玳瑁

今之玳瑁乃海中巨龟壳也。海南人纵舟小洋外，布利钩数百于巨缅上，缅垂数十丈。群舟各执一关椳，随风上下簸狂涛中，钩尾置肉饵，视所关渐紧，知有物吸饵。众舟各循序制系，系尽，则巨龟浮出海面。四足大如箕，利爪牙，目光射人，以吞饵，钩中其颡颊，不得逸。蹦跳波浪间，挟众舟飞行数十里。力竭，钩锋入转深，见腥血浮水面，则无能为矣。乃曳置海滩上，长矛刺其要害，斧其肉，各分饷之，独存壳。用巨瓮置醋于侧，支大镬，燃薪其下。候火烈，倾醋镬中。醋已沸，取壳悬地尺许，以大杓承醋淋之尽壳乃已。欲壳花纹密，数数四散之。复断壳片，水煮他镬内。饭许时取出，剔去余肉，则黄黑莹然间杂，即成玳瑁。贾人云，巨龟制者佳，小不堪为良于材耳。然作俑者亦惨矣。

犀辨

两粤不产犀，皆海外诸国来者。海贾云，南彝诸山多犀，其种不一，最上称通犀，次骇鸡犀，次顶犀、次额犀，鼻犀。通犀者，角心黑子一点直穿角末，外皆纯白，有丝纹隐隐，古今宝之。骇犀者，黑白斑，然云翳生动，置器中杂谷食饲鸡，鸡见，惊而狂走，飞鸣不敢近。二者相传若此，世未尝见也。若顶、额诸犀，则有辨矣。犀状大逾水牯，苍黑色，垂髯项下，足膝毛长尺，尾毛亦鬖鬖如帚，角有生顶者，有生额者，有生鼻者不一。具一角，不概生颅上也。顶犀长大而坚实，为质甚美，额少差，鼻则中虚，血气不充实。取材无几，角最长者不过三四尺尽已。又有旱犀、水犀之别。旱犀多在山，质焦而色黯，取作器，微香不耐久，养不如法即槁[1]矣。水犀明润通彻，香气无间。经酒、经摩拭，气益发，久藏如故，故贵之。其质多作兕[2]，色密黑莹泽者为熟犀，质微白而黑半者为生犀。生可致久，熟则计年香质以渐减矣。交广山间有蛇犀一种，乃大巨蛇。长数丈，圆数尺，具鳞甲，无足，首生两角，挟风雾，出没山岩中。山瑶[3]迹其故道，杂伏利刃于丛薄。过辄洞其腹，所在树木偃外，泉石崩溃，竟日乃毙。瑶人始邀伴出，截其角，各断肉持归，和以糟粕，时饷客。角亦治为兕[4]，黑白相间，质微薄而明透，注酒浆无香气，然能解诸毒。凡中瘴蛊草石禽畜毒，进兕[5]酒一二立愈。土人秘不外售。故海贾亦难购置焉。藏犀法不用铅盒煨密养之，惟日置衾枕间，时袭人气则常润。濯不宜水，取淡酒乘温涤其内外，俟漉干注酒荐客，香倍常。取犀屑不能下，挟两腋[6]，少许时以锋摔之，则霏霏应指落，盖人气能粉犀也。

【1】原文"稿"，误，当为"槁"。

【2】【4】【5】原字误，当为"兕"。兕是上古传说中的瑞兽。兕觥是中国古代盛酒或饮酒器。

【3】原文"猺"，误，当为"瑶"。按：猺本是一种动物，是封建社会对瑶族的蔑称。

【6】原文"液"，误，当为"腋"。

诸香

琼儋（今海南岛）诸山数千百重，草木繁茂，烟岚接天。黎人盘踞其内，依山巢处，无庐舍垣堵。其治生惟择山田久荒废者，杂艺稻粟属。获毕，来岁复易地，所以转徙靡常，官不责赋。山多产花梨诸香木，黎人耕获外惟事此。每当盛夏月夜，黎人持毒箬腰斤，相率行林间。闻香气所袭处，迹之得其树，斧记还。明日断置，曳林外，刳其皮为花，铲截支节。生者为速，为浮水香。干中蚀，经多年风雨侵驳者，则皆水沉也。又干节痈肿，间作瘿瘤状，剥取其壳，如龟甲、败莲房、菱角、鲗片形，其鹧鸪斑者，更出水沉上。以爇味幽馥且惹衣，赏鉴家多珍之。大约海南沉，烟气浓郁，多酸辣，焙爇不久远，止可入药。其他自闽海来者甚清越，而有余甘，琼儋不及焉。采香本年者不堪用，必经岁月弃置腐败久，其津液敛尽，质皆化，然后施斧斤无弃财。黎人有生、熟二种。生黎居深山林莽中，不与外人通，言侏离[1]，犷野莫可近，惟以耕种采香为事。熟黎通方外语，住山不深，常于郡中交易香木诸方物，无异土人，故海贾市香料亦有从熟黎游者，价值稍平，兼得佳种至花梨、铁刀、金丝、胭脂诸木。黎人择其中器具者岁有砍伐，异置近山，售于外，计株准值已耳。而过海则计斤矣。佳香在黎峒，一斤有值五六金，贾人不肯多易，易独常香，便市货之捷耳。

【1】原文"侏俪"，误，当为"侏离"。

合浦珠池

粤之合浦（今广西合浦）昔有珠池，岁产珠。明万历中，尝遣中使采办。比时所入，尚有大小中下之分。启、祯（天启、崇祯）间则微矣。土人云，方珠盛时，海滨所在蚌皆产珠，不独池也。池制外设栏栅，置关司启闭，非执役不得入。采珠诸人谙水势，出没波间以时。身裹小革衣，着革裈，自足以贯于胁[1]，乃泅水中。群相踏探，探蜂之轻飏，入渥泥浅者，觉有胎，执以出。出则尻股交战；水津津注下。向日少许，寻复没。或探得大蚌，知胎广，泅起即为鸣锣于外。外盖中使监临所，闻锣声，接续庆，得大珠累累矣。泅人口各兜以皮袋，系贯双耳，防窃珠纳口中也。日昃即罢役，寻命剖珠者破其蚌扇。扇裂，肉蠕蠕动不止，珠绽胎表精荧迸射，或一二粒，或二三粒。小[2]者太多则碎小矣。若胎满一二颗者必圆美，多采逾常色。然终明季二百七十余年，无古所称径寸夜明者焉。明末罢开采，锢池禁不入，蚌产亦渐微。向泅者中夜窃取，尝束手返，无所得。一日，天昧爽微雨，海风陡发，蚌乘风雨尽飞去，池竟空，水亦渐涸。今禁久弛，合浦徒以产珠名，旧家即颗粒故无有也。

【1】胁：从腋下到肋骨尽处的部分。
【2】原文"少"，误，当为"小"。

雷州布鼓

昔传粤东雷州（今广东雷州半岛）有雷神祠，每岁土人进布鼓于神。谓以革为之恐神取用，当震惊欲绝。又云，郡田间土人常掘肉雷公，状若小豕，有两翼，数取食之，皆谬也。全粤无雷神庙，独雷州郡郭外有祠一。神宇不甚广，宇中幽邃不纳日，东壁悬一鼓，鼓如常制革也。神貌亦如今之绘塑。然鼓岁不一易，遇敝始易之，绝无进鼓之说[1]。若掘食雷公，愈益荒唐矣。盖雷土多枕山滨海，山则饶草木藤葛，海滨数百里斥卤不可耕，其可耕者又皆水田，各立畛，终岁少有荒弃。土人自耕作外，相率治葛。所称雷葛即本此。无采于野者。二说载在记，不知何考。但粤地雷时，觉距地甚近，轰轰屋瓦若震，此则少异中原耳。

【1】清《续文献通考》卷七十九《群祀考》："宋宁宗庆元三年加封雷州雷神为广佑王。庙在雷州英榜山。神宗熙宁九年，封威德王，孝宗乾道三年，加昭显，至是封广佑王。理宗淳祐十一年，再加普济，恭帝德祐元年，加威德英灵。"

郡署绝蛙

端州即肇庆（今广东肇庆），为宋徽宗初封地，徽宗本端王，入践祚[1]。宋文拯包公曾守郡。郡署内一井，夏月绝蛙声。相传公听断无遁情，偶闻署蛙咯咯，公曰，尔既无公私事，何为作闹。书片纸投署西井中，曰，当归此，毋作声。至今署井多蛙不鸣，署外无四时，鸣如故。盖粤地气候炎热，诸虫不以时蛰，正月流萤，冬月蛙盛鼓吹也。端故产佳石，公去郡日，不持一砚，民思之，状公貌祠郡西，生气勃勃。

【1】践祚：亦作"践阼"。即位；登基。

端砚

端溪距肇庆（今广东肇庆）三十余里，在羚羊峡中。江南坳一小河入，即达溪。溪绕众山足，盘回颇远。所称旧坑已湮没百余年矣。坑采石久，深逾数丈，地中流泉瀄发与溪流汇，竟成潭。石工转采新坑，坑又近百余年，石亦竭，水复如之。比乃采朝天岩，岩石具青紫二色，中有筋膜作黄绿纹，质微粗燥。初利墨，用年余石理渐腻，墨亦不发。叩之声清越，但久润可供尔。间有新坑石，藏者冒为旧坑，悬价昂甚，非数镮不能易。新坑，色作紫玉，莹润无肤理，纤瑕不生，墨所经易发而常摧毫。置匣中，余渍经宿不消。声之有无不贵，贵在质耳。质有二，有有眼者，有无眼者。眼亦有二，青红缕别白于外，黄晕在中，居心墨子一粒，俨鸲鹆目突起，谓之活眼。自一以至双，或蛾眉，或三星，或斗文，或星宿海文，或高下玉笋斑文，皆可贵。独死眼称劣也。死眼者，外无青赤线，黯然一斑如豆，中作黑晕亦隆起，周石不过一二眼，质居下。然石之良不在眼之有与否。其称眼佳者，特好异耳。若紫玉莹然，亦自贵，何必弃瑜取瑕耶。顺治中，靖藩镇粤移闽[1]。闻旧坑石出多金，募工车水。水尽见坑，采佳石出。诸司亦捐俸钱各采一二。役竣，仍导水归坑。旧石得再见人间。近粤地间有售者，一砚索数十金，诚鸿宝也。余两见友人所，色具紫黑，微滑，稍加摩弄，则湿润应指生，呵之砥，墨可作字。墨按纳不待力而渰然蓬渤，迥殊新石。少注水粒许，竟日津津，不病颖，可称双绝。案兴获此，差足乐也。东坡谓，一钱买担水，可充数月，何用择石为。亦矫癖语耳，未为通论。

【1】靖藩：指清初三藩王之一的靖南王耿继茂。顺治七年（1650年），耿继茂与平南王尚可喜联手攻破广州后，展开"广州大屠杀"。顺治八年（1651年）耿继茂正式承袭其父的靖南王位。他帮助清朝消灭各个南明政权有功，被移封往福建。

峻刻报

晋商某，贷里中大姓资，贩缣帛于杭，舟过临清，例报货税。商籍其制于官，偶失捡，遗一箧。及登舟发验，为卒举闻。榷司某素猥薄深刻，乃尽檗其制[1]。故事，凡漏税者，第计其应有物议罚，不概科责也。商固请，谓自不捡仅漏余箧一耳，应伏一箧罚，例无罚及概报者。不听，竟檗之，丹碧绘采散置船舣间。商怃，制已毁弃难售，且他人资，立败尽，无还理，遂赴水死。榷司某寻以榷税失额责补，亦悒悒殁于官舍。事竣，僮仆挟资散去。携一女，故少艾无所托，随失身风尘中。商妇念夫久不归，令其子南来讯问。商子过临清，偶饮平康家，与宦女昵。女固欲嫁之，商子苦无资，女私赠百金令偿姥，遂委身焉。女归，密携千金，皆素日缠头物[2]，商子得为货其地。稍稍知父坐漏税，为榷司死。所纳者，即前榷司女也。商具闻于女，两人相持大怃，自分天之报施不爽。商子既葬女之父，复又觅父骨，同旋里。此亦可为居官峻刻者戒也。

【1】制，质押。

【2】缠头物：古代歌舞艺人表演完毕，客以罗锦为赠，称"缠头"。后来又作为赠送妓女财物的通称。

院僧遇怪

富阳（今浙江富阳）去郭四十里，山渐深，地曰西岩[1]，葛稚川[2]旧栖隐炼丹所。岩深广数丈，内一洞，洞有池二尺许，泉甘冽盈缩应潮候，但地势踞江最上，且去江远，群山环叠，不知何以与地脉相通如是。旧传，稚川翁丹成时，旁山村落悉各分馈多金始去。村人感其惠不忘，为筑西岩院于山下，拟其貌祠之，各捐田为岁时供，岩间遗丹灶，日久，有邑中两无赖僧，贫无自度，诣岩栖止，日借丹灶炊食。灶偶败，出精镪数百金。两僧各分，窃还俗，娶妇置田，将终身焉。无何俱死，灶废弃如初。岩之下院岁久亦日圮，村人召僧，悉润主其地。僧又无行甚，渐以次鬻院田过半。于康熙壬子（1672年）夏，僧适他出夜归，念山深径险，多持行燎跟跄前。甫抵岩脚，见一人高丈许，疾声呼曰，啐，毋前。僧谓盗也，持炬烛之，见前物赤发上指，蓝面狰恶，虎目兽口，两齿锯张，若今之画壁夜叉状。僧惊怖不能行，物执僧腕，瞪两目曰，汝识字乎。僧不觉失口曰，然。物用巨指书僧臂五字，云，山车目斤寸。乃脱手。曰，汝知之乎。去去倏不见。僧绝而复苏，视臂肉已隆起，抵院呼同伴曰，予殆将死也。语所见状，持臂出示灯下，前字如纸灰书者，隐隐不灭。及明，臂复故。近岩有山曰嵝坞，僧甚达闻其事，谓同辈曰，诲和尚败戒律甚矣，异物书臂，殆寓极刑儆之乎。而僧方津津为人称说不置。

【1】西岩山，坐落在富阳坑西村。相传三国时期，道教灵宝派祖师葛玄曾在西岩山修身养性。后来，炼成仙丹，白日升天。西岩山下的白升乡（今坑西村一带）的旧地名就是这样得来的。葛玄之侄孙、东晋道教学者葛洪也多次来过西岩山，向葛玄的徒弟郑隐学炼丹，由此西岩山更负盛名。

【2】葛洪为东晋道教学者、著名炼丹家、医药学家。字稚川，自号抱朴子，晋丹阳郡句容（今江苏句容县）人。三国方士葛玄之侄孙。著有《肘后方》等。

道家祛疾

道家有洗肠法。凡人有痼疾及痞胀闭结泄疟诸症，先一日饮食少减什之三四。临卧紧夹谷道，毋令失气。则气渐上腾，转折肠腑中汩汩作声，复降下欲出，仍闭，谨不令发。如是三四度，渐攻至心腹上，觉肚间作剧甚。必候天晓，始听下行，则多日积滞与阴气俱推之出。人转怠，精神觉少损。过三两辰夕，元气复故，不更发矣。又有倒仓法，可祛终身一切疾。用牛腹中全犊，以瓦器重汤煮极烂，日进三四次，务食尽，不得分饷他人。食后胸中[1]觉欲呕，以两手摩挲上下，令其渐次吐。吐良已，更大泄，亦二三日平复。躯少委顿，然后稍供粥饮，自是宿疾顿却。煮犊不用辛，惟白汤一味，食时或加秋石[2]少许。二方皆载道书，世无知者。

【1】原文"胸中"，误，当为"胸中"。

【2】秋石，是一种药物的名称，别名：秋丹石、秋冰、淡秋石，属钙化合物类。主治虚劳羸瘦、骨蒸劳热、咳嗽、咳血、咽喉肿痛、遗精等症状。英国学者李约瑟将中药"秋石"列为中国古代科技的二十六项发明之一。

陈樾楼

陈焯，字默公，别号樾楼，皖郡（今安徽）人[1]。十岁博通经史，过目不忘。家故饶，藏书颇多，日得肆力于古。弱冠[2]时，已为江宁（今江苏南京）学博[3]。江宁故才薮，四方名流麋集，征文问业。默公日与同人旗鼓相值，未尝不弭首退舍也[4]。尝游吴下，交李舒章、宋让木[5]诸子，比几社[6]。古文辞诗赋日倡，默公各为正其体格声律升降之微，大雅益助。诸子逊谢，恨相知晚。国初来京师，客溧阳公第，公以宾客数过从。恐间其业，乃谋就闲园主人馆之家，闲园者，故符卿牛公拱北小筑也。拱北公与溧阳有姻娅，故延纳焉。默公时游太学，每六馆文出，同侪争觅读之，名益噪。镂有燕台飚旦录行于时。默公既雅负声誉，窃窃自海，遇事辄折节下之，不敢以学加人。桥门鼓箧退，则杜门谢客，著书以自娱乐，虽园主人亦不数数谋面也。挟三仆，一曰墨宝。家有墨宝堂，聚古今金石刻及墨迹，衍为轴，贮四壁间，使仆司其钥，既名堂，兼以名仆。一曰执扫。堂后别有书室数椽，日读书其中，植小小花木竹石，稍成趣，恐其芜秽，命仆治之，因以名。其一供录书文者，长须也。孟津王文安公[7]好古文辞，素慕默公，知不可邀致，乃造门与语。语多及今古诗文得失，不他及。公大悦服，自叹五十年老叟沉酣风雅无所遇，今乃为吴下阿蒙屈耳。嗣是，公数过闲园。过则默公出酒脯佐谈，乞公书画，公不少难，且谈且应之，笑谓曰，吾之书，卿之诗文，自今交，相质毋吝惜也。故默公得公手墨良多。公去，仍扃键不纳刺[8]焉。园中风月清佳，有时登台南眺，怅然生感，访声伎噪名者招致一二，以遣岑寂。炉香茗碗，惟园中二三同志晤对而已。顺治辛卯（1651年），以礼经同余举郁公光伯房，余限于额，置副车第一，报罢。是时，余两人居闲园，举一黜一，他人为我心动。余两人辰夕促膝，盖泊如也。郁公与家侄宾王同谱。雅知余，尝一过园慰问。公方咨且不安，而余淡焉忘得失，无戚戚容。公执默公手曰，尔之良友如是哉。明年春，默公捷南宫[9]，余时有上党游。闲园叙别之夜，屏诸仆私语曰，余耽学少耗精力，近为儿女子误，耳冲冲作螽羽声，宁非肾火炎上乎，行将仕矣，以进贤冠下事夺我平生夙好，恐徒乱人意，我其守丘壑哉。余曰，君谬矣，君读书谓止此乎。中秘书方未已，秀才后正急此贤冠误人，为郡国钱谷累耳，岂例清华耶。昔人谓天上玉堂，然则君欲薄仙而转为遁士欤。第史官司起居，舍听闻则非信。愿珍重自爱，宁为聪吏，毋作聋[10]官。当时止谓谑语尔。不逾年，果失听，遂请告还里。默公谓，人耳食我名，顾未深知我学耳。今得弃去制举业，天又夺一官，以杜是非之缘，不益遂予初志乎。乃肆力古学，深达性理等身书，未足云多也。铨曹[11]两经催补，默公勉就道，中途引疾归。闻家亦中落，近杜门选词赋耳。宗伯王公熙乔梓[12]重其才，曾移书同官，醵金镂其集，未就。迹默公行事，盖其中有大不得已者，聊托穷愁，著书以自放废，后世自有知者，无待余强作解耳。

【1】陈焯，男，字默公，桐城人（今安徽桐城），清顺治九年（1652年）进士，授兵部主事，以耳聋不仕。

【2】弱冠：男子20岁称弱冠。这时行冠礼，即戴上表示已成人的帽子，以示成年，但体犹未壮，还比较年少，故称"弱"。

【3】唐制，府郡置经学博士各一人，掌以五经教授学生。后泛称学官为学博。

【4】弭首退舍：弭首，即俯首。降服。退舍，即退却，退避，不敢与争。

【5】李雯，字舒章，上海县（今属浦东）人，明季上海地区著名文士，清代松江府、南汇、华亭、奉贤诸志，皆有其传记，是晚明文学团体几社重要成员，与陈子龙齐名，明亡被迫仕清，郁郁而终。宋让木，误，当为宋尚木。宋征璧，字尚木，原名存楠，江南华亭人。明天启七年（1627年）举人，崇祯十六年（1643年）进士。与几社领袖陈子龙等交往深厚。入清，官潮州知府。李舒章、宋让木或是几社成员，或与几社成员交往深厚，但后来降清，所以后世不再承认其与几社的关系。

【6】几社：明末文学团体，其主要成员陈子龙、夏允彝等都是抗清志士。

【7】王铎，字觉斯，一字觉之，号十樵、嵩樵，又号痴庵、痴仙道人，别署烟潭渔叟，河南孟津人。明末清初书画家。入清官至大学士，谥文安。

【8】原文"剌"，误，当为"刺"。名刺，又称"名帖"，拜访时通姓名用的名片，是古代官员交际不可缺少的工具。

【9】南宫：即礼部在京师主持的举人参加的会试。

【10】原文"龙"，误，当为"聋"。

【11】主管选拔官员的部门，即吏部。

【12】清康熙时礼部尚书王熙父子。乔梓：乔木高，梓木低，比喻父位尊，子位下，因称父子为"乔梓"。

牛符卿

潞州（今山西长治）大峪镇有拱北牛符卿公，先世起家盐铁，雄于资，至符卿公益振。公具智识，多谋善断，度能容物，喜怒未尝失色。以明经[1]初就两淮运倅[2]，时过广陵（今江苏扬州），眺扬子（今江苏仪征），揽京口（今江苏镇江）江山之胜，慨然曰，丈夫要当乘长风破巨浪，如局蹐一官计刀锥之末，诚乳臭小儿事耳。乃弃官归里。会潞州岁大饥，民多枕藉沟中。公曰，吾闻救荒兴工作亦政之一也。爰辟郡东隙地，大治第。集里中数千人供土木役。尽发多年积囷，计口日结米与菜，资其老幼，尪羸不任力者，为厂郭外，使就粥，赖公存活数万人。又置义冢地，施棺以殓贫者。至今郡东郭外号万人坑者，公遗泽也。第成，飞楼夹道，槐柳交荫[3]，朱门别院间皆公一时绝代之选。潞郡为沈藩建邸地，多乐籍，名噪曲部者颇不乏。公时时招里闬交携名姝以佐酒。公善饮，饮可达夜。座中皆郡名宿，每集或诗歌乐府，郡姬乞请刻烛量酒为之，即从弦管中度新声以奉客。客无不潦倒罢去。翌日，乐籍奏曲上王寿，辄以新声进。王知从符卿座中来也，益命乞词不已。王素好风雅，久重公，乃使其仲季结婚公家，子弟得以舅氏礼数过从。公心窃难之，谓宗子席天潢派，志多豪举，不向学，何如我布衣交，诗书杯酒足乐耶。居久之，公复入洛。时怀宗（明崇祯皇帝）急边事，饷日告绌，大农度支坐不支。公上书阙下，愿输财助边。怀宗持书顾近臣曰，外间亦有此奇士耶。命内库纳其金，予官文华内史。内史职清晏，休沐之暇，得出游香山、碧云之盛。香山侧有中峰，亦胜地，古松百章，楼阁出云际。公夜假寓僧榻，山月明甚。闻异香满室，忽吕祖推户入，科首衣黄衫，赤足，执麈尾击公榻曰，尘世劳苦尚未觉欤，乘此山空人寂，可从我去矣。援公臂起，公不觉失声，吕祖倏失，香气益盛。公呼外寮从者曰，闻香气乎。众曰，无之。公自是恍有悟，秘不语人。偶奉饷差，便道过里，值前大帅白广恩叛兵掠郡外，公率里中子弟部分各门，使坚守其雉堞，身同守令，日夜巡行。陴间椎[4]牛刲豕，大治糗糒以给众。又分布膏烛悬笼炬城之上，下为窝舍数千间，令众更番苏息之，众不知有守陴苦。凡数日，叛卒嘹骑至城下，见壁垒肃然，不闻声。诧谓其党[5]曰，吾辈历郡邑多矣，未见若是守之坚者，此殆牛内史力乎，攻之徒毙。众乃掠北董镇去。盖公家盐铁业，自三辅至河南北，以达江淮，无不知名。郡既得全，乃嘱僮仆曰，为□治装，吾将出里门矣。众谓公，居家未久，且差期尚远，田园庐舍一切生计皆未按籍稽出入，何遽云出耶。公笑谓曰，毋多语，久当知之。迟则吾与汝曹恐不得长往也。夜选轻骑数百，骡车数十乘，携夫人诸公子姜媵辈，男女僮婢殆千人，昧爽出郡，弃金石鼎彝书画玩好服用物，以逮锦缯布絮谷食之属，不下巨万金，封贮各室中不顾。但叹羡曰，此第宅颇佳，未知何福儿郎开邸作帅府耶。众闻语，窃心异之。公携家口行太行山间，促僮仆毋得投逆旅，期一日夜走郇城可无恙。众亦不解。但执行燎先后，度羊肠九坂中，车骑驰骤，声逾数十里不绝，林谷鸟兽飞逸，流□塞响。道旁草木为遗燎所燃，延百里，光烛天，虽师行无此盛也。抵郇城之瓦店，已先期命舟维河干久。舟甫毕，公家健力已飞骑至。云公离郡五日，逆闯前锋已破郡索公，急遣铁骑驰至太行始回，今尚屯郡中。众咋舌，方叹公戒行之速，其前言固有意也。公阴命家人辈散处，附商船前进。别令夫人侍从易小舟飞渡海门，托纪纲匿滨海渔灶家。独携诸公子伏渔舟，夜走里淀。里淀者，桑干支流，同滹沱水绕大泽间，经霸州、河间诸属邑，出天津汇于海。以淀绕水港，葭苇数百里，历代兵革所不到，居人皆业渔，治蒲苇十数家一聚落，畿左右族多避[6]兵其中。淀有王庆坨、唐儿沽，皆大镇。公变姓名，冒为商贾，曰闻寇变暂家此，俟乎复当出。僦渔家两屋，朝在陆而夕在水，土人亦不之异。已，逆闯破京师，复大索公不得。谓其南去，渐缓。会大兵削平寇难，公始出，召集夫人辈，居海门。海门为盐舶运所，公先世第宅雄甲一方，爰延选海内名士教诸公子，有退焉终老意。

稗说校注

诸公子相率游太学，日趋六馆就业。公念都下繁盛，宾客晋接，少不捡，足败事。寻又入都，于旧第西偏筑闲园，以舒吟啸。园中叠石为山，穿泉引池，杂植花木数百本，亭榭翼张，为京洛名圃第一。前时耆旧二三数过饮池上，与公杯酒话故，相对惘然。其他诸朝贵虽日为燕集，终不得一迹园所。王文安公[7]故交也，时时来园。科首萝石之下，多乘兴为书画或诗歌，辄流连入夜乃返。闲园之额，盖其手题。已，溧阳公雅重公，遂结姻好。公恒恤溧阳苦状，购大第使居之。月奉米醯，助不给。溧阳方秉轴，公未尝干以私。两公数相过从，终日娓娓谈家事，无一语及朝政，人以是益重公。会洪相国（清洪承畴）拜经略五省命，念行军无筹饷者，难其人，已属意公，故以言挑溧阳曰，牛内史，仆老友也，素善筹策，仆欲举于公，公抑知其可任乎。溧阳曰，内史固才，今其人老矣。坚不欲起，愿公无属念也。督师笑曰，内举不避[8]亲，公何逊于古欤。遂手疏请公以原官监经略五省饷，世祖（清顺治皇帝）允其奏。督师自阁门下一纸，立速公束装待潞河，毋容援例谢阙，日刺促长安道为也。公方园居坐池上，课童饲鱼，而将命至。公不怡，良久叹曰，疆场固丈夫分事，第余马齿长，智虑多绌，恐一旦不胜，则东南数十万众嗷嗷，惟予责将奚谢焉。知不能辞，遂就舟待之。督师至潞河，召公见，旋下拜曰，仆今请罪。门下初屈公出，则故人之谊。自兹以往，莫非军事军法有所不假，公幸毋责仆。又曰，与公计今师行矣。上以全军托仆，诸大帅楼舰相衔，顾何以饷粮不忧匮耶。公曰，水行，计抵淮，饷当需几何。曰，非五万不可。公曰，易耳，五万饷至淮尚可增倍；愿相公毋忧也。督师辗然笑问计。公曰，某家海滨故多盐，第于各兵艘中散置官盐五万，途次齐鲁，其利已倍计。再进则三倍矣。即抵楚尚有余，何忧外解为。督师抚公背曰，信乎，公智算若神，所谓取利于自然，猗顿[9]计然殆无以过，舟次海门，不三日而五万饷盐毕具。抵临清（今山东临清），盐值已昂两倍，果大售。未渡河，已逾现饷十余万。此皆公家资所致也。军中咸相谓曰，十年闻牛公名，果不虚，吾属得藉无患矣。次维扬，一如前法，以十百饷尽易盐。由长江飞帆达楚，抵荆襄，更数倍焉。督师得公助，发数道兵长趋收取蜀滇，转输卒不忧竭，公之力诚大矣哉。督师开幕府荆门，檄公巡行江之上下，挽粟运醅，日无宁晷。江黄安庐一带，每见轻舸碧幄，载宾客管弦，列名花两舷间，觞茗交错者，谓必牛内史来也。盖公平昔不肯以势位骄人，虽为经略挽数省饷，所过屏呵殿[10]。不以拥卫为荣。家故多苍头，仍令供奔走而已。轻衫缓带，犹然闲园主人故态也。然公晋人，素事车骑，久处江楚之邦，地土卑湿，起居失摄，偶感痰症，殁于姑熟（今安徽当涂）旅次。长公器六侍焉。讣驰幕府，督师拍案大恸。谓众帅曰，国家方在用兵，吾三军所倚者惟牛内史是赖。今失我一臂，宁无为封疆惜耶。立命檄所司，动军前自备饷千金为公殡费。仍秉传舟樯归里。公枕疾日，召长公与诸客坐榻次，曰，人生等死尔，死牖下与死疆场孰胜。但吾年尚艾，天夺之速，惜哉。命也夫。今现饷贮某所如干，顿吾所如干，其他未至者若干，按籍可得。吾为洪公转数省兵食不下数百万，咄嗟而办，未尝有仰屋忧，尚出余力计家人生产得不堕，丈夫至此亦豪矣。吾殁，连具籍幕府，俾得早归正丘首，与父兄依倚，无恨也。顾客曰，公等从吾远游，劳苦不易，自此江山风月已失主人，世缘虽假，离情转真，公等念我，我宁不还相念耶。复长叹曰，惜哉，牛拱北死此尔。按公生平重然诺，乐施予。同郡待公举火者数百家，至四方选人，出春明舟车之资，咸倚办于公，未尝利其子母，日后多不能偿，亦听之，不责报。门下持筹奔走者数百辈，皆借公起家。迨其后不振，负至巨万，公尽焚其券不问。太封公、乐山公先后配五夫人，公为最。后郑夫人出欲合祔，乃延形家，出数千金治葬于雄山之霍村，四方不远千里来会葬，人殆万人。公张幕山之阳，大治具，无不衎衎醉饱还。公善饮，饮可罄一巨瓿。每夜必漏过半乃寝。诘朝治家政无罢色，人自逊不及也。公又好书画名琴古窑器，纵迹所至，尝多金购置。遇赏鉴友即脱手赠，亦不吝惜。尝自言曰，寇破吾家数十万金都无所念，至今惟依依金玉银犀酒枪四瓯而已，令吾饮具□减色耳。蓄有古琴数十张，自唐以下标以甲乙。当风月□佳名香新茗之次，听抚弦动操，喁喁忘倦。先是，公未南行，回里中招昔年老友，纵游南山之阿，挟郡内名部滋其登眺，或见林泉佳胜不忍去，即留饮僧所。子夜弦索声四座竞奏，虽甚风注雨，兴不遏止。笑谓众曰，安石东山尚自携伎，吾辈远不逮古，然曷可令山灵笑人寂寞耶。历游逾年始来京。不三年而中殂。其襟期豁达，诚羊叔子、庾子山[11]之流，何尝有齐奴纤微客气也乎。

【1】明经：明清时贡生的别称。

【2】运倅：运务的佐贰官。

【3】原文"阴"，误，当为"荫"。

【4】原文"推"，误，当为"椎"。

【5】原文"觉"，误，当为"党"。

【6】【8】原文"辟"，误，当为"避"。

【7】王铎，字觉斯，一字觉之，号十樵、嵩樵，又号痴庵、痴仙道人，别署烟潭渔叟，河南孟津人。明末清初书画家。入清官至大学士，谥文安。

【9】猗顿，今山西运城临猗县人，原为春秋时代的鲁国的贫寒书生，战国时魏国人。猗顿是其号，姓名与生卒年代已无可考。他是我国战国初年著名的大手工业者和商人，为山西地区手工业和商业的发展起了很大的推动作用。

【10】呵殿：古代官员出行时，前后都有随从吆喝开道，前称"呵"，后称"殿"，所谓呵于前而殿于后。

【11】羊祜，字叔子，泰山南城（今山东新泰）人。魏晋时期大臣，著名战略家、政治家和文学家。北周庾信，字子山，小字兰成。南阳新野（今河南新野）人。南北朝时期著名文学家。其家"七世举秀才""五代有文集"，父亲庾肩吾为南梁中书令，亦以文才闻名。

品泉

　　京口金山（今江苏镇江西北），一名浮玉峰，卓立江心。水少杀时，泅者入山下。云石脚，如菡萏柄，居然一砥柱在中流间。所称中泠泉，居妙高峰前。佛宇下穿一井，不甚深。游者汲取试茗，虽少殊于江水，然不及慧泉【1】远甚。或曰，中泠当在金山前江心中，荡小舟汲之，其味又出向井上。按岷江挟汉水流至湖口，又汇章水同注扬子【2】。三水趋入于海，过金山则势分两夹，故取汲中流曰中泠【3】。中泠早晚不可汲，以海潮上至小孤山，水味多卤下。汲潮退尚微卤，宜亭午前后取之。余尝携慧泉【4】与斗茗，慧水终轻飔瀯淡，若茹雪露，直觉中泠盎然浥下耳，至维扬（今江苏扬州）水益劣。问广陵涛所在，即小东门外运河之间一水漩。漩可供饮，然水远逊中冷矣。若武林之虎跑[5]，颇甘冽，稍次慧水，居然踞中冷上。以山泉发自石髓，钟灵秀之气而出，非同百川支流交汇于江，终含秽浊也。近日欧公六一泉[6]污杂至不堪□，泉虽经石间，稿壤与畜牧迹废畋日久，无疏剔者已，白门惟钟山八功泉[7]差可啜，酿酒更佳，独不知康王谷水[8]如何耳。

【1】【4】慧泉：疑当为惠山泉，位于江苏省无锡惠山第一峰白石坞下，"尽赏天下泉水"的唐代"茶神"陆羽曾把它评为"天下第二泉"。

【2】原文"杨子"，误，当为"扬子"。这是指长江水系。

【3】中冷：中冷泉也叫中濡泉、南冷泉，位于江苏省镇江市金山寺外。此泉原在波涛滚滚的江水之中，由于河道变迁，泉口处已变为陆地。

【5】武林，杭州的古称。今浙江杭州虎跑泉。

【6】今浙江杭州孤山六一泉。在杭州市孤山西南麓。宋代欧阳修晚年号六一居士，曾与西湖僧惠勤友善。元祐四年苏轼再守杭州时，二人皆已死，忽有清泉出惠勤讲堂之后，苏轼为纪念欧阳修，遂命名为六一泉。

【7】白门，南京的代称。六朝皆都建康（今南京），其正南门为宣阳门，俗称白门，故名。八功泉：今江苏南京钟山"八功德水"泉。

【8】康王谷水：号称天下第一泉，在原江西星子县境内主峰大汉阳峰南面康王谷中，名叫谷帘泉。

品茶

古制茶皆碾为末，作龙凤小团，士大夫馈贻不过囊置数饼尔已。今其制不传。如近所用茶谓草茶，当时不尚，然无逾草茶之妙者。东南各地俱产茶，独作手不良，则味少逊。岭南端州鼎湖（今广东肇庆鼎湖）产茶不多，味甘香无色，以本地灵山泉烹之，不止醒脾，兼祛宿滞。江右匡庐[1]茶有粗细二种，制作不精，三汲试之，味焦劣而色恶。楚茶益下矣。惟徽州北源藏溪[2]、松萝[3]数种，可供中原渴吻。北源藏溪于谷雨后采全叶为之，茶荚甚壮，而元味全，亦多色。松萝制则细矣。京畿尚松萝，取其甘香有味，利下腻耳。白门有闵茶一种，亦近时出，徽人闵子长兄弟创制。闵初作，杂兰花烘焙如法，名曰兰花方片。已，易名闵茶。其采叶在雨后，每叶剪去颖茎，火候微嫩，故叶色碧而蒙茸多采，又曰紫茸，品之最上者。味冲淡色白，一汲后更汲失味矣。然白门人家多嗜六安而不蓄他制。为六安能养胃气，故江淮河朔以逮山右咸嗜贡尖，他不重。贡尖者，六安（今安徽六安）中□。三吴俱尚芥片，有宜兴芥，即□阳羡[4]。有庙前芥，出吴门（今江苏苏州）。□有虎丘一种，以所产微细，仅供本地仕宦，他不能给。芥亦有数品，即最佳者终带草气。然芥宽脏开胃，涤积腻而不损脾，别且林下风，吴侬未汲先浴芥。其试汤有法，必温暖合宜方可。杭属所在皆产茶，但制作不佳，虽得名泉烹瀹，终不发味。惟龙井茶出杭诸茶上。清明前叶犹未展采者，制为头水，虽旗枪完好，伊然雀舌，微嫌味不全，失之太嫩。谷雨前后乃佳，必得善手，火候如式，始称入妙。过江，则会稽（今浙江会稽）日铸茶号兰雪，香味两到，落盏，汤如未点。所谓茶贵白，此为上品。惜产者有限，殊多赝作，若闽之武夷[5]素噪名，久亦色味不全，终堪作酪奴耳。大抵采茶宜在谷雨二三日间。取叶之及时者制成，则香味风韵无一少减。茶又当取向阳地面为佳，以其受霜露日月之气备，则津液充足，叶不枯涩。制作须择人、择地、择时。徽人善烘焙，缓急中款。纳之密室中，乘风日晴和，调火候为之，不老不嫩，封贮箸篓[6]，锢以楼笲[7]，置高处，经年不败。竟一日止作茶数两，茶自佳。工少粗忽即失宜已。凡茶贵味，不在香色。闵茶为兰气所掩，人徒尚香耳。试茶有三汲，春秋中汲，夏上汲，冬下汲，而率以器洁为主，此近代草茶所出之大略也。若山左沂州（今山东临沂）一带所产蒙茶，乃东蒙山石花耳。雨后遍生山崖间，如苔藓，味苦，性寒，作稿壤气毋足□。真蒙茶出滇（今云南）中，然性亦寒，不若江浙之佳也。

【1】庐山，又称匡山或匡庐。

【2】产于安徽黄山休宁县榆村乡藏溪村。

【3】松萝茶属绿茶类，为历史名茶，创于明初，产于黄山市休宁县休歙

边界黄山余脉的松萝山。歙县的紫霞山茶,也称为"最上品",也称为松萝茶。与松萝山毗邻的歙县北源茶,又称为北源松萝。

【4】岕茶是明清时的贡茶。宜兴产的茶在唐宋称之为阳羡茶,到了明清称之岕茶。

【5】原文"闵之武彝",误,当为"闽之武夷",今福建武夷山。

【6】用箬竹编的篓装起来。

【7】用竹笋的外壳和棕榈的棕毛封闭。

品酒

　　余踪迹几半天下,而所在佳酿,当无过易州(今河北易县)、沧州(今河北沧州)两地矣。盖两地以水胜。易水清,沧水浊。浊中有暗泉出河底,故沧水仅一望许可酿,移他处作之,则迥不及也。次又以曲胜。麦屑洁白,中和绿豆杏仁诸料,置风处,覆以麻叶,必令内成菊芷形。始经日,至夜,仍散置受露,阅月乃已。其浸米亦有法,止黄粟一种,先簸扬净,以新水浸半日,复易水,凡四易,而粟浆俱无,方入镬成楪,置案内摊冷,取菊英曲末拌匀,下瓮。三日后以耙搔之,时时搔不已。俟粟浆澄洁,闭瓮数日,登槽则色白味清,即可荐客。有煮之经三四岁者,作金珀色,注卮中香洌沁鼻,人家时藏之不轻赉也。易州属邑昔称涞水(今河北涞水),酒较易水差,有色,味芬洌,在易水次。近因郡酒佳,遂罢酿。京师冒曰涞水,赝尔。房山邑(今北京房山)杨姓酿酒,称房酒。色如赤金,味冲和颇醇,价高他酒,皆隔年煮者。一种有藏数年真良酝,辇下贵人素知者,间觅一二,他客无从得已。京师独雪酒耳。昔年仙露居知名,近则甘露澜液仙掌数处,然多失之甘,旧日禁中内造,杂薏苡为酿,色白,味洌,多饮败[1]脑,苦曲糵胜也。晋之酒,惟太原独繁,具种种。有桑落、羊羔、桂花、玫瑰、蜡酒之□,日用则蜡酒相宜,桑落稍次之。其余假其芬郁特示异□,反夺真味。第蜡酒亦带甘,余沥间杂蜡渣,不甚楚楚。云中万花春,代王内制,色微,亦味辣。苏东坡谓酒患不辣。此辣者,乃和火酒下榨,故尔饮多则病。代州(今山西代县)酒佳甚,味醇,清芬溢齿颊,在易酒伯仲间。塞下多艳赏不置，晋（今山西）酒以此为第一。潞安（今山西长治）酒有三河清、豆酒、红酒三者，味皆甜。红酒纯用火酒囊，置群药袋中，重汤煮熟，埋地坎数日取用。凡冒寒暑雾露停滞诸恙，饮杯勺立愈，又称潞州红，可远携不败。襄陵（今山西襄汾县襄陵镇）独羊羔酒佳，然带膻，浓艳且甜，居太原上。河南磁州（今河北磁县）与彰德（今河南安阳）秋酒，俱著名本地，色清若淡竹，味厚亦失甘。山左（今山东）概鲜佳酒，止瓶熬一种类火酒冲淡者，缙绅家或有自酿，不及晋酒远矣。秦地广，未尝身涉。向从长安饮秦中巨公邸，有哑酒，用小瓿一，中置荍麦，和以曲蘖，培数日取出。制竹管，自瓿口插下，或银管，以滚汤浇入，溢瓿为度，旋浇旋饮，饮从管中哑其液，居然酒也，略无汤味。饮尽更易汤，味少逊前。经再易，即撤去，转易他瓿。味浓厚不清，第取其别致而已。甘州（今甘肃张掖）枸杞酒，非酿米者，乃浸之耳。色红，作草药气，老人饮之有益。西凉葡萄酒[2]，来自西域（今甘肃玉门关以西地区）回夷所[3]，色碧味旨，能祛脏热。取葡萄鲜者酿为酒，不待柞漉皆成浆，此种殆近仙制，非入贡颁赐不易得。江北惟高邮（今江苏高邮）有天泉、菾荙、五加皮诸酒。天泉为上，皮酒次之，菾荙复次之。天泉清，皮酒浓，俱失之太甘，陈者倍浓，多饮伤脾。过江则江宁（今江苏南京）之玉兰，芜关之三白[4]，京口（今江苏镇江）之红酒，咸不佳。独芜关酒供江楚两粤居多，味少胜于两地焉。锡山惠泉酒止一种，少有甘苦之别，究竟苦者仍不异耳。其水踞天下之胜，米又软白，诚南酒中极品。昔止有蒋姓家，宋南渡时居梁溪（今江苏无锡），造酝得名，传至今，子孙不废业，近他姓亦酿之矣。关门土人多饮状元红，而不嗜三白。状元红色赤，味甘厚，数攻兴面。三白力少微，亦湛洌，贮瓶携比者不甚佳，瓿蓄者堪与惠泉敌。杭州概尚腊白，市无名酝，士大夫家自酿，颇称美。闻其携虎跑泉浸米，与前制同，故独异。绍兴花露有二，贯于外者，曲多埕[5]底置，人言少许利在远携不失味。饮之作渴，兴目不清，本郡家藏至三四年者，差与沧酒并驱，然亦不数数来北，间一得之。金华（今浙江金华）酒，色味皆浓，久蓄多败。土人自酝者，良不外贯也。江右酒皆外来，供仕宦饮，本省无所出。两粤惟椰酒，饶具风韵。其他荔枝与蛇酒恶劣矣。椰酒不用曲，但于椰树摘子之大者，去冗皮见壳，剖其腹得液，一食碗许倾杯中，饮之甘香沁心腑，若吸瀣露然。能祛暑驱瘴，消酒渴，解烦闷，多饮不醉，土人又称椰浆。旋取树中者佳，久蓄浆变即不堪饮。此种与葡萄酒并称二妙，然葡萄酒尚得入中国（指中原地区），椰则不能过岭，非游粤不知也。总计海内酒品，南则惠及白，浙则花露尚矣。北则沧、易、涞水圣矣。他可自雄其地，难以颉颃也。

【1】原文"数"，误，当为"败"。

【2】原文"西梁蒲萄酒"，误，当为"西凉葡萄酒"。

【3】原文"回彝"，误，当为"回夷"，泛指当地信仰伊斯兰教的民族。

【4】三白酒是浙江嘉兴乌镇特产，民国《乌青镇志》上说："以白米、白面、白水成之，故有是名。"此酒醇厚清纯、香甜可口，男女老少皆宜饮用。

【5】埕：酒瓮。

品墨

唐珍李廷珪[1]墨，以其烟青色明，润若点漆，岁久不黯，古今无匹者。传其制法，用灯草一茎，以红花膏染就，置盏中。注苏合油燃之，烟清浮无煤气。制鹿角胶和烟杂冰屑龙脑，杵万杵成墨。外不加漆，每一笏当时已计两准价。盖其工料精良，非他制可能方拟。宋初，太祖置内库甚多，不加宝。已，修大内工作缺煤，命水衡尽辇出，为楣栋斗拱之饰，约数十车。廷珪一生佳制毕亡于此。宋之中叶，士大夫家偶有藏者，已为希世之宝。宋晚，潘谷[2]墨次廷珪，亦贵重。潘法不传，但闻其注油取烟和胶制料，悉以己意为之，不同作墨家常制。每得一螺[3]，亦铢两较值。潘能膈嗅辨墨之优劣。苏、黄[4]多与游。一日诣山谷，几间囊二墨，山谷令别之。潘略一手按，即加额大骇曰，世安得有此至宝耶，公何从得之，此盖李廷珪手泽耳。按次囊，叹曰，谷老矣，不能更为，兹谷早年制。连发二囊，果不爽。相对大噱，技至是，真神矣。东坡生平惟用潘墨，所藏亦多。后迁海外，舟败于水，尽弃无遗。已，从子迈所索得潘墨三四螺，晚年皆用此。宋之后无闻。南明时，初则罗小华[5]制小道士一种，烟清，落纸有润色，不事香料，亦无胶气，此称绝品。次则程君房[6]，取烟亦轻，制胶得法，无金珠冰脑屑，有本色与施漆二种。本色宜南，施漆宜北。北风高，不加漆则中断矣。君房墨今亦与金对值，世尚有珍者。再则方于鲁墨[7]，在君房下。烟微浓，胶重，施纸有色泽。其取烟以松油，用桐胶杂皮耳，世亦重之。明晚程凤池[8]、吴去尘[9]颉颃，后先制煤，施油和胶，入料一一中款。更模造多式，命名不一。概以本色，外不加漆，颇适用，与时制迥殊，可称妙品。近时作者迭出，不用古法，以新意创作。虽香泽有余，而神采失矣。书画家折衷诸品，固当以方、程二氏为鼻祖也。

【1】李廷珪，南唐人，原籍并州太原（今山西太原），卒于北宋乾德五年（967年）。其墨取黄山松烟，制造精良，坚如玉，纹如犀，自宋以来推为第一。

【2】潘谷，宋元祐歙县人，一生制墨，他所制之"松梵""狻猊"等被誉为"墨中神品"；宋徽宗御藏之极品宝墨"八松烟"（又称八松梵），皆出自潘谷之手。后为胡开文所藏，今已在墨上重绘水浒戏剧脸谱赠与美国。

【3】一螺：数量词，现已不用，与一笏等意思相当，大约一小块、一疙瘩的意思。

【4】苏轼，字子瞻，又字和仲，号铁冠道人、东坡居士，世称苏东坡、苏仙。眉州眉山（今属四川省眉山市）人，祖籍河北栾城，北宋文学家、书法家、画家。黄庭坚，字鲁直，号山谷道人，晚号涪翁，洪州分宁（今江西省九江市修水县）人，北宋著名文学家、书法家、盛极一时的江西诗派开山之祖，与杜甫、陈师道和陈与义素有"一祖三宗"（黄庭坚为其中一宗）之称。与张耒、晁补之、秦观都游学于苏轼门下，合称为"苏门四学士"。生前与苏轼齐名，世称"苏、黄"。

【5】罗龙文，字含章，号小华，号小西岳人，明代制墨业歙派主要代表人物。明成化至嘉靖时安徽歙县人，歙派制墨代表人物。其墨有"坚如石、纹如犀、黑如漆、一螺值万钱"之誉，在那时售价便极昂贵。

【6】程大约（万历年间在世），字幼博，又名君房、士芳，岩镇人。制墨家，被誉为李廷珪后第一人。君房制墨，不受陈法约束，博取众家之长，讲究配

方、用料、墨模，首创超漆烟墨制法。

【7】方于鲁，明朝万历时著名墨工，安徽歙县人。本名大潋，以字行，后改字建元。他本是程家制墨工人，得程君房墨法。在三十岁前，所造之"九玄三极墨"，誉为前无古人的首创。制墨有独创。为明代制墨业歙派代表。

【8】程凤池，安徽歙县人，活跃于明万历、天启、崇祯时的著名制墨名家，肆名经义斋。其子孙继承其业，直至清康熙时代。

【9】吴去尘，本名拭，字去尘，别名逋道人。擅长制墨，精绘画。其制墨仿易水（李廷珪）法，貌朴神完，深受清人推崇。为人有侠风，遇义气相投之人，常以墨相赠，而豪强欲购之则严加拒绝，晚年参加抗清而殉难。他是徽墨休宁派的重要代表之一。所制墨人称"金章玉质，尽艺入微"。他还是漆器名匠，其斋名"浴研斋"。

旌阳遗迹

世多谓神仙渺茫不足信。如江右许旌阳[1]拔宅诸迹，抑何种种见称于人，且实有其据也。南昌郡属有村曰生米，曰落瓦，皆旌阳飞升时遗迹。传旌阳丹成已上升，有老仆出籴他所，归途遇村人招曰，尔尚迟迟道路耶，尔主已拔宅同鸡犬去矣。仆仓皇趋归，弃米于地，仰天呼号，亦挟与俱去。宅故有鼠不得上，皆堕地肠出。至今村鼠皆拖肠，生米之名因此。宅既飞升，瓦有遗落者。许氏族人散住不一，因落瓦之地，感先人道行，咸聚族而居，遂称落瓦。许家，旌阳之后也。旌阳祠前有侧柏一树，云旌阳时手自植，迨其仙去，谓人曰，此柏能疗病，凡吾乡人及外客有疾者，但看柏枝下垂，采食必愈。不尔，虽攀取无益也。今柏菁葱如旧，病者遇垂下，采归茹之，果立瘥。或高不能及，则咨嗟束手去。按道书称，古今拔宅仙去者计八百余人。所谓拔宅者，盖并此血肉之体上升耳，非真挟房舍土木俱去也。而挟房舍者，独旌阳一人著。

_____

【1】许逊，字敬之，豫章南昌人，东晋道士，净明道派尊奉的祖师。西

｜稗说校注｜

晋太康元年（280年）四十二岁时，因朝廷屡加礼命，前往四川就任旌阳县令，到任后去贪鄙，减刑罚，倡仁孝，近贤远奸，实行了许多利国济民措施。当时瘟疫流行，许逊便用自己学得的药方救治人民，药到病除，人民感激涕零，敬如父母。许逊在旌阳十年，居官清廉，政绩卓著，被人们亲切称为"许旌阳"。东晋元帝大兴四年（321年），许逊隐居南昌南郊梅仙祠旧址，创办道院，名太极观，额曰"净明真境"，立净明道派。其宗旨为"净明忠孝"。传说许逊活到一百三十六岁，于东晋宁康二年（374年）八月初一日合家四十二人一齐飞天成仙，世人尊奉他为"许仙"。

成都碣

偶于壬子（1672年）秋阅邸报[1]载，四川成都府内旧有蜀汉武侯诸葛公祠，以岁久倾圮，臬司[2]宋公可锋捐俸新之。落成，公将率属祀飨，先期令役辟除瓦砾，洒扫以待。忽于中楹地面砖[3]起石碣一，其形方，上下四旁各镌三字，如谶文，亦可解。文曰，水月主。盖清字也。庚不大，不大，小之义。庚下着小，康字也。盖十八，盖为冒头，十八为木，宋字也。龙复卧，诸葛号卧龙，复其位也。千一出，千一乃壬字也。碣顶独镌一亮字。总文谓，清朝康熙壬子，亮得宋某修复而石乃出。按此亦小数耳。蜀当田令孜、孟知祥、王衍、李顺辈先后之变，至张献忠而祸烈矣。侯之祠亦屡中兵火，岂数至此始属意为之，以示后耶，抑近代术家好事所为乎。余友曰，事固不可知也。往，金阊（今江苏苏州）胥门楼[4]故有子胥立像，经久不易。会明初况钟来守吴，谒像曰，子胥尚欲观越兵来欤，何不得一席安处耶。爰易坐像。甫动，自内脱下一纸，取读之，乃曰，若要子胥坐，须待二兄来，二兄，况字也。小小位置，昔人尚留奇表异。则侯之碣，殆造祠昔贤所为，非侯为也，信然。

――――――――――

【1】邸报：又称"邸抄"（亦作邸钞），并有"朝报""条报""杂报"之称，是用于通报的一种公告性新闻，是专门用于朝廷传知朝政的文书和政治情报的新闻文抄。当时为了加强中央政府和地方政府的联系，各地方政府就

在京城设立了一种叫"邸"的联络机构。邸报是由这种联络机构发布的。在"邸"这个机构里有"邸吏","邸报"就是由"邸吏"负责传发的。"邸报"并不是一个报的专名，而是这类文书的通称。

【2】臬台：即按察使，在总督和巡抚之下，专管刑名。臬司，即臬台衙门里的官员。

【3】硺：击打。

【4】胥门位于苏州城西万年桥南。胥门坐东西向，为春秋吴国建造都城时所辟古门之一，以遥对姑胥山（即姑苏山）得名。

兖州杨生

故明末大兵入山左（今山东），下兖郡（今山东兖州）。郡有诸生杨某，父为北直河间（今河北河间）守，留母家居。为大兵所执与邻人传送王营。王询二人何业，邻人遽言曰，我贫民也，杨生家世宦，多资且贵介公子。执之，多金可立得耳。邻人语急迫，王不辨。转问杨曰，彼云何。杨从容述曰，彼固穷，谓杨某宦家子，多资，欲王释彼留我也。王顾帐下，愕然曰，世亦有此直男子，目中不多见也。乃促众弛其缚，命坐行幄；牵邻人出，斩之。谓杨果素封[1]乎。杨不能隐，曰，家有藏镪数斗，瘗某所，听归，愿尽出犒军。王令人伴之家，发所藏，果如数。持献王。王曰，汝资尽出，则日后何赖，姑取半以饷众，余仍给汝。杨涕泣曰，家有老母及妻子，今罹难，存亡未卜，愿王建膏斧锧，他非所计。王曰，毋苦，我为汝全其家口。乃令部下各踪迹之。妻子皆得聚，独母乘乱为兵刃其颈，仅余喉咽未断，卧其家枥[2]下。众用革囊扶其颅，捆载马上，驰报王。王赐创药，半月而愈。杨生既得全，其子母夫妇又怀金二斗与王，别走曲阜（今山东曲阜）家焉。曲阜故阙里[3]，大兵奉王令不攻，生益得全。当发金时，众兵搜一篚，出小轴，盖杨生父小像也。生见大恸。众问故，生曰，余父也。众曰，子徒苦耳，我辈下河间（今河北河间），尔父以守不曲，业已全其节矣。生闻之恸几绝，仅得奉老母相依倚而已。凡数年，世祖定鼎北平（今北京），向日王部下将领偶过山左，与杨生遇，执手道故如再也。杨生将游太学，将领相订主其家，且为见王。欢然叹唱故人，凡三年，王皆周恤之。及生出仕外邑，一切服用车骑仆从，悉出王助。计所酬当数倍生之藏镪也。因叹生缘祸而得福，福且种种，皆由于不欺一念所至，益信人宜自省也。

【1】素封：指无官爵封邑而富比拥有爵位和封地的人。中国的封君一般是男子，如王、公、侯、伯、子、男之类；也有女封君，如公主、郡主、县主、郡君、县君、乡君之类。

【2】枥：马房。

【3】阙里：孔子故里。在今山东曲阜城内阙里街。因有两石阙，故名。

袁箨庵

吴门袁于令，字令昭，号箨庵，又名晋。为填词老手，生而白皙，美须眉。少年为诸生时，常游平康，与郡中名姬穆素徽盟好甚笃，将委身焉。素徽又与郡人沈同和善。沈知箨庵有纳姬意，乃置别墅不听出，亦欲挟以归。箨庵私遣人与姬约，闻沈有虎丘[1]之游，偕姬往。箨庵匿小舟中，舣半塘[2]以待。时中秋月明，吴人善歌者例集虎丘酬唱，以别高下。沈携仆先出，箨庵乘隙夺姬过舟，即解维遁去。迨沈觉，已莫可踪迹矣。箨庵因出重资聘姬归，沈、袁两姓各为难，后卒听归袁。于是箨庵感其遇，为《西楼传奇》[3]行世。西楼所称于叔夜，盖箨庵自托，而素徽竟以其人显。世只知西楼之素徽，而不知箨庵久拥素徽也。国初，箨庵官至太守。归田后，犹借填词，日与吴下后进辈相过从。素嗜武林（今浙江杭州）山水，仍来湖上一访旧游，日则荡轻舸两湖间，领略佳胜，值就湖畔僧寮下榻焉。时箨庵年已八十，神情矍铄，须髯飘飘，犹作世外幽人想。久之，探胜禹穴[4]，以老疾终于会稽（今浙江会稽）。今闻素徽尚在，年亦七十矣。

【1】虎丘山位于苏州古城西北角的虎丘山风景名胜区，有"吴中第一名胜"、"吴中第一山"的美誉。

【2】苏州的半塘河其实是山塘街（北环西路万福桥北）的一段河面，历史上是繁华地带。

【3】《西楼传奇》是中国明末清初传奇作品。又名《西楼梦》。作者袁于令原名韫玉，又名晋，字令昭，一字凫公，号箨庵，又号幔亭、白宾、吉衣主人，吴县人。写书生于鹃与妓女穆素徽的爱情故事。二人因写词曲互相爱慕，曾在西楼同歌《楚江情》。于鹃之父知道后，将素徽逐出。相国公子乘隙以巨款买之为妾，穆不从，备受虐待。于鹃中状元后，在侠士胥表的帮助下，终成眷属。据《书隐丛书》等书记载，此剧为作者自况，袁晋曾为与人争夺一妓女，被其父送官下狱，《西楼记》即在狱中写成。而剧中主人公"于鹃"之名，切音即为"袁"。全剧音律工整，情节曲折，后世舞台多有单出演出。此剧另有冯梦龙删改本，定名为《楚江情》。

【4】禹穴：位于浙江省绍兴市东南6公里的会稽山麓，传说是夏禹的墓穴所在。

陈启新

明末淮安三科武举陈启新[1]，居京久，目击时事，伏阙上书有七，恸哭流涕。诸条议，怀宗（明崇祯皇帝）嘉其直，即日授省员。陈为人愊怛不华，冠进贤[2]布袍革靴，控一羸马，挟二仆，出入长安道，朝贵多鄙之，不与接。已，陈乞省视归，见中原寇氛猖獗，知事不可为，乃以积俸累百金遣其仆遗诸侄，且为书上淮抚田公仰[3]。临期瞩仆曰，金遗吾侄，汝须候田公戟门，当索报也。吾先买舟江浦[4]待汝。陈布衣行，仆如指归侄金，亲叩田公，出主书达之。候三日，未得报。乃请，田公曰，汝何往。汝主昨已致辞我，挂冠去矣。仆尚犹豫，趋江浦觅之，杳，莫可问。恸哭，还报其侄，侄得银及陈家报，亦先一日挈家渡江，不知所往。未几北变至，田公走江宁（今江苏南京），淮为刘泽清[5]残削甚。陈亦达者哉，闻陈薙发庐山，今尚在。

【1】陈启新，崇祯九年（1636年）由武举而破格拔为给事中，曾遭朝臣激烈反对。《明史·庄烈帝纪》："崇祯九年二月辛卯，以武举陈启新为给事中。"同书《温体仁传》："给事中陈启新劾黄景昉，皆奉体仁指。"《选举志三》："用武举陈启新为给事，亦声名溃裂。"《钱士升传》："自陈启新言事，擢置省闼。比来借端悻进者，实繁有徒。"《詹尔选传》："詹尔选……崇祯八年（1635年）擢御史……明年（崇祯九年）疏劾陈启新：'宜召九卿科道，觌面敷陈，罄其底蕴。果有他长，然后授官。遽尔授官，非所以重名器。吏部尚书谢升、大学士温体仁不加驳正，尸素可愧。'帝怒。"《明季北略·杨光先参陈启新》："及十五年壬午（1642年）八月，时启新为刑科右给事中，匿丧被劾，下抚按讯之，寻遁。"

【2】进贤冠是古时朝见皇帝的一种礼帽，是梁冠的一种。原为儒者所戴，唐时百官皆戴用。《后汉书·舆服志下》："进贤冠，古缁布冠也，文儒者之服也。进贤冠是梁冠的一种。进贤冠也是中华服饰艺术史上重要的冠式，在汉代已颇流行，上自公侯、下至小吏都戴。明代梁冠制度为：一品为冠七梁，革带用玉，绶用云凤四色花锦。二品为冠六梁，革带用犀，绶同一品。三品为冠五梁，革带用金，绶用云鹤花锦。四品为冠四梁，绶同三品。五品为冠三梁，革带用银，绶用盘雕花锦。六品、七品为冠二梁，革带用银，绶用练鹊三色花锦。八品、九品为冠一梁，革带用乌角，绶用鸂鶒二色花锦。唐宋之后梁冠在旧制基础上增加了梁数。到明朝演变为梁冠。"

【3】田仰：明神宗万历四十年（1612年）举人，万历四十一年进士。性严介，官吏部主事，太仆寺卿、四川巡抚、四川总督等，所到之处，皆有政绩，无不塑像奉祀。在平定奢崇明叛乱时，因桃红坝大捷有功，嗣任总漕。明亡以后，他投奔南明政权抗清，顺治三年（1646年）兵败，顺治四年（1647年）降清，未受任用，病死于北京。

【4】江浦：旧江浦县位于南京市西部、长江以北，是南京原下辖的五个郊县之一。

【5】刘泽清，字鹤洲，山东曹县人，出身行伍，崇祯末年升至山东总兵。大顺军迫近北京时，崇祯帝命他率部火速入卫京师，他谎称坠马受伤，拒不奉诏。不久大顺军进入山东，他带领主力向南逃至淮安。明朝灭亡后，在江南拥立福王朱由崧登基，被封为东平伯，与刘良佐、高杰、黄得功并称为江北四镇。顺治二年（1645年），清军南下，刘泽清投降，其后清廷讨厌他反复无常，将其绞死。

李是庵

　　钱塘（今浙江杭州）李是庵，名因[1]，故太仆葛屺瞻[2]公家姬也。早年妙书画，太仆尝题其花卉册曰：是庵以偏师为花鸟升石辄后生动。又能裂轻绡，擘大纸为方丈之势，当不在管仲姬[3]下。太仆殁，是庵守节四十年，今已七十余。每风日晴美时，时弄笔窗间，作小景一二以自遣，然多自珍惜，不轻示人。子姓[4]为交游，乞得争宝之。其一种潇森坚老之致，如观颜帖墨气，直透褚背，殆深得画理者，自足传。

　　【1】原文"茵"，误，当为"因"。李因，出身贫寒，资性警敏，耽于读书，不喜修饰，常"积苔为纸，扫柿为书，帷萤为灯"，苦学成才。早年为江浙名妓，海宁人光禄卿葛征奇对其才华大为赞叹，顿生倾慕之心，纳为侍妾。李因擅墨笔山水、花鸟。葛征奇曾坦言："花鸟我不如姬，山水姬不如我。"李因每作画其夫每加以题跋，必在画上钤以"介庵"的印章。葛征奇和李因的字号分别是"介龛"与"是庵"，"介庵"是从两人字号中各取一字而成。清顺治二年（1645年）葛征奇去世，李因35岁，此后40年中，穷困凄凉，四壁萧然，有时不能举火，以纺织为生，兼作画自给，虽历经顺治、康熙两朝，却始终以明人自居，在画中从不署清代年号。

　　【2】按，此处大误，将崇祯年间的葛征奇误为万历年间的葛屺瞻。娶李因为侧室的是葛征奇。

　　葛寅亮，明代官员。字冰鉴，号屺瞻。钱塘（今浙江杭州）人。万历二十九年（1601年）二甲进士，万历三十五年（1607年）主持南京祠部，先后为报恩寺、栖霞寺、瓦官寺、天界寺四个寺庙撰写碑文十通，编著有《金陵梵刹志》。

　　葛征奇，字无奇，一字轮以，号介龛，浙江海宁人，崇祯元年（1628年）三甲进士。善画山水，尝以自负。侧室李因擅画花卉，有名于时，夫妻曲房静几，互以绘事为娱。

　　【3】管道升，字仲姬，一字瑶姬，江苏青浦（今属上海）人。南宋景定三年（1262年）生。幼习书画，笃信佛法。曾手书《金刚经》数十卷，赠名山寺。嫁元代吴兴书画名家赵孟頫为妻，封吴兴郡夫人，世称管夫人。

　　【4】子姓：指后世子孙。

王弇州著作

世知《四部稿》为弇州先生[1]平生著作，而不知《金瓶梅》一书，亦先生中年笔也。即有知之，又惑于传闻，谓其门客所为书，门客讵能才力若是耶。弇州痛父为严相嵩父子[2]所排陷，中间锦衣卫陆炳[3]阴媒孽之，置于法。弇州愤懑怼废，乃成此书。陆居云间郡（今上海）之西门，所谓西门庆者，指陆也。以蔡京父子[4]比相嵩父子，诸狎昵比相嵩羽翼。陆当日蓄群妾，多不检，故书中借诸妇一一刺之。所事与人皆寄托山左，其声容举止，饮食服用，以至杂徘戏媒之细，无一非京师人语。书虽极意通俗，而其才开阖排荡，变化神奇，于平常日用机巧百出，晚代第一种文字也。按《弇州四部稿》[5]有三变，当西曹[6]至青州，机锋括利，立意迁□，尚近刻画。迨秉郧节，则巉刻之迹尽去，惟气格体法尚矣。晚年家居，滥受羔雁[7]谀墓[8]祝觞[9]之言，二氏杂进，虽耽白苏，实白苏弩末之技耳。是一手犹有初中晚之殊，中多倩笔[10]，斯诚门客所为也。若夫金瓶梅全出一手，始终无懈气浪笔与牵强补凑之迹，行所当行，止所当止，奇巧幻变嬷妍，善恶邪正，炎凉情态至矣，尽矣，殆《四部稿》中最化最神文字，前乎此与后乎此谁耶。谓之一代才子，洵然。世但目为秽书，岂秽书比乎。亦楚祷杌[11]类欤。闻弇州尚有《玉丽》一书，与金瓶梅埒，系抄本，书之多寡亦同。王氏后人鬻于松江某氏，今某氏家存其半不全。友人为余道其一二，大略与《金瓶梅》相颉颃[12]，惜无厚力致以公世，然亦乌知后日之不传哉。

【1】原文"弇洲"，误，当为"弇州"。王世贞，字元美，号凤洲，又号弇州山人，南直隶苏州府太仓州（今江苏太仓）人，明代文学家、史学家。

【2】王忬，字民应，号思质，江苏太仓人，王世贞之父。嘉靖二十年（1541年）进士。授行人，迁御史，俺答大举攻扰古北口时，尽徙东岸船只，鞑靼兵至不得渡，擢右佥都御史，巡视浙闽，进右副都御史，巡抚大同，旋加兵部右侍郎、蓟辽总督，积怨严嵩。王世贞复失欢于严嵩

子世蕃，值忠臣杨继盛死，世贞又经营其丧，引起严嵩父子大恨。嘉靖三十八年（1559年），俺答进犯潘家口长城，滦河以西，遵化、迁安、蓟州、玉田告急，严嵩遂以俺答进犯潘家口为名，遂将王忬下狱，次年斩于西市。穆宗即位，隆庆元年（1567年），世贞、世懋伏阙为父论冤，得以昭雪。

《明史·王忬传》载：严嵩很久以来对王忬不满，"忬子世贞复用口语积失欢于嵩子世蕃。严氏客有数以世贞家琐事构于嵩父子。杨继盛之死，世贞又经纪其丧，嵩父子大恨。滦河变闻，遂得行其计。"（明）沈国元：《皇明从信录》载："嘉靖三十八年二月巡按方辂劾巡抚都御史王忬失策可罪，诏逮之下狱论死。"原注大意云：先是严嵩杀杨继盛，忬子世贞忿继盛忠言死于权奸，赋诗吊之。刑部员外况叔祺遂以世贞诗告严嵩。严嵩寻找不到王世贞的把柄，遂借滦河失事，世宗大怒之际，嫁祸其父王忬，以致论斩。（明）沈德符《万历野获编·伪画致祸》："严分宜势炽时，以诸珍宝盈溢，遂及书画骨董雅事。时鄢懋卿以总鹾使江淮，胡宗宪、赵文华以督兵使吴越，各承奉意旨，搜取古玩不遗余力。时传闻有《清明上河图》手卷，宋张择端画，在故相王文恪胄君（王鏊）家，其家巨万，难以阿堵动。乃苏人汤臣者往图之，汤以善装潢知名，客严门下，亦与娄江王思质中丞往还，乃说王购之。王时镇蓟门，即命汤善价求市，既不可得，遂属苏人黄彪摹真本应命，黄亦画家高手也。严氏既得此卷，珍为异宝，用以为诸画压卷，置酒会诸贵人赏玩之。有妒王中丞者知其事直发为赝本，严世蕃大惭怒，顿恨中丞，谓有意绐之，祸本自此成。或云即汤姓怨弇州伯仲，自露始末，不知然否？以文房清玩致起大狱，严氏之罪固当诛，但张择端者，南渡画苑中人，与萧照、刘松年辈比肩，何以声价陡重，且为祟如此？今《上河图》临本最多，予所见亦有数卷，其真迹不知落谁氏。"

【3】陆炳，字文明，浙江嘉兴府平湖县人，明朝锦衣卫都指挥使、忠诚伯，陆松之子，其母为明世宗朱厚熜乳母，陆炳幼小随母出入宫禁。得世宗恩宠，专掌锦衣卫。为扩充权势，不择手段陷害他人。嘉靖三十九年（1560年）去世，谥武惠，赠忠诚伯，墓葬于今平湖市新埭镇溪漾村。是明朝唯一一个三公兼任三孤的官员。

【4】蔡京，字元长，北宋权相之一、书法家。北宋兴化军仙游县慈孝里赤岭（今福建省莆田市仙游县枫亭镇东宅村）人。

熙宁三年（1070年）进士及第，先为地方官，后任中书舍人，改龙图阁待制、知开封府。崇宁元年（1102年），为右仆射兼门下侍郎（右相），后又官至太师。蔡京先后四次任相，共达十七年之久，四起四落堪称古今第一人。蔡京兴花石纲之役；改盐法和茶法，铸当十大钱。北宋末，太学生陈东上书，称蔡京为"六贼之首"。宋钦宗即位后，蔡京被贬岭南，途中死于潭州（今湖南长沙）。

【5】纪晓岚《四库全书总目提要》："《弇州山人四部稿》一百七十四卷、《续稿》二百七卷（两江总督采进本）明王世贞撰。世贞有《弇山堂别集》，已著录。此乃所著别集。其曰"四部"者，《赋部》《诗部》《文部》《说部》也。"

【6】西曹：按察使的别称，掌刑法。

【7】羔雁：用作征召、婚聘、晋谒的礼物。

【8】谀墓：指为了死者歌功颂德，在制作墓志铭时不论其功绩如何，一概夸大其词予以颂扬的行为。如唐宋八大家之一的韩愈就有谀墓之嫌，他曾经为当时许多豪门贵族创作墓志铭，铭中一概溢美之词，而不论铭主人品如何。

【9】祝觞：捧觞祝寿。

【10】倩笔：请人代笔。

【11】楚梼杌：即楚国的史书。

【12】原文"顽颃"，误，当为"颉颃"。

卷
四

舒姑坪

富阳县（今浙江杭州市富阳）[1]北五里许有舒姑坪。相传后周世宗时，邑前舒氏二女，以父母早丧相失，不嫁。登舒壁山，结茅隐焉。有兄某，日采樵远近，得百钱，持为二女饔飧[2]资。历年既久，二女通仙真，授以服气法，身体光泽，腹渐隆起如娠状。山下村民入山见之，窃疑其与人私，为女兄述其故，兄归，大恚恨，谓二女曰，汝辈旦夕云修道，今渐久，转与人野合，何如当日早嫁，不辱吾耶。今村众咸知之，尚愚我乎。从此辞，无颜复相见也。二女叹曰，吾辈道几成，以繁言[3]中败念，事欲白，非身示不可，惜为期尚早，使我不获得飞仙果亦数也。二女遂自剖其腹，惟气腾达，蒸蒸若灰火上炎。然是夜见梦于山下村众曰，予两人应得上仙，为而辈见迫，弃此躯壳。今事白，上帝怜予行节，命作此山土神，尔辈宜庙祀我。因建祠，村中凡祈子息者辄应。其兄恸妹无故自殒，亦捐生示异于众。众更建祠村之对岸，亦称土神云。按坪昔名舒壁山，以二女异，改今名。

【1】富阳县：位于浙江省杭州市的西南，古称富春，今为杭州市辖区。

【2】饔飧：早饭和晚饭；饭食的意思。

【3】繁言：犹烦言。不满的议论。

奕刘二叟

国初，京师有两逸叟[1]，一为奕老通元[2]，善斲琴，又善辨古琴，凡琴谱中新旧调无不娴熟。明怀宗（崇祯皇帝）时，内府御制琴五百张，令奕董其役。一切审材，调灰、入漆，成制诸工，皆使办之。每一琴出，奕调轸按弦，务极于音徽合法始进御。所用金玉珠宝杂饰不下数万金，当时一琴价值数十金，外间不可得。寇乱，内库散失无存。间有遗在民间者，为识者攫取，终不能得也。奕至顺治初年已七十余矣，徒步蹒跚，尚为巨公家修琴，兼教闺媛。语先朝事，涕泣叹遭逢[3]之盛喃喃不已。惜子幼不得其传，亦一代佳手，可与大小雷[4]并称也。一为刘雨若[5]，善临摹诸法家遗迹，不概用石，每取枣板登梓。经其手，凡古今书恣态筋骨结构或有未及，悉一一为之补出。更善鉴赏古帖，辨诸家书，议论精到，补书家所未备。而其人侏儒，颇痿，小貌，椎鲁[6]，十指如操作然。又不[7]娴书所录，虽善书者殆无以过也。世祖闻其名，召入大内，使近臣出古今墨刻示之，覆其名氏，令别白以闻。刘蹒跚拜殿上展视，竟，逐帖疏姓氏不爽，且为指其美好真赝。上大悦，拜官鸿胪，赐第赐锱帛，备内苑供俸。而刘绝不知有荣名意，每出门，仍布衣徒步，两袖中俱金石卷帙，仆仆长安[8]，居然旧日卖书佣而已。今亦年七十余矣。两叟皆江南人，诚绝技也。

【1】逸叟：遁世隐居的老人。

【2】原文"逸老通元"，疑误，当为"奕老通元"。

【3】遭逢：泛指人生的遭遇历程。

【4】在隋文帝时，杨秀封为蜀王。杨秀爱琴，曾"造琴千面，散在人间"。由于他的喜爱和提倡，蜀地的制琴名匠辈出。至唐代，很多权势之家，大规模制琴，古琴制作空前发展，蜀地已是制琴的主要基地，而最为著名的就是四川雷氏，他们所制的琴被尊称为"雷琴""雷公琴""雷氏琴"。唐代琴工

雷威所制作的琴，据（唐）李肇《唐国史补》载："蜀中雷氏斫琴，常自品第，第一者以玉徽，次者以瑟瑟徽，又次者以金徽，又次者螺蚌之徽。"

【5】清宛陵（今安徽省定城县）人刘光阳（字雨若）刻《快雪堂帖》而名噪当代，号称铁笔名手。铁笔，指刻印刀的别称。以其用刀代笔，故名。

【6】椎鲁：愚钝，鲁钝。

【7】原文缺"不"字。

【8】长安是京师的代称。

郭岱孽报

钱塘诸生郭岱，素以才学著名里中。杭守张延为幕。任满转关西道，挟与俱，张甚重之，凡所行一听其指。有郡获大盗数人，中二人为盗喉扳[1]者，法当矜释不至死，乃阴馈郭生多金，乞从中为之地。郭许之，且纳其金，自度出二盗则群盗不无借口，事必败。随并馈金二人俱坐群盗伙中，按实当立决。狱具，果皆正法。群盗刑之夜，郭生得暴疾仆于地，即见前数人捽其发，呼曰，汝受彼二人金，不能出而反速其死，且速我辈，今当同之，汝家为索命所。言实郭生，其音声则皆关西人语。张令具舆送归，抵家，家人复见其作前语。语众曰，我辈已诉冥曹，当于某日录供，某日勾摄。录供止令尔垂绝，得再苏。勾摄行当长往矣。非止汝也，且并及汝子，始雪我辈怨言矣。郭少醒。果于某日，郭昏绝，对簿回。至期，遂[2]大呼不起。方未绝之前，家问前后。每至夜，则见群盗出没呼号，虽秉炬即为阴风所灭，家人无不股栗[3]。其子某亦才士于某科，闱卷已中，至拆号，则二场卷为弥封误印他人，竟不第。于是得心疾，尽易平生所行，近无赖。及岁试，置劣等。落魄，遂[4]为里闬[5]不齿。郡人皆悉其原[6]末。其族人曾为余言若此。

【1】喉扳：唆使、攀扯。

【2】【4】原文"随"，误，当为"遂"。

【3】原文"票"，误，当为"栗"。

【5】里闬：乡里。

【6】原文缺"原"字。

内外朝仪

故明崇祯初，御马监掌篆中贵马公云程[1]与先君善。马时入值，先公常携予出入禁苑中，得历观前朝后市诸胜。予年方垂髫，今已作半百老人矣。追忆旧游，为述一二，亦白头老叟歔欷说天宝遗事也。阙下[2]即五凤楼[3]，中门常闭，非上御殿不开。寻常止开东一门，为内外宫使出入。楼上设左钟右鼓，设朝时为一考伐。每朝，象奴牵六象排列阙下两墀[4]，教坊司员即古鸡人，作鸡鸣声报晓，潜立阙之中门，伺察内殿动静。上驾出，鸡人始退。京师有龟探头龙出窝之谣。上受朝皆在皇极殿[5]，遇朝审受俘放赦，始一御五凤楼。百官常朝冠[6]，朝冠大小品级视冠梁之多寡，多为贵。衣朝服悉朱色，拖大绅[7]，佩玉珮，绫袜赤舄[8]，珮玉之音铿锵和鸣，殊可听。群臣按品级山序次毕。品级山者，用白石碾成镜面置驰道中，自文武一品至九品定为行列。鸿胪寺序班同纠仪，御史东西立班，在群臣上。然后赞礼羽林军，又称围子手，凡数百人，披坚执械，立群臣班外，即古御阶仙仗之制。朝退，先放仗，次象出，次群臣出，此外朝也。内朝在五凤楼内皇极殿前，殿下设大古鼎数十座，皆青绿斑驳[9]，二百余年物，内焚御香。每香气腾溢，朝臣俱在云霄中，诗人所称香烟满袖，殆不虚也。殿内锦衣校尉先鸣鞭者三，金瓜朝士带刀立左右殿柱下，内臣[10]侍陛之两侧，上御座。座皆金龙盘绕，如外间佛龛状，高数尺，正面一龙张口下覆。殿上咸棕毯加黄绫绸簟[11]，设讲案讲席。遇经筵，方进柱下。勋臣戚臣两列，然后阁臣、史官、御史、给谏、引奏、序班，以次缀立殿下，亦设有品级山[12]，唱赞同前。但多细乐与百千纱笼及庭燎[13]耳。内朝毕，数有顾问宣对，群臣侍驰道两墀，不敢骤退，候驾起，方循序出。凡召对及经筵御门得侍从者，例有宣赐酒饭茶汤果饵。余则春秋季或元宵、万寿等节，百官为一饮宴。闻公云，神宗至熹宗（万历皇帝、天启皇帝），岁常不御殿。

至崇祯则经筵之外，数数宣召不时。又有平台[14]、御门[15]诸召对，凡常朝不拘故事，悉有咨询，故当时起居注为独盛，惜今不能传其一二。御门者，用黄绫张如覆幔，广可一楹，即黄屋[16]遗制。中设金交椅，不具案，常建皇极门右或文华殿前，上驾外廷，便息其处。遇朝政当决宰辅部堂者，下札子召之。八跪[17]奏幄前，常至移晷[18]，例有宣赐汤点。得携归，为家人沾恩焉。

【1】马云程崇祯时监视宁前。大凌新城破，宁前兵备佥事陈新甲坐削籍。巡抚方一藻、马云程均为之说情，始赦。

【2】阙下：即宫阙之下之意，借指帝王所居的宫廷。

【3】五凤楼：即今故宫午门。午门平面呈现凸字形，中有重楼。正面有三个洞。两侧有左右掖门。按皇宫里的规定，中门专供皇帝出入。到了清代，新科状元、榜眼、探花，发榜这天可以从中门进出一次，此外，皇帝结婚时，皇后可乘轿子从中门进宫。其他文武进士按会考的名次，单数走左掖门，真是等级森严，不得违背。午门的整体造型宛若展翅飞的凤鸟，所以又称"五凤楼"。

【4】以丹漆地，故称丹墀。宫殿前的台阶；台阶上面的空地。

【5】皇极殿：本名奉天殿，明永乐十八年（1420年）建成，明嘉靖四十一年（1562年）改称皇极殿。清顺治二年（1645年）改名太和殿（俗称"金銮殿"）。自建成后屡遭焚毁，又多次重建，今天所见为清代康熙三十四年(1695年)重建后的形制。太和殿（奉天殿或皇极殿）是中国现存最大的木结构大殿。

【6】朝冠：顾名思义是古代官员上朝时戴的官帽。

【7】绅：大带。以带束腰，垂其余以为装饰，称之为绅。

【8】舄：即鞋子。重木底鞋是古时最尊贵的鞋，多为帝王大臣穿。

【9】原文"班驳"，误，当为"斑驳"。

【10】内臣：即太监。

【11】簟：指供坐卧铺垫用的竹席。黄绫绸簟即有黄绫绸面的席子。

【12】品级山：明、清朝大朝会时官员排班行礼是个人所占位置的标示。明朝木制朝牌之例，清朝以铜铸，呈山状。高约三十厘米，中空，底面呈扁圆形，长约三十九厘米，短径约二十四厘米，上嵌满汉字品级阶位。每举行典礼之时，摆列太和殿前丹墀内御路两旁，东西各两行，每行自正、从一品

至正从九品，各八座，总共七十二座。每逢皇帝登极、大婚或每年之元旦、冬至、万寿节，均在太和殿举行盛典。届时参加朝贺之王公大臣、文武百官均按规定，分为东、西两班，各以品级主序，以品级山为标志，面向北，东西横向排列，东西各十八排，每排首有御史一名，皆依仪礼拜祝山呼。

【13】庭燎：古代宫廷中照明的火炬。

【14】平台：外朝最北之建极殿后有三门，中曰云台门（又称平台门），东曰后左门，西曰后右门，明帝常在此召见大臣。

【15】御门：御门听政仪是历代较有作为的帝王处理政务的一种形式，因是在清晨故又称早朝。明朝规定，文武官员每天拂晓到奉天门（清太和门）早朝，皇帝亲自接受朝拜、处理政事。

【16】黄屋：古代帝王所乘坐的车的黄缯车盖。也指帝王的车。

【17】跽：长跪，挺直上身两膝着地。

【18】移晷：指日影移动。比喻经过若干时间。

太庙

午门前之东偏，是为太庙（今劳动人民文化宫）。古松夹道，密不透日。寻常扃闭，毋敢入内。两庑乐器祭器皆毕贮。每岁四时、祖宗生忌辰，皆举乐享祭。故事，凡先农坛、日月风云雷雨诸坛、帝王庙、先师庙，例遣官致祭，惟太庙则否。盖帝王享其宗祖，犹民间祭其先人，他人不得与也。先一日，太常寺率乐舞生习乐，礼部遣官省牲，太牢、少牢[1]有定制、笾豆簠簋[2]，一依古式。上先三日斋戒，至期，或服冕[3]，或皮弁[4]，或翼蝉[5]，按祖宗所定服以祭，毋敢逾越也。至生忌辰，生则吉服，殂则素服。亦先一日礼部传示，内外群臣虽不与祭，而各入衙门与宾客同官交往，概尊御服焉。平日，每值果鲜时物及四外方物，例先荐太庙，然后尚食，未荐不敢进也。其荐鲜，数遣内大臣告庙，外臣不与。祭之日，惟上一人行礼，皇后不同祭，但率两宫斋宿于内云。

【1】原文"太宰、少宰"，误，当为"太牢、少牢"。按，古代帝王祭祀社稷时，牛、羊、豕三牲全备为"太牢"。古代祭祀所用牺牲，行祭前需先

饲养于牢，故这类牺牲称为牢；又根据牺牲搭配的种类不同而有太牢、少牢之分。少牢只有羊、豕，没有牛。由于祭祀者和祭祀对象不同，所用牺牲的规格也有所区别：天子祭祀社稷用太牢，诸侯祭祀用少牢。

【2】笾豆：古代祭祀及宴会时常用的两种礼器，竹制为笾，木制为豆。簠簋：两种盛黍稷稻粱之礼器。

【3】冕服是古代的一种礼服名称。它主要由冕冠、玄衣、纁裳、白罗大带、黄蔽膝、素纱中单、赤舄等构成。是古代帝王举行重大仪式所穿戴的礼服。

【4】皮弁：古人很重视冠帽的礼仪，将其尊称为首服。皮弁就是华夏衣冠体系中首服的一种。以皮革为冠衣，冠上当有饰物，一般是皮革缝隙之间缀有珠玉宝石，比如说天子以五彩玉12饰其缝中。文献说的皮弁冠，前高后卑，与用皂绢所制的委貌冠（玄冠）形制接近。

【5】翼蝉：即乌纱翼蝉冠，以其薄如蝉翼。

殿试传胪【1】

凡殿试日，上御皇极殿，照内殿常朝例，勋戚、阁部、部院、台省、翰林、鸿胪诸臣毕侍。阁臣将阅完进呈卷拟定名次，置殿上旁案。诸进士蓝袍，侍两墀下。殿上鸿胪序班两员，先举案设上御座前，内大臣跪进牙签，候上书名次毕，然后拆卷，面验姓氏。内大臣寻即口传一甲一名某；鸿胪由两闑【2】循序出，高声唱传如前，御墀【3】外复有鸿胪，亦唱传如前。下诸进士闻之，某乃出。鸿胪官引导拜殿上。惟鼎甲【4】及二甲首【5】得传唱，余俱否。三鼎甲以次谢恩毕，二三甲诸进士复谢恩，遂【6】鱼贯出。群臣拜谢殿上，上乃辍朝。东长安门外大京兆备蓝盖鼓吹骑从，迎鼎甲赴晏，随各送归第。世俗相传，鼎元例得殿上簪花饮酒，赐鞭于禁中走马归，皆谬也。

【1】金殿传胪是一种礼仪。上传语告下称胪，传胪即唱名的意思，指的是殿试以后由皇帝宣布登第进士的名次。

【2】闑：古代门中央所竖短木。朱骏声《说文通训定声·泰部》："古者门有二闑，二闑之中曰中门，二闑之旁皆曰帐。必设此者，所以为尊卑出

入之节也。"《礼记·玉藻》："君入门，介拂闑；大夫中枨与闑之间；士介拂枨。"孔颖达疏："闑为门之中央所竖短木也；枨谓门之两旁长木，所谓门楔也。"按，即门槛。

【3】御墀：以丹漆地，故称丹墀。宫殿前的台阶；台阶上面的空地。

【4】鼎甲：一甲第一名。

【5】二甲首：二甲第一名。

【6】原文"随"，误，当为"遂"。

枚卜

先朝枚卜[1]，皆点用翰林院堂上官或六部曾由翰林升转者，余虽位至部堂，不能望也。自庶常[2]入馆，即有馆课阁试，习读中秘书学字，月无虚日，谓之养相器，馆中但有前后辈之分，而无寅属[3]称谓。崇祯时，谓翰林第谙文学，于外间民事未涉，恐于赞理有误，随例用六部、九卿[4]由有司出身者，得与枚卜。明初，尚设左右丞相，未几罢丞相，但设各员加宫保诸殿御而已。终明世无丞相名。阁臣值房[5]在皇极殿前左右，状如复道，高阁巍立。阁中有供事人役，其余签票封束及一切笔砚札子查复安顿，皆内阁中书为之，他员无敢进阁。独小中贵[6]，上不时有问答与改票[7]，下寸纸或口传，出入阁中。阁有堂餐，咸聚食，其次及中书。时鲜以时进，但不得举酒聚饮耳。上或时撤膳馐之佳者遣中贵宣赐，例不拜，谓口腹之役也。设朝时则谢之。几务或烦，必至入夜，虽鸡鸣亦必出阁归寓，不敢宿阁，盖祖宗定制也。上见阁臣不名，概称先生。遇召对，赐坐殿上，久乃进茶汤始出。冬则赐酒醴。遇加宫保，赐玉带，赐斗牛文绮白金以示宠异，禄米之外，又增常饩。其列代远者不可知矣，若崇祯时，温、周、杨、李[8]诸公可谓千载隆遇。至宜兴公[9]，上于元日当群臣上下侍班时，特下座，命内侍曳而自拜，且曰，社稷之事仰惟先生是赖，愿不弃以教朕。群臣皆为之泣下。每下一事，必令小中涓[10]持手敕书曰，某事当如何，愿先生教之，其敬礼大臣如此，外间岂得与闻乎。

【1】枚卜：明代指皇帝决定入内阁大臣人选。枚卜是由吏部尚书会同有关官员推荐候选名单，然后由皇帝决定。

【2】庶常：庶吉士别称。明代惯例，科举进士一甲者授予翰林院修撰、编修。另外从二甲、三甲中，选择出众者入翰林院为庶吉士，称为"选馆"。

【3】寅属：同僚之间的敬称。

【4】六部、九卿：吏、户、礼、兵、刑、工六部。九卿为太常寺卿、太仆寺卿、光禄寺卿、詹事、翰林学士、鸿胪寺卿、国子监祭酒、苑马寺卿、尚宝司卿。

【5】《明史·职官志一》："中极殿大学士、建极殿大学士、文华殿大学士、武英殿大学士、文渊阁大学士、东阁大学士，掌献替可否，奉陈规诲，点检题奏，票拟批答，以平允庶政……以其授餐大内，常侍天子殿阁之下，避宰相之名，又名内阁。"内阁办公所在地是内朝东阁。吕毖：《明宫史·宫殿规制》："从归极门里，向西南入，曰六科廊，东西两房掌司所居，精微科及章疏在焉……会极门里，向东南入，曰内阁，辅臣票本清禁处也。"（明）吕毖《明宫史·宫殿规制》："会极门里，向东南入，曰内阁，辅臣票本清禁处也。"

【6】小中贵：小太监。

【7】改票：明代内阁代皇帝批答臣僚章奏，先将拟定之辞书写于票签，附本进呈皇帝裁决，称为"票拟"。皇帝阅后加以修改称为"改票"。

【8】温、周、杨、李：指崇祯时期的内阁大臣温体仁、周延儒、杨嗣昌、李标。

【9】宜兴公：即内阁首辅周延儒，是江苏宜兴人，故称宜兴公。

【10】中涓：亲近之臣，若谒者、舍人之类。后世一般用作宦官之代称。

金狮子门

大内有金狮子门[1]，逼近禁中。除内侍有牙牌者得出入，余无照验不论男女擅越者，罪坐死。狮质[2]盖顽石也，用金涂之，故名。或曰，嘉靖时，命陶真人以金丹点成者。然经风雨岁久，色卒不变。凡六宫[3]遇洒扫，积土日厚，令[4]小黄门各舁出门外。先期三大营总督檄营弁，拨老军十名，或数百名，携筥^[5]入内，就狮子门尽出土。是时宫人毕集门内，阅军除扫，争以折钗断珥^[6]置土中异出，犒其劳也。值积雪初晴，亦令军异雪，所得亦同，故众军乐从其役。马公常言，禁中凡一切宫人衫皆长至膝，遇上及三宫后驾至，俱跽^[7]而膝行，毋敢步趋者。衫悉锦绮纱缯为之，不衣青素。宫人老者谓老太，少者以姓称之，为娘子。自妃而下，有贵人、夫人、才人之名。六宫有掌籍者，每值上行幸某宫，则值宿于外。诘旦，即载笔于籍曰，某月日，万岁驾幸某宫。其或宣召宫嫔属入侍，亦必大书曰，某月日，某宫嫔待御。遇所幸有娠，具籍以闻，严其防也。若临三宫^[8]，则曰，某月日，上在某宫云。掖庭服役诸宫人，例于上大婚日选若干人入侍，嗣后有训不得再选。民间与在官有罪妻女，概不许入掖庭。勋戚贵臣及大珰，不许私进女子。有犯，司礼监掌篆与外廷台省得弹治之，故明季绝无有如前代败坏家法者也。公有云，贵人、才人辈虽有读书识字者，例不敢作诗词及闻于外，惟教之诵女孝经、烈女传、女箴、闺范诸书而已。至章奏亦不得与览，此皆祖宗良法也。

【1】金狮子门：内廷乾清门前有两个鎏金铜狮子。乾清门内自南向北先后为皇帝居住的乾清宫、交泰殿、皇后居住的坤宁宫，即所谓禁中之地。吕毖《明宫史·宫殿规制》："乾清门外，左右金狮各一。"

【2】原文"狮盾"，误，当为"狮质"。

【3】六宫：宫内廷的中心是乾清宫、交泰殿、坤宁宫，统称后三宫，是皇帝和皇后居住的正宫。其后为御花园。后三宫两侧排列着东、西六宫，是后妃们居住休息的地方。明代东六宫指钟粹宫、景阳宫、承乾宫、永和宫、景仁宫、延祺宫，西六宫指储秀宫、长春宫（永宁宫）、翊坤宫、启祥宫（未央宫）、毓德宫（永寿宫）。东、西六宫（有时又被称做东西十二宫），又像两腋般夹挟着中央的后三宫，因而与古代所谓的掖廷相对应。

【4】原文"令"，误，当为"令"。

【5】筥：圆形的竹筐。

【6】原文"折钗断珥"，误，当为"折钗断珥"。

【7】跽：长跪，挺直上身两膝着地。

【8】三宫：指崇祯皇帝的周皇后、田贵妃、袁贵妃。

太液池[1]

太液池一名海子，在禁城之西。从此皇墙凿石渠，引西山裂帛湖水入内，复经小南城御栅出，至外城东便门，注于会通河[2]，达漕渠[3]，始入海。池方广十数里，驾玉石梁于西华门驰道上，树金鳌、玉蛛两坊[4]，内设三台[5]，有南北中之名。台皆临池，中通水道，筑水阁轩榭于上，便上舣舟观览。惟南台之侧设水碾、水磨、水碓[6]，遇驾临，则拨其关楗，而诸器与水飞舞，以助上娱乐。池中有船房[7]，乃藏龙凤舸者。恐日久风雨剥蚀，纳舟于内，深可贮数舟，两壁开窗槛，石砌成渠，中通流水。舸制，备五色龙凤状，舷外皆籍棕簟覆为板，屋饰以金碧。其上独不驾楼，以上御舸中，无敢登者。每夏之重五，秋之中，上偶一幸苑，始就舟。必命黄门宣辅臣翰林学士陪侍，例赐宴舸中，乐五奏，行酒毕，命赋诗纪胜。君臣和惬，欢若家人父子。然余日概不幸苑。先朝惟熹宗（明天启皇帝）岁常出游，至思宗（明崇祯皇帝）则终岁未尝[8]登舸，故舸制日久皆废败船屋间，不问也。凡驾出苑，则东、西华门、后宰门例皆闭，三大营调营军守皇城外，日为罢市。思宗恐扰众糜费，卒不为耳。

【1】太液池：今北京北海、中南海。

【2】会通河：指北京东便门外东至通州的通惠河。

【3】漕渠：指自通州南至天津直沽的北运河。

【4】金鳌、玉蛛两坊：今北京团城西元代旧有木吊桥与太液池西岸相通，明孝宗弘治二年（1489年）改建石桥，东西有两华表，东曰玉蛛，西曰金鳌，因此该桥称作金鳌玉蛛桥，又称御河桥、金海桥。

【5】三台：中南海瀛台明代称趯台坡，俗称南台。今北海公园西北隅五龙亭北明代俗称北台。（明）吕毖《明宫史·宫殿规制》：河之上游倒影入水，如城阙龙宫者，曰乾德殿，即俗称"北台是也"。中台待考。

【6】南台：中南海瀛台明代称趯台坡，俗称南台。据（明）吕毖《明宫史·宫殿规制》和（清）高士奇《金鳌退食笔记》记载，该处还有迎祥馆、

集瑞馆、太玄亭、问法所、临漪亭、水云榭等建筑。过西苑门而南半里有乐成殿，后改为无逸殿、豳风亭。无逸殿附近有石磨、水碓、水田。每岁秋收，明帝在此观"打稻"之戏，太监分扮农夫、农妇、税吏等，行征租、交纳、词讼等事，以示不忘稼穑艰难之意。

【7】船房：又称船厦，在今北海公园东岸。

【8】原文"未赏"，误，当为"未尝"。

万岁山

万岁山又名煤山[1]，居禁城之北，非生而山也，乃积土为之。其高与山等，上植诸木，岁久成林，逾抱。山亦作青苍色，与西山爽气无异。登山则六宫中千门万户与嫔妃内侍纤细毕见，虽大珰不敢登。上纵放麋鹿仙鹤，山下垣以石堵，建亭于山麓之中，额曰万寿[2]。地平坦，可以驰射，先朝列庙无有幸者，独思宗（明崇祯皇帝）岁常经临焉。上每御是地，辄遣禁军操演，以观其技。禁军者，选中涓[3]身长多力辈授以精甲锐器，撤上御闲中骏马，人给一匹，每月五日于内校场较射，名曰禁旅，又曰净军，凡三千人[4]。此在羽林军之外添设者。其人马月饩食料倍于三大营之选锋。遇上郊祀天地诸坛，则诸军甲仗一新，拥卫辇毂左右。余日惟按期操演而已。上坐万寿亭，按籍点其伍，择数百人使驰射。射无虚发，鼓声隆隆终日，出金牌绵缯犒之，皆欢然称万岁归。当时谓得此可以备不虞，及甲申三月变[5]，此辈分发守九门，悉逃逸无一存者。平日多金厚赏，教养十有余年，卒不得收一人之用，殊可叹也。上宾天日[6]即在万寿亭中，惟司礼监内臣王之心[7]一人耳。呜呼，尚忍言哉。

【1】煤山：明代称万岁山，又称煤山。清朝顺治十二年（1655年）六月改称景山。（明）吕毖《明宫史·官殿规制》："寿皇殿之南则万岁山，俗所谓'煤山'也。故老云：土渣堆筑而成。崇祯己巳冬，大京兆刘宗周疏，亦误指为真有煤。山上树木葱郁，鹤鹿成群，呦呦之鸣，与在阴之和，互相响答，可并闻于霄汉。"

【2】万寿：明代时景山诸峰只有磴道，别无亭阁，清乾隆十六年（1751年）于景山并峙五峰之上各建一亭：正中主峰上建万春亭，规模最大，三重檐，四角，黄琉璃瓦铺顶。靠近主峰的东峰上建观妙亭，与之对称的西峰上建辑芳亭，都是重檐，八角，绿琉璃瓦铺顶。最外侧的两小山峰，东峰上建周赏亭，西峰上建富览亭，都是重檐，圆形，蓝琉璃瓦铺顶。主峰上的万寿亭是北京中轴线上的最高点。（明）吕毖《明宫史·宫殿规制》："山之上，土成磴道，每重阳日，圣驾在山顶升座，可遥望靡涯矣。"

【3】中涓：亲近之臣，若谒者、舍人之类。后世一般用作宦官之代称。

【4】净军：明时选太监在宫中授甲操练，谓之内操。（明）周同谷《霜猿集》："天启中，魏珰选京师净身者四万人，号曰净军。"（明）吕毖《明宫史·内臣佩服》："至天启二年（1622年）六月内王体乾、史宾、张文元，奉先帝圣旨，选内操官人时，便已在北上门，居中朝北正坐者，体乾也；左右并列者，宾与文元也。"沈国元《两朝从信录》：天启四年（1624年）六月癸未《左副都御史杨涟题为逆珰怙势作威专权乱政欺君蔑法无日无天大负圣恩大干祖制恳乞大奋乾断立赐究问以早救宗社事》："忠贤谋同奸辅沈漼，创立内操，不但使亲戚羽党交互盘踞其中，安知其无大盗刺客东虏西夷人等寄名内相家丁，倘或伺隙谋乱，发于肘腋，智者不及谋，勇者不及拒，识者每为寒心。"

【5】崇祯十七年（1644年）三月十七日，李自成大顺军齐集北京四郊，围攻诸门。京师三大营驻扎在北京城外，大顺军一到，他们立即投降，并同大顺军一同攻城。三大营原来装备的火车巨炮，这时都成为大顺军攻城的得力武器。三月十九日凌晨，大顺军自德胜门、朝阳门、正阳门分别攻入，北京内城也被占。崇祯皇帝自缢于万岁山（今景山公园）。

【6】宾天日：帝王死亡日子的委婉用语。

【7】王之心，误，当为王承恩。王承恩，明末宦官，河北省邢台市邢台县白岸乡白岸村人，属太监曹化淳名下，官至司礼监秉笔太监，深得崇祯信任。甲申之变李自成攻入北京时，与崇祯皇帝自缢于万岁山（今景山公园）。

内库

内库有甲乙等十库名目[1]，皆先朝列宗藏贮重器之所，不止金银帛币而已。崇祯末，以外饷告匮，廷臣数奏请发内帑。上曾命中贵李公讳明臣者为一捡其籍，按验之。他宝物价皆不资，独黄金止一万余两，白金数万两已耳。诸宝物皆置朱匣，外加司库者封识。有珠伞，婴珠，鞍珠，俯仰宝玉带，杂色宝石，五色玉，金银八宝，银豆[2]，珊瑚树，水晶，玛瑙，琥珀，玻璃诸盆盎，金银白玉诸瓶，注罍爵，三代秦汉古铜器，宋柴、汝、哥、定诸窑器[3]，此皆上珍也，其次则文犀，如所称通天、分水、辟尘、骇鸡、照怪[4]等无有也。独昂然三四尺，黑白间杂，皆生犀，数百具耳。象齿红白二色者亦称是。惟名香，如沉水、唵叭、黄速、黄白、檀紫、降真[5]，每种悉贮一库，每库不下数十万斛。独龙脑、龙涎数十斛为差少。再次则鼍龙[6]皮鞍、龙皮[7]鞍、黑白狮皮鞍，制度精巧，兜嵌金银珠宝，亦数百副。不知当日得于何所，制此何用。岁久，亦略无损败，他皮自不及也。有黄白蜡，凡十数库。油井亦然。油井，乃穿地作井，但不及泉，镶以白石，毫无罅隙，贮苏合油[8]于中。亦不知从何得，如是之多也[9]。其下者方及锦绣纻丝缎绫诸物。锦有汉锦、唐宋锦、蜀锦、海外倭锦、西域西洋锦、滇南彝锦，赤白黄绿不一色，完好如初。绣有唐宋两朝制，皆幡幢被袱，出自宫人手，非经匠者，丝色则古矣。其他但计楝，偶抽一二视之，大率诸缎纻，皆袭先代供御之式，长数丈，横广四五尺，厚如五铢，精彩夺目云。驾归山陵[10]，则所遗即贮库，不复进御。故累楝如积薪焉。甲申之变，逆闯盘踞禁中，库物大半失毁，独从旧库地坎中发掘黄白大锭[11]无算，每锭重三百金。辇归西安（今陕西西安），自京门（北京）达潼关（河南潼关）千余里，日夜不绝道路[12]。叹喟崇祯天子蓄如许物，奈何数称饷绌耶。而不知此重物悉祖宗时所遗，历代相传，掌籍者湮失，故册遂[13]不能具举，此亦气数使然，非可力致也。

【1】十库名目：《明宫史·内府职掌》：除甲、丁四库之外，还有戊字库、承运库、广盈库、广惠库、广积库、赃罚库。

【2】银豆：（明）黄瑜《双槐岁钞·金钱银豆》："景泰初，开经筵……相传云：是时每讲毕，命中官布金钱于地，令讲官拾之，亵狎大臣，以为恩典……时宫中又赐诸内侍以银豆等物为哄笑。杨文懿公守陈时在翰林，赋《银豆谣》曰：'尚方承诏出九重。冶银为豆驱良工。颗颗匀圆夺天巧，朱函进入蓬莱宫。御手亲将十余把，琅琅乱洒金阶下。万颗珠玑走玉盘，一天雨雹

敲鸳瓦。中宫跪拾多盈袖，金珰半堕罗衣绡。赢得天颜一笑欢，拜赐归来坐清昼。闻知昨日六宫中，翠蛾红袖承春风。黄金作豆亲拾得，羊车不至愁烟空。别有银壶薄如叶，并刀剪碎盈丹匣。也随银豆洒金阶，满地春风飞玉蝶。君不见民餐木皮和草根，梦想豆食如八珍。官仓有米无银籴，操瓢尽作沟中瘠。明主由来爱一噎，安邦只在恤穷民。愿将银豆三千斛，活取枯骸百万人。'"

【3】柴窑是中国古时五大瓷窑（柴窑、汝窑、官窑、哥窑、定窑）之首，创建于五代后周显德初年（954 年）河南郑州（一说开封），本是后周世宗帝柴荣的御窑，所以从北宋开始称为柴窑。后因长期未见其窑址，以钧窑代替了其宋五大名窑的位置。

汝窑是我国宋代五大名窑之一，在中国陶瓷史上闪耀着灿烂的光辉。南宋叶真《坦斋笔衡》说："本朝以定州白瓷器有芒，不堪用，遂命汝州造青窑器，故河北、唐、邓、耀州悉有之，汝窑为魁。"

名瓷钧窑是北宋著名瓷窑之一，在今河南禹州市内八卦洞。享有"黄金有价钧无价""纵有家财万贯不如钧瓷一片"盛誉。

"哥窑"名列宋代五大名窑，在陶瓷史上有举足轻重的地位。哥窑胎多紫黑色、铁黑色，也有黄褐色。釉为失透的乳浊釉，釉面泛一层酥光，釉色以炒米黄、灰青多见，釉面大小纹片结合。

定窑是中国传统制瓷工艺中的珍品，宋代六大窑系之一，它是继唐代的邢窑白瓷之后兴起的一大瓷窑体系。主要产地在今河北省保定市曲阳县的涧磁村及东燕川村、西燕川村一带，因该地区唐宋时期属定州管辖，故名定窑。

【4】《战国策》曰：张仪为秦破从连横，说楚王。楚遣车百乘，献骇鸡之犀、夜光之璧于秦王。《抱朴子》曰："通天犀角有白理如緽者，以盛米置群鸡中，欲啄米，至则惊却，故南人名为骇鸡也。得真角一尺以上，刻以为鱼，而衔以入水，水常为开，方三尺，可得气息死暑。以其角为义导者，得毒药以此搅之，皆生白沫；无复毒势，则无沫起也。通天犀所以能杀毒也，为物食百草之毒及众木棘。岁一解角，藏于山中。人以木如其角代之，犀不觉，后年辄复解。"晋代《交州记》有云："有犀角通天，向水辄开。"

（唐）刘恂《岭表录异》卷中："又有骇鸡犀、辟尘犀、辟水犀、光明犀，此数犀，但闻其说，不可得而见之。"

《晋书》卷六十七《温峤传》："朝议将留辅政，峤以导先帝所任，固辞还藩。复以京邑荒残，资用不给，峤借资蓄，具器用，而后旋于武昌。至牛渚矶，水深不可测，世云其下多怪物，峤遂毁犀角而照之。须臾，见水族覆火，奇形异状，或乘马车著赤衣者。峤其夜梦人谓己曰：'与君幽明道别，何意相照也？'意甚恶之。峤先有齿疾，至是拔之，因中风，至镇未旬而卒，时年四十二。"

【5】"唵吧香"，香名。以胆八树的果实榨油制成，能辟恶气。又称胆八香。沉水即沉香。沉香，中药名。为瑞香科植物白木香含有树脂的木材。分布于广东、海南、广西、福建等地。具有行气止痛、温中止呕、纳气平喘之功效。一种香木。即黄熟香。（明）李时珍《本草纲目·木一·沉香》："香之等凡三，曰沉，曰栈，曰黄熟是也……其黄熟香，即香之轻虚者，俗讹为速香是矣。"（明）沈榜《宛署杂记·经费上》："文武百官上表庆贺，合用大红烛一对，重一斤，银一钱……速香四两，银一钱二分，二县行银办。"檀香紫檀，别名赤檀、紫榆、酸枝树，是世界最贵重木料品种之一，（优质紫檀）由于数量稀少，见者不多，遂为世人所珍重。属于紫檀属的木材种类繁多，但在植物学界中公认的紫檀却只有一种，即"檀香紫檀"，俗称"小叶檀"，其余各类檀木则被归纳在花梨木类别中。降真香也叫紫藤香，历史遗留降真香外形多空心疙瘩，多如鸡骨头形状，因此又叫鸡骨香。黄白即黄柏。

【6】鼍龙：扬子鳄，或称作鼍，是短吻鳄科短吻鳄属的一种鳄鱼。是中国特有的一种鳄鱼，是世界上最小的鳄鱼品种之一。它既是古老的，又是现存数量非常稀少、世界上濒临灭绝的爬行动物。因其生活在长江流域，故称"扬子鳄"。

【7】龙皮：传说夏日浸水则寒气生的一种宝物。

【8】苏合油：苏合香油，为金缕梅科植物苏合香树所分泌的树脂。具有通窍、辟秽杀虫、开郁化痰、行气活血、利水消肿等功效。

【9】原文"知多"，误，当为"之多"。

【10】驾归山陵：皇帝死去的委婉说法。

【11】黄白大锭：即金元宝、银元宝。

【12】（明）杨士聪《甲申核真略》："十六日，大驱羸马载金银往关中。自初十日即有载解，而未甚也。是日，以千驼计。内库有镇库锭，皆五百两为一锭，镌有'永乐年'字，每驼二锭，无物包裹，黄白溢目。其寻常元宝则搭包贮焉。按，贼入大内，括各库银共三千七百万，金若干万。其在户部者，外解不及四十万，捐助二十万而已。此城陷后存银之大较也。"

【13】原文"随"，误，当为"遂"。

御马监

御马监[1]在禁城金河之东北，即古者天子十二闲养天驷之所。时西边开马市[2]，内外互易。内以缎匹茶布粟米，易外地马匹皮张酥酪等物。马至内边，除发九边[3]缺额外，皆解京师同牧与御马监。内员择其良者入监，余发同寺[4]，使补三大营之缺。京畿三辅，又有责州县养马之例。州县每里[5]按田设马价、草料价若干，令里长于十甲中计钱粮多寡合养一马，岁计其费。凡三年，马肥壮，纳之同寺。同寺择毛色足力精良者纳之御马监，备上用。余留寺中，为京营九边助其不给。民间养马，当时有买俵课驹两议。买俵[6]者，一马养年余，渐壮，复买一马为之副。至三年，前马纳官，而副驹亦少壮，不至临期猝然难购。此虽为民预计，然一岁中刍秣喂饲调养至周，又有官吏验视，往返途路之费不资，常有一马而百姓倾家者。课驹[7]，乃令民间计粮之数共买牝马，至二年课其出一驹，复养三年纳于官。民又苦驹伺养不谙，或中毙，有赔补之累，或牝不育，转又买他马以充数，其费实倍。故买俵郡县卒行之不易焉。马至监，水草喂饲得法，愈于常马。其色之上者有大青、大白、大赤之名，俱按对。凡上郊祀，先于行幄前列监马百余对。金鞍，玉辔，镳勒[8]，悉尚黄色，是为御前仗马。其他则禁军乘坐，使私家自养之，然亦称骏骑也。当时监马[9]一匹价值百余金，监中凡数千匹，岁费官家金钱不下数十万。逆闯破京，尽为所得，驱之入关，而天闲无一存者。

【1】御马监：是明代皇城内太监二十四衙门之一。今北京景山公园东边的沙滩后街，原称马神庙街，这里是明代为皇家养马的御马监遗址，当时有马神庙，附近还有草场胡同和草垛胡同。

【2】马市：是明代与边疆少数民族互市的一种固定场所。唐、宋、元等朝皆与边疆少数民族进行马市交易。明承此制，多设马市，重要者有设于辽东的辽东马市，设于宣府、大同的宣大马市。

西三边各镇马市市场设置情况如下：

红山墩市，隆庆五年（1571年）设，市址榆林城北，市易对象为俺答、吉能所部，属大市。

黄甫川堡市、清水营堡市、木瓜园堡市、孤山堡市、神木堡市，均为万历十二年（1584年）设，市址皆在榆林卫境内，市易对象亦皆为俺答、吉能所部，都是小市。

清水营市，市址宁夏灵州所；中卫市，市址宁夏中卫；平虏卫市，市址宁夏平虏城，此三市均设于隆庆五年（1571年），均属同俺答、吉能所部互市的大市。

甘州市，市址甘肃甘州卫南州市，市址凉州卫；兰州市，市址兰州卫，皆自永乐年间（1403—1424年）始设市场，与赤斤蒙古、鞑靼蒙古等部市易。

洪水扁都口市，市址甘肃西宁路；高沟寨市，市址甘肃凉州卫；铧尖墩市，市址甘肃庄浪卫，分别设于隆庆五年（1571年）、万历六年（1578年）和万历三年（1575年），都是与把都儿等部互市的小市。

洮州市、河州市、岷州市、西宁市，市址分别在洮州卫、河州卫、岷州卫及西宁卫，设市时间不详，主要是同鞑靼蒙古及"西番"等部互市的茶市和马市市场。

宁河镇市、定羌镇市，市址位于河州南60里和120里，均设于弘治年间（1488—1505年），是对"西番"及土默特蒙古的茶、马市易市场。

【3】九边：九边重镇是指东起鸭绿江，西抵嘉峪关，绵亘万里的北部边防线上相继设立的辽东镇、蓟州镇、宣府镇、大同镇、太原镇（也称山西镇或三关镇）、延绥镇（也称榆林镇）、宁夏镇、固原镇（也称陕西镇）、甘肃镇九个边防重镇，史称"九边重镇"。

【4】冏寺：即太仆寺，是明代管理马政的衙署，在今西单北大街以东太仆寺街，附近还有马馆、官马司和马巷胡同。《明史·职官志三·太仆寺》载："太仆寺。卿一人，从三品……卿掌牧马之政令，以听于兵部。"太仆寺掌管除御马监的皇家内马厩之外的官马，因其是补充明朝部队的战马所以听于兵部。

【5】里：明代每一百一十户为一里，一里内其余的以十户为一甲，每甲出一甲长。里甲中，按每户资财和人口数量分为三等九则，每年有一里长和一甲长率本甲充发本年的各项差役。十年期满后，按照家中资财和人口重新编排，再进行下一个十年的轮换。

【6】俵：就是解送的意思。俵马，就是养马户每年把养的马解送到京师太仆寺，当时这也是养马户的一笔很大的花费。

【7】课驹：洪武、永乐时期限定养马户所养的母马每年要产一匹马驹上交到太仆寺，这些马驹就是所谓孳生马。这就是"岁课一驹"的种马制度和俵马制度。

【8】镳：本义马嚼子，指马口中所衔铁具露出在外的两头部分。勒：套在马头上带嚼子的笼头。

【9】监马：指御马监的皇家马匹。

万寿宫

　　万寿宫[1]居禁城北面，临金水河，与御马监邻。东西设琉璃坊，建驰道，朱门金钉，内外殿瓦俱琉璃。玉石铺砌辇路，栏槛檐铎与罘罳[2]金色炫目[3]，中有古木蔽天，群籁不到，乃嘉靖时延陶真人[4]入内，筑以建醮迎仙之地。内祀昊天上帝及三清诸真[5]，墀下皆列古鼎，殿上设古樽彝法物，一切果鲜茶汤属概不用。官器各标名目，于江右浮梁（今江西浮梁县，属于景德镇市）特造之。如今之所传枣汤茶汤酒盏朱砂[6]鬼脸青[7]黄白色诸盘盏，底有金箓大醮坛[8]，制皆当时祀上帝诸真器也。嘉靖时，上经月居万寿宫，日夜率陶真人诸方士诵箓求仙。时首揆严公嵩[9]陪祀，不离左右。道家尚青词[10]，每具表上帝。例有青词被之管弦，即古迎神送神曲也。惟词出严手当上意，他学士缮草进，俱不称旨，故当日眷注甚殷。而严阴利上耽于神仙方术，得从中盗窃大柄，为植党营私计。然每值符箓焚发之际，常有仙鹤群飞坛殿上，盘旋许久始散。上因是益好仙不衰，天下郡国逢迎上意，各具奏进产生芝草或数十本，或数百本，以为圣寿嘉祥之验。凡十数年，糜金钱无算，卒无一仙真与上遇。晚年上意亦倦，陶真人托采药还山，万寿宫始锢。崇祯时，常延张真人为内设醮[11]。然间一为之，不数数也。

　　【1】万寿宫：是成祖旧宫，原名永寿宫，明世宗嘉靖四十年（1561年）十一月永寿宫火灾，次年重建并改名万寿宫。遗址在今西安门内中海西南岸紫光阁之西，大光明殿之东。宫门为万寿门，后殿曰寿源宫。（明）吕毖《明宫史·宫殿规制》："紫光阁，再西，曰万寿宫，曰寿源宫。"（清）高士奇《金鳌退食笔记》："大光明殿在西安门内万寿宫遗址之西。"

　　【2】罘罳：古代的一种屏风，设在门外。

　　【3】原文"炫日"，误，当为"炫目"。

　　【4】陶真人：姓名陶仲文，原名典真。湖北黄冈人，曾受符水于湖北罗田万玉山，与邵元节为友。少时为县掾，喜好神仙方术。嘉靖中由黄梅县吏为辽东库大使，秩满至京师，寓邵元节邸舍。由邵元节推荐入朝，以符水法

剑，绝除宫中妖孽。得到世宗信任。嘉靖二十五年（1546年），加封为"神霄紫府阐范保国弘烈宣教振法通真忠孝秉一真人"。子陶世恩为尚宝丞。嘉靖三十六年（1557年）陶仲文因病乞请还山，献还历年世宗所赐予的莽玉、金宝、法冠及白金万两。改其子尚宝少卿世恩为太常丞兼道录司右演法，供事真人府。嘉靖三十九年（1560年）陶仲文死，谥"荣康惠肃"。明穆宗隆庆元年（1567年）陶世恩坐与王金伪制药物，下狱论死。陶仲文秩谥亦追削。

【5】三清：道教的三位至高神。总称为"虚无自然大罗三清三境三宝天尊"，指道教所尊的玉清、上清、太清三清胜境，也指居于三清胜境的三位尊神，即：

玉清圣境无上开化首登盘古元始天尊、上清真境太卫玉晨道君灵宝天尊、太清境三教宗师混元皇帝太上老君道德天尊。

【6】朱砂：矿物名。色深红，古代道教徒用以化汞炼丹，中医作药用，也可制作颜料。

【7】鬼脸青：是古代瓷器中相当名贵不可多得的上品。"鬼脸青"这个名称是俗语，它是宋、元时钧窑所烧、窑变釉瓷器，是一种特殊现象。因窑内火候温度不匀，釉有薄厚，火大处便把表面的釉烧流了，这样就形成一块块大斑，五颜六色异常美丽，因是青瓷系列，斑块如鬼脸一般，因此得名。

【8】"醮坛"是古代道士设坛祈祷的场所。因明世宗后期迷信道教，日事"斋醮饵丹药"。他在"醮坛"中摆满茶汤、果酒，经常独自坐醮坛，手捧坛盏，一边小饮一边向神祈求长生不老。

"金箓"是道家斋醮的一种，除了超度外，还包含延寿受生的内容。比较实在的历史记载是《长物志》："宣（指明宣德）庙有尖足茶盏，料精式雅，质厚难冷，洁白如玉，可试茶色，盏中第一。世庙（指明世宗）有坛盏，中有茶汤果酒，后有'金箓大醮坛用'等字样，亦佳。"

明世宗（朱厚熜）喜用坛形茶盏，时称"坛盏"。明世宗的坛盏上特别刻有"金箓大醮坛用"的字样。

【9】严嵩，字惟中，号勉庵、介溪、分宜等，江西分宜人。弘治十一年（1498年），中乡试；弘治十八年（1505年）中进士。明世宗时，世宗沉迷道教，好长生不老之术，对政事漠不关心，朝中事务皆交由朝臣处理。礼部尚书夏言得到世宗的宠信，又是严嵩的同乡，于是严嵩拼命讨好夏言。嘉靖十一年（1532年），升南京礼部尚书，两年后改南京吏部尚书。

嘉靖十五年（1536年），严嵩赴京朝觐考察，被世宗留下，任礼部尚书兼翰林院学士。由于世宗对仪礼的重视，礼部尚书在部院大臣中地位尤其显赫，往往成为进入内阁的阶梯。严嵩和世宗的接触开始频繁起来。据他自己说，当时世宗忙于同辅臣及礼部尚书等制定礼乐，有时一日召见两三次，有时至夜分始退。

严嵩营建斋宫秘殿并时而兴，工场二三十处，役匠数万人，军称之岁费二三百。经费不敷，乃令臣民献助；献助不已，复行开纳，劳民伤财。当时明王朝的太仓岁入只有二百万两，而斋宫秘殿等的营建，岁费竟至二三百万。斋醮祷祀，要撰写青词。严嵩因善写青词而得宠。自他担任首辅后，他经常在世宗左右，醮祀青词，非嵩无当帝意者，为了撰写好青词，他倾注了很大的精力，有时废寝忘食，甚至在庚戌之变时，当俺答兵包围了北京，并在城郊大肆杀掠的重要时刻，他竟不顾国家安危和百姓死活，还在专心致志地大写青词。特别当左谕德赵贞吉提出抗敌之策，在奉敕谕军之前去谒见严嵩时，嵩竟以"撰青词辞不见"，可见在严嵩的心目中，青词的位置远在家与百姓之上，难怪人们嘲讽他是"青词宰相"了。

【10】青词：又称绿章，道士祭天的时候把上达天帝的奏章疏表写在绿色的青藤纸上，故得名。

【11】正一教由汉代天师道祖天师张道陵所创立，正一道的创立使道教开始以教的形式出现，区别于以前的巫教，奉太上老子为最高崇信，奠定了几千年的道教历史。《崇祯实录》："崇祯元年四月庚子，命正一真人张显庸祷雨。崇祯十二年十二月乙未，是年两京、河南、山东、山西旱饥，遂命正一大教真人张应京禳旱。"

司设监【1】

司设监【2】在禁城外之西，设监员掌六宫【3】铺设，四时衣裳之属。六宫寝室皆饰黄绫，一切帏幕、几席、茵簟【4】，以至禁侍衣制、铺陈等项，遇四季之首，例必奏进。如春时元日【5】，六宫概衣新春葫芦锦，彩胜八宝锦。凡巾帨、裙衫、膝裤皆一色，止红绿二种服。旬日至元宵【6】，又易灯笼锦。后妃以下皆同。春中【7】易百花锦。立夏【8】，进绛纱绮罗。重五【9】，易艾叶龙凤花纱。秋中【10】，进玉兔桂子锦、葡萄锦，九月【11】，复易菊花茱萸锦。冬季【12】，雪花梅花佛手诸锦。圣寿三宫寿【13】，衣万寿锦。诞东宫【14】，诸王宫主衣□喜字锦。悉依时令国事为之制。先期进诸内宫，司衣者按宫籍姓名唱给之，终岁一易，不再易再进也。崇祯初，恤东南民力，裁去内造什之五，减膳撤乐，至斋宿日，衣布袍，退处外殿无一侍御者。自是宫中衣之常例皆减，亦有衣布者。上顾之曰，福当如是惜耳。其后逆闯逼[15]，举火大内。数十年六宫锦绮未经进御之物，成委于灰烬，诚可惜也。

【1】【2】原文"司摄监"，误，当为"司设监"。（明）吕毖《明宫史·内府职掌》："司设监……所职掌者，卤簿、仪仗、围幕、褥垫，各宫冬夏帘、凉席、帐幔、雨衻子、雨顶子、大伞之类。"禁城外之西即今地安门内黄化门街北帘子库一带。

【3】六宫：内廷的中心是乾清宫、交泰殿、坤宁宫，统称后三宫，是皇帝和皇后居住的正宫。后三宫两侧排列着东、西六宫，是后妃们居住休息的地方。明代东六宫指钟粹宫、景阳宫、承乾宫、永和宫、景仁宫、延祺宫、咸福宫，西六宫指储秀宫、长春宫（永宁宫）、翊坤宫、启祥宫（未央宫）、毓德宫（永寿宫）。

【4】茵簟：褥垫。

【5】春时元日：农历正月初一日。

【6】元宵：元宵节，又称上元节、小正月、元夕或灯节，为每年农历正月十五日，是中国春节年俗中最后一个重要节令。

【7】春中：仲春，农历二月。

【8】立夏：二十四节气之一，在5月5、6或7日。我国以立夏为夏季的开始。

【9】重五：基本意思为农历五月初五日。即端午节，又称重午。

【10】秋中：秋季之中，多指中秋节。

【11】九月：农历九月叫狗月，九月的别称有菊月、授衣月、青女月、小田月、长月、暮秋、晚秋、残秋、素秋、秋白、玄月、霜序、季商、戌月、季秋、凉秋暮商等。

【12】冬季：四季之一，秋春之间的季节。按节气意义划分，冬季从立冬开始，到立春结束。

【13】圣寿三宫寿：皇帝的生日及崇祯皇帝的周皇后、田贵妃、袁贵妃的生日。

【14】诞东宫：东宫即皇太子，由于明代是皇长子继承制，所以这是指皇帝的第一个儿子出生。

【15】逆闯遁：逆闯是对闯王李自成大顺军的诬称。崇祯十七年（1644年）三月十九日凌晨，大顺军自德胜门、朝阳门、正阳门分别攻入北京内城。但是，由于大顺上层领袖缺乏远见和战略眼光，大顺政权在北京期间的政策和策略也存在严重的缺陷和错误。这些缺陷和错误的失控和发展，最终导致了大顺政权在北京的失败。四月十三日，李自成率大顺军 10 万余众，号称 20 万，从北京出发东征。为了对抗大顺讨伐之师，吴三桂不顾民族大义，竟然与清军勾结，请兵援助。十三日，清军至辽河。十五日在翁后（今辽宁阜新）遇到了吴三桂派出的求援使者杨坤和郭云龙。多尔衮见信后，当机立断，停止西进，一面派人往锦州搬运攻城必备的红夷大炮，一面挥师掉头而南，直赴山海关。十六日，清军前进至西拉塔拉，多尔衮复信吴三桂，信中虽然答应发兵，但同时向吴三桂提出招降。二十一日傍晚，清军已前进到关外距山海关十余里的地方，驻兵于欢喜岭。二十二日晨，多尔衮率清军前抵山海关下。当时，大顺军与吴三桂军仍在关内数里的原野上继续激战，杀声震耳，战况空前。吴三桂孤注一掷，投入全部兵力，但也只能苦苦支撑，仍不是大顺军的对手。吴三桂听说多尔衮已抵达山海关下，好像捞到救命稻草，率部将急忙出关相迎。吴三桂在清军营中再次恳求多尔衮发兵相救，甚至声泪俱下，并当场剃发效忠。多尔衮采取以逸待劳的策略，蓄锐不发，隐蔽在阵后。吴三桂军苦战到太阳西斜，几乎难以再支持下去。多尔衮见时机已到，于是命令阿济格和多铎率清军二万骑自吴三桂阵右突然向大顺军发起攻击，马迅矢激，直捣大顺军中坚部队。李自成站在高岗上发现清军席卷而来，这才意识到吴三桂已经和清朝勾结一气。二十六日，李自成败退回到北京，下令将吴三桂家满门抄斩，杀大小三十四口，同时也将历次战役俘获的明宗室诸王全部处斩。二十九日，李自成在明大内武英殿举行了拖延已久的登基大典，在法统上宣布明朝的灭亡。三十日黎明，李自成、刘宗敏等率所部先后自正阳门离开北京，同时放火焚烧明大内宫殿。

兵仗局

兵仗局居司设监[1]之北，基地相连，内皆御前匠作打造兵器之所。崇祯时，中原盗起，数发禁旅。上验外边军器俱不适用，知官役冒破[2]之故。乃令监员于局中起造大冶，购郡国精铁与锋钢[3]聚局内，使良工为之。煅铁必至数次，每造盔甲一副，用工百始就。令善射者悬而穿其札，遇有贯的孔，则治工以不精之罪。故是时凡内局甲仗，天下无与比。盖制度轻巧又坚锐，利于用。惟禁旅如内员高起潜[4]、卢九德[5]、刘元斌[6]、阎思胤[7]辈，其下选锋军士得颁赐焉。然朝廷平日费工作帑金[8]至不可胜计，仅博此辈一时炫耀，迨大敌猝至，成委之草莽而遁，亦可为世后龟鉴[9]也哉。

【1】原文"司摄监"，误，当为"司设监"。兵仗局在司设监的北面近邻，今北长街西。

【2】冒破：冒的意思是用假的充当真的，假托；破有揭穿的意思。冒破则为虚报，冒领。谢肇淛《五杂组》云："俗语谓京师有三不称，谓光禄寺茶汤、武库司刀枪、太医院医方。"《崇祯长编》："崇祯二年闰四月丙辰，督师尚书袁崇焕疏言，三厂所造盔甲械绝不堪用，边吏从不敢驳回，内解积习相仍，以致以卒予敌，今差游击柳国梁呈送款式，请敕工部如式坚利。从之。"

【3】原文"锋纲"，误，当为"锋钢"。

【4】高起潜，明末宦官。崇祯初为内侍，与曹化淳、王德化等深受崇祯器重。崇祯十一年（1638年）皇太极又命多尔衮、岳托等越过长城，大举深入。明朝以卢象升为督师，宦官高起潜为监军。负责督军迎敌。而高起潜与兵部尚书杨嗣昌皆不欲战，结果卢象升孤军奋斗，在巨鹿贾庄血战而死。

【5】卢九德，明朝末年宦官，江苏扬州人士。崇祯时以太监身份督安徽凤阳军队，抗贼有功。卢九德因拥立福王有功，提督京营，后见国事日非，曾恸哭于殿上。南明亡后，不知所终。

【6】勇卫营的统领是司礼监掌印太监曹化淳。曹化淳选用自己派系的卢九德和刘元斌出任监军，彻底将这支军队掌握在了手中，直接听命于崇祯皇帝。《崇祯实录》："崇祯十年九月丁卯，张献忠东掠仪真，扬州告急。命督理太监刘元斌、卢九德选勇卫营万人往援。十一月庚寅，杨嗣昌请限剿寇之期令陕西巡抚断商南、雒南，郧阳巡抚断郧西，湖广巡抚断常德，黄州安庆巡抚断英山、六安，凤阳巡抚断颍亳，应天巡抚截潜山，太湖江西巡抚截黄梅广济，山东巡抚截徐、宿，山西巡抚截陕州灵宝，保定巡抚扼渡延津一带。总理熊文灿提边兵，太监刘元斌提禁旅，河南巡抚率左良玉、陈永福等兵合

剿中原。从之。"

【7】阎思胤是明末太监,是曹化淳的亲信,参与统领禁军。

【8】帑金:钱币,多指国库所藏。

【9】原文"龟监",误,当为"龟鉴"。龟鉴又称龟镜。龟可以卜吉凶,镜可以比美丑,古代镜子称鉴。

天堆

天堆设禁城东北,乃积上用玉粒[1]之处。其高与煤山等,广亦同。□禁中远望之,隆然如架梁天半,光与日烁。盖外仓皆贮军糈[2],及期,门卫尉将作诸役月饩[3],仓库列数百间,每月各持筹临仓支给。太仓为京官内员勋戚珰卫诸臣及太学生,每月给票颁发,亦设仓廒。独供用御食者,谓之天堆,不入仓廒。恐有蒸湿朽变之虞,用重席作包,包计石,下砌石基,高丈许,上广数十丈,横径数丈。举席包,层次叠为堆,高可百丈,上覆层席纤织殆遍。虽大风雨不能透,而地势干燥,经岁色粒[4]不少变。每年六宫动用,不过减堆上之一尖,明年复增益如初。陈陈相因,亦朝廷积贮备岁之深意。寇变,除散给贼党与民间乘乱窃取外,亦委于火,今并其遗址无问矣。

【1】据(万历)《明会典》卷二十一《仓庚一》;《明神宗实录》卷二十七万历二年(1574年)七月壬午:明代北京内仓有长安门仓、东安门仓、西安门仓、北安门仓,即所谓皇城四门仓,是仿照明代南京皇城旧制。内仓的粮食供宫里的太监、宫女等一众人等食用。明神宗万历二年(1574年),因光禄寺收积米共二十万余石,仓廒盈满……酌议于东安门外邻近民房增置买一区改为外仓,暂停新粮。这座仓因在皇城外而叫外仓,其性质还是属于内仓。这里所谓的玉粒是专指皇帝和六宫使用的粮食。天堆则是存储这些粮食的粮囤。

【2】军糈:供给军队的粮饷。

【3】月饩:每月领的俸粮。

【4】色粒：粒，粮食；色，粮食的质量。

煤室

　　煤室在后宰门（今地安门）之内，东西两驰道旁，置广厦数百间，经岁封闭不开。过者止知为守门军人班房，不之顾，其内实皆贮煤所。京师内外，皆取爨于西山之煤。民间止足日用，不能多蓄。惟上方则积有匝岁之煤，每年但增置之，概不动用，所以防兵变也。甲申（1644 年），守城逾月，煤室终不一启，而国乱。前代未尝不虑之深远，其如人力不能胜天何。或曰煤山（今景山公园）又皆全煤为之，不止煤室数百间而已。按煤性石属，无土脉，纵积岁堆弃，不生凡草[1]，又安能长养树木至合抱耶。斯言讹矣。

―――――――――

【1】凡草：众草；杂草。

虎豹城

　　虎城、豹城在禁苑之西北[1]，雉堞历历，居然一城也。广可数十亩，设一门，门以铁裹之，关键甚固。门以内，籍草为窝穴状，便兽之卧处也。虎、豹不同处，各踞一城。两城相埒如环，登者可折旋左右。顾虎城止余一雄，下瞰其状，大如卫[2]，垂首曳尾，跟跄[3]甚。达城址，巡行不已，高足阔步，其搏搏之力，俨然可畏耳。有时作吼声，震城垣，轰轰然疑欲下堕，足不能久。登者常挟鸡与豚肩垂索诱引之。兽见物则跃跃，爪牙怒张，遍身皮骨俱腾起，与前另一观。其势矫健又倍于常，自地上扑，约丈许。拽食索，故迟不与啖。兽则伏地大吼，两爪入土寸余。飞尘上扑面，乃姑听其攫夺。兽得鸡，以口承之，旋即喷出毛羽如飞雪，俄顷下咽，无咀嚼态。啖豚肩如啖菽粒耳。想在山林中，当恶劣更倍，宜莫与撄也。豹城有三豹，形小于虎，毛色具艾叶金钱状，极可观。其势甚矫，见城雉有人，则各摇尾昂首上瞩，若欲搏击而不可得者。寻又互为争戏，大类人家群猫枕藉相逐耳。豹性狡健便利，较虎远胜多多矣、世称其食虎，良然。历代皆生致，养于城，不缺。日给食料如羊豕等，亦先王不废苑之意也。

【1】西城虎城胡同是明朝的养虎之地。这条胡同位于北海公园西北方向，据（明）吕毖《明宫史·宫殿制度》："由御河桥（今北海大桥）迤西……迤北，曰羊房夹道（今北海公园西养蜂夹道），牲口房、虎城在焉。"今日已难寻遗踪。

（明）沈德符《万历野获编·内府畜豹》："余近得游苑中，见虎豹之槛者及牡牝白额之在虎城者，不可枚举。"

【2】卫：古代驴的别称。

【3】跟踬：指走路不稳。

百鸟房

百鸟房[1]与虎豹城对，地稍南，为饲养飞禽所。自孔雀青鸾而下诸鸟咸备，所最异者，有五色鹦鹉、锦鸡、火鸡、白鹇、白雁、白鹰、五色鸟、黄白海青。其鹁鸽一种，则为色为名多矣。喂伺不一，其人有司鹰者，司海青者，司鸽者，各专一种。其食料大都鱼雀肉，稻粱草虫居多。游者至苑门，则禽声鸣噪，嘈杂不一。内有白鹦鹉一，喙距[2]俱朱色，首黄羽一簇，俨若秋英，能作百鸟声，又能作人语，呼万寿。过者与看饲人百钱，则寻常语言无不朗然，与小儿声无异。孔雀凡数十对，当风日晴美，喂养人衣绛衣或驾前锦衫，三五人对之耦立，孔雀则奋扬偃仰其首，举尾翘于前，尾翚异张，金翠灿烂如辇翠[3]，扶疏可当一屏障，寻渐收如故，所称孔雀开屏本此。饲者曰，得艳妆年少女子与之角立，其屏倍光采且久。亦自惜其羽，凡丛薄荆榛与山石错嶝处所，概不入，恐损其羽也。所嗜毒蛇百虫，生者攫致之，啖甚利，他稻粱不御也。火鸡，云产自黔滇诸瑶壮山中，寻常以火炭与饲，即吞啄不异诸食物，亦食诸禽肉及谷食。遍身[4]赤羽，大与家雉等。但性烈，置笼中多日即毙。海青有数种，曰铁线，曰铁背，曰豹花，曰铁脚。独白者乃希世一遇，身小于鹰，喙距利倍之。眼作金光色，雄捷出诸鹰上。遇天鹅直飞干霄，望去碧落中仅星子一点，海青穿入云际，搏击其头目，立置人手，世称能捉天鹅。盖天鹅大逾候雁，且高飞，难以纲罗，惟海青得制之。至于雉兔百鸟，则飞而搜食，不烦余力也。有赝者一种曰兔鹘，羽质喙距俱同，第眼色微晕如猫睛，力弱而不能致远，为鹰中最下品。凡鹰与海青不产中国，皆来自北海，渐次至边。日夕在深山中，不居林木，性又机警。取者尝守候阅月，方得一联，其难致若此。其他诸鸟，有纵而以次衔干戈、小面具、飞豆者，有空中翻舞作轮转者，奇巧不一，古称厨鸡列班，飞禽迎驾，信不诬也。然列代俱不耽于禽荒，徒备之已耳。闻闯乱后[5]，诸禽鸟一夕尽放，尚有恋故址不去者，岁飞上林[6]中，作人语相唤。识者指为先朝时故物云。

【1】（明）沈德符《万历野获编·内廷豢畜》："大内自畜虎豹诸奇兽外，又有百鸟房，则海外珍禽靡所不备，真足洞心骇目。"

【2】喙：多指鸟类的嘴或形容像鸟类嘴一样尖锐的东西。距：雄鸡爪子后面突出像脚趾的部分。这里指鸟的爪子。

【3】辇翣：翣为羽扇。辇翣是指皇帝出行时车上长柄羽扇障尘蔽日的用具，一种仪仗。

【4】原文"偏身"，误，当为"遍身"。

【5】闯乱：指李自成攻陷北京。

【6】上林：指上林苑。明朝上林苑监下辖良牧、蕃育、林衡、嘉蔬四署。良牧负责放牧、养猪养牛等。蕃育负责饲养家禽。林衡负责花木。嘉蔬负责果蔬。这里喻指西苑。

酒醋局

酒醋局[1]与惜薪司栉比，设西华门内御道之北。凡六宫岁用酒浆醯醢，俱办于局。京师称内酒，即局中酒也。上用御酒一种，取玉泉水浸米，米佳糯，筛簸净，取全粒不损者入水淘洗三四次，浸之。数易新水，凡一昼夜，入笼蒸熟，晾冷，和曲末香料拌匀，入瓮。凡数日后，用木耙时上下掀播，务使曲米与浆俱调匀，无纤微凝结，则米汁尽出，卒无酸甘之失。期满，柞为浆液，贮大罂中封固，存其米汁之气，再数日方进御。此为新酒，味少薄，贮白磁盏，与之一色，不见酒痕，而清芬常溢喉齿。至初春，局中用大镬逐瓹隔汤煮之，有火候取出，置高燥地面。存阅月，复进用，谓之熟酒。色如金蜡珀，少带微黄，其香甘更倍，醇美易入口[2]。此二种皆备宫中御用，外廷所赐，悉出大官光禄署，不易得也。惟中贵外家，岁时得颁数樽，出享宾客。至惜薪司[3]为六宫常给柴炭者，断柴炭俱成尺，方圆如式，数梃一束，备厨役烧炙之用。其日用一切饮食，则皆资于煤，不概用柴也。炭乃外间红炉厂[4]征办[5]足数，以水磨为方式，无烟焦爆烈诸恶质，长径寸，亦作束，解贮内司，供宫中不时炉火诸用。又有雕镂一种，为诸兽形，乃各月充御炉者，即俗称兽炭。惟三宫[6]得用之，余不遍及。至岁除日，宫内外无论嫔妃侍御辈门闼旁，概置长炭径尺者二，束以彩缬金紫陆离，相称为炭将军，不知何本。外廷中贵家亦争效之，旬日后则撤去。而御用烟火花炮料，如杨柳木等炭，又取给上方[7]矣。

【1】酒醋局：明代皇宫内太监的办事机构称内府衙门，计有十二监、四司、八局，总称内府二十四衙门。酒醋局即酒醋面局，为内府二十四衙门之一，负责宫内的酒、醋、糖、酱、面、豆等食物。吕毖《明宫史·内府职掌》："酒醋面局……职掌内官、宫人食用酒、醋、面、糖诸物。浙江等处岁贡糯米、小麦、黄豆及谷草、稻皮、白面有差，以备御前宫眷及各衙门内官之用，与御酒房不相统辖。"北京地安门内的酒醋局胡同即其遗址。

【2】这里指的是米酒，所谓醪糟，又叫酒酿、甜酒、酸酒，旧时叫"醴"，江南地区特色传统小吃。醪糟是糯米经发酵而成，可以帮助消化，夏天可以解暑。我们平日说的白酒是蒸馏酒，烈度大，制作方法始于金、元。

【3】惜薪司：明内府二十四衙门中的四司（惜薪司、钟鼓司、宝钞司、混堂司）之一，掌宫内所用薪炭。北京西安门内惜薪司胡同即其遗址。吕毖《明宫史·内府职掌》："惜薪司……专管宫中所用炭柴，及二十四衙门、山陵等处内臣柴炭。"

【4】红炉厂：误，当是红箩厂。吕毖《明宫史·内府职掌》："惜薪司……凡宫中所用红箩炭者，皆易州一带山中硬木烧成，运至红箩厂，按尺寸锯截，

编小圆荆筐，用红土刷筐而盛之，故名曰'红箩炭'也。每根长尺许，圆径二三寸不等，气暖而耐久，灰白而不爆。"红箩厂又俗读红罗厂。

【5】原文"微办"，误，当为"征办"。征的繁体字是"徵"，原书错字形近而误。

【6】三宫：指崇祯皇帝的周皇后、田贵妃、袁贵妃。

【7】上方，同"尚方"。泛指宫廷中主管膳食、方药、制办的官署。

小南城

小南城在皇城之东南，与东御河桥水闸止隔一垣，中多树木，朱扉黄屋隐现阴翳中。相传为天顺帝自北归驻跸于此【1】。又云，景泰帝恐有他变，用铁汁锢其键，别开窦以进日用饮食服物。后景泰帝枕疾，石亨【2】、徐有贞【3】等皆从侍天顺帝旧臣，中夜排闼进，翊卫天顺帝至皇极殿，考钟伐鼓，集群臣阙下，谓景泰禅位于帝。群臣遂【4】拥戴，仍即帝位。景泰自寝宫闻鼓钟声，问左右云，何报。曰，传外间天顺御极矣。景泰大称曰，好，好。因避殿。其事颠末载通纪中。小南城历朝相沿，岁久锢不开。闯变【5】，树木伐尽，基亦渐毁，至今识者过之，尚指为旧内也。

【1】明皇城内小南城即今南池子大街东侧普度寺。这里明代是皇城东苑，称重华宫，明景泰年间，明英宗朱祁镇曾被囚禁在此，因此又名为洪质宫。明正统十四年（1449年），北方部族瓦剌入侵，明英宗朱祁镇受太监王振的蛊惑，御驾亲征，结果在河北怀来的土木堡被蒙古瓦剌部俘虏，史称"土木堡之变"。瓦剌本想着拿着皇帝作为要挟的资本，可是京城里以于谦为首的一班大臣拥戴英宗的弟弟朱祁钰为帝(即明代宗景泰帝)，力主死战到底。蒙古瓦剌无奈之下，第二年将明英宗放回来。可是英宗的弟弟明代宗景泰帝并无意归位，将英宗朱祁镇作为太上皇囚禁于俗称小南城的重华宫里严加看管。景泰八年（1457年）正月十六日三更时，石亨、徐有贞等英宗旧臣引军千余潜入长安门，急奔南宫，毁墙破门而入，拥英宗登上车辇，自东华门入宫，升奉天殿，并开宫门告知百官太上皇已复位。这就是历史上的夺门之变。（明）吕毖《明宫史·宫殿规制》："东安门……自东至南门之东，曰重华

宫。"（明）孙承泽《天府广记·宫殿》："北安门东有重华宫，制度如乾清宫，有中路，有两长街……（明代宗）景泰年间，（明英宗）天顺居者，所谓南城也。"

【2】石亨，陕西渭南人。明朝将领，官至太子太师，封忠国公。早年抗击蒙古瓦剌，颇有战功。景泰八年（1457年），明景泰帝朱祁钰出巡郊外，住在斋宫，疾病发作，不能行祭祀仪，命石亨代祭。石亨守护在代宗病榻前，见其病重，便与张轨、曹吉祥等人商议，迎接被软禁的太上皇朱祁镇复位。后于景泰八年（1457年）发动夺门之变，拥立明英宗朱祁镇复辟，封其为忠国公，特加恩宠，言无不从，得以权倾朝野。

天顺四年（1460年），石亨大肆培植党羽，干预朝政。明英宗朱祁镇不能忍受，罢其职，得罪瘐死狱中，尽诛其党羽。后又以家属不轨，下诏狱，坐谋叛律斩，没其家资。

【3】徐有贞，初名珵，字元玉，号天全，吴县（今江苏苏州）人，是名士祝允明外祖父。宣德八年（1433年）进士，授翰林编修。因谋划英宗复位，封武功伯兼华盖殿大学士，掌文渊阁事。后为石亨等诬陷，诏徙金齿（今云南保山）为民。石亨败，他得放归。成化初，他见复官无望，遂浪迹山水间。书法古雅雄健，山水清劲不凡，撰有《武功集》。

【4】原文"随"，误，当为"遂"。

【5】闯变：指闯王李自成大顺军攻陷北京。

内市

内市[1]，由东华门进，过御石桥即是。古前朝后市之制，凡三代周秦古法。物金玉铜窑诸器，以至金玉珠宝犀象锦绣服用，无不毕具，列驰道两旁。大小中涓与外家[2]、勋臣家，时时遣人购买之。每月三市，凡旧家器物外间不得售者，则鬻诸内市，无不得厚值去。盖六宫诸妃位下，不时多有购觅，不敢数向御前请，亦不便屡下旨于外衙门动用，故各遣穿宫内侍[3]出货焉。凡内市物，悉精良不与民间同，朝贵亦多于其地贸易，咸听之不禁。

【1】（明）孙承泽《天府广记》："内市在玄武门（今北京故宫神武门）外，每月逢四则开市，听商贸易，谓之'内市'……若奇珍异宝进入尚方者，咸于内市萃之。至内造如宣德之铜器、成化之窑器、永乐果园厂之髹器，景泰御前作房之珐琅，精巧远迈前古，四方好事者亦于内市重价购之。"皇城与禁城之间区域"悉为禁地，民间不得出入"。内市位于宫门东华门之外、皇城东安门之内，以拥有特殊身份的王公贵戚、宦官、宫人为主要服务对象。

　　【2】外家：同皇帝有联姻的外戚家。

　　【3】穿宫：指出入宫禁。内侍即太监。穿宫内侍即可以出入宫禁的太监。

大内常仪

　　凡宫中诸女侍，每娘娘[1]位下，内外服役若千人，如司衣[2]尚食[3]，供洒扫[4]巾栉[5]，盥沐[6]浆洗[7]，纫针[8]裁剪[9]，以至厨馔[10]诸役，悉有名载籍，别其尊卑。每日给花粉钱，月给鞋料帨帕[11]钱。遇上行幸一宫，例有给赏。上下女侍有金银豆，金银八宝，金银钗、串落索等项，人各若干，设有定数。妃嫔出游，本宫院落寻常具提炉焫宫香于内，夜则具行燎纱笼，小中贵守宫门，绝一切行走者，不得入诸宫。女侍遇夜无敢暗行，远近必执炬。其炬长二尺，大如拇指[12]，色纯黑，下留握柄，燃之则光明胜常烛，其烟气芳香可掬，如安息、苏合[13]等制，宫中呼谓香捻子，行走皆执此。凡三宫尚食，每进一馔，以金丝笼罩盘面，内侍口兜绛纱袋，侧其面，防口鼻息出入触于馔也。尚食用细乐，皆宫女，按古乐府被之管弦，毋敢以亵词郑声进。上居宫，凡出入行游，率用步辇，辇夫悉中涓，锦衣纱帻，佩袭名香，所过芬郁触鼻。每御殿，先坐暖殿以待，俟诸色臣工齐集，鸣鞭后，然后升座，暖殿居皇极殿之后，巍然高出，状若覆幢，逾此即宫门矣。上退处暇，更袍服冠弁，及顾问外廷事，皆于此。中贵非近侍赐刀布牙牌[14]者，不敢入殿。殿内炉香日夕不歇，他处皆宫香。独此殿悉以水沉[15]供御，设有掌殿事内监，盖重其地也。

***

【1】娘娘：对皇后或宫妃的敬称。

【2】司衣：官名。属尚服局，掌宫内衣服首饰之事。

【3】尚食：官名。原设六尚局，尚食局为其中之一。尚食局有司膳、司酝（掌酒）、司药、掌燃料四司。永乐后，职尽移于宦官。

【4】洒扫：洒水扫地；清除。

【5】巾栉：泛指盥洗用具。引申指盥洗。

【6】盥沐：沐浴；洗手洗脸。

【7】浆洗：洗净并浆挺衣物。

【8】纫针：以线穿针。引申为缝制衣物。

【9】裁剪：缝制衣服时把衣料按一定的尺寸裁开。

【10】厨馔：主持烹饪的人；操办官食的官等意思，饭食陈设或准备食物。

【11】帨帕：古代的佩巾，方形，相当于今天的手帕。

【12】原文"梅指"，误，当为"拇指"。

【13】安息、苏合：安息香是一种著名的香料，有开窍、避秽、行气活血的功用，常用来治突然昏迷、心腹疼痛等症。苏合香是最早传入中国的树脂类香药之一，东汉时已多有使用并深受推崇。可药用，能开郁化痰，行气活血。

【14】牙牌：古代官员所执牌记。因多系象牙兽骨制成，故名。其上书写官员官衔、履历。始见于宋。明朝正式定制，分为五种：公、侯、伯曰"勋"，驸马都尉曰"亲"，文官曰"文"，武官曰"武"，教坊曰"乐"。嘉靖中总编为"官字某号"，朝参时持以出入宫门，否则门官止之。私相借者，按律治罪。有故去者，则牙牌交于内府。

【15】水沉：即沉香，木色较黑。水沉在沉香已是属高品质，故于香品中加入水沉，则能提升香品品质。

北辰殿

皇极[1]之西偏为北辰殿，内侍袭称白虎殿[2]。盖先朝停梓宫所。凡先朝上枕疾，太医院堂上官率御医属员与秉笔司礼监员及提督三宫内臣日夕侍御进药，或不豫[3]，御医始呈方内阁，阁发方于科员，科抄传及外廷邸报[4]中。若录及□□□；则知上将晏驾[5]矣。梓宫[6]居白虎殿。惟东宫[7]即位后，率勋戚、阁、部、九卿大臣日夕哭临，无上下皆服齐衰[8]，凡二十七日除服。卜日，归山陵，导送梓宫，独勋戚辅部大臣居前执子臣礼，帝与后不出宫也。事毕，殿即扃。内臣寻常相戒不得过，盖厌[9]之耳。

【1】皇极：明代北京宫城内外朝的正殿称奉天殿。奉天殿之北为华盖殿，华盖殿之北为谨身殿。明世宗嘉靖四十一年（1562年）重修被火焚毁的三大殿后改奉天殿曰皇极殿、华盖殿曰中极殿、谨身殿曰建极殿。奉天门在嘉靖三十七年（1558年）初改称大朝门，嘉靖四十一年（1562年）时也随之改称皇极门。其东西角门，分别改称宏政门、宣治门。奉天门外之左右顺门亦分别改称会极门、归极门。

【2】白虎殿：吕毖《明宫史·宫殿规制》："宝宁门外偏西大殿，曰仁智殿，俗所谓白虎殿也。凡大行帝后梓宫灵位，在此停供。"宝宁门在宫内西边的南北大道上，仁智殿在其西南，武英殿之北。所谓其称北辰殿，不详。

【3】不豫：豫本意为安和之意，不豫是天子有病的讳称。

【4】邸报又称"邸抄"（亦作邸钞），并有"朝报""条报""杂报"之称，是用于通报的一种公告性新闻，是专门用于朝廷传知朝政的文书和政治情报的新闻文抄。当时为了加强中央政府和地方政府的联系，各地方政府就在京城设立了一种叫"邸"的联络机构。邸报是由这种联络机构发布的。在"邸"这个机构里有"邸吏"，"邸报"就是由"邸吏"负责传发的。"邸报"并不是一个报的专名，而是这类文书的通称。

【5】晏驾：古时帝王死亡的讳称。

【6】梓宫：皇帝、皇后或重臣的棺材。

【7】东宫：在古代建筑中位于中央坐北朝南是最尊贵的，除正殿外，就东西两方而言，古代的传统以东为大。太子称为东宫，是因为太子以诸皇子之首和储君的身份，地位仅次于皇帝，理所当然地应该居住在除正殿，即皇帝所居住的地方之外的等级最高的地方，而东宫也就成了太子的代称。

【8】斩衰、齐衰、大功、小功和缌麻，这是中国古代亲族中不同的人死去时穿的五种孝服。"齐衰之丧"是丧礼中第二等级的丧礼，丧服用粗麻衣做成，缝衣边。通常是父母等直系长辈去世，要求服丧。父母服丧三年，爷爷奶奶一年。

【9】厌：嫌恶，憎恶，排斥。

中外起居杂仪

凡郊祀祭享庆贺大礼，所司预请上冠服，应照会典例行。如常朝，上数冠翼蝉冠[1]，服赭袍软带，便于起止。内宫司衣者，按四时列寻常服着色样于架，奉上取用何色，即进之，已更他衣，则原着收贮不汶[2]进。大率衣制皆龙凤福寿花文居多，黄赭色、赤色、青绿色差半，余本色，杂色不敢备。辍朝屏去朝服[3]，独着软帻便衣鞋袜，如外间。晋、唐巾、飘巾、纱巾[4]、氅衣[5]、野服[6]、云履[7]、方舄[8]等项悉备，咸听上随时衣着。上盥栉[9]，有盥栉衣、护衣，侍列栉发、整容、授巾、捧鉴[10]、执澡豆[11]诸昭仪各数人。盥栉毕，易衣。上出外室，宫人进茶汤诸饼饵。用已，设早膳中殿，两内府乐作，上入殿，南向坐。若同中宫供食，则设两案，否则具一案，旁置数案，宫人以次进餐。凡米食如蒸香稻、蒸糯、蒸稷粟、稻粥、薏苡粥、西梁米粥、凉谷米粥、黍秋豆粥、松子菱芡枣实粥，一一陈设，听上用何种，余移置别案。面则玫瑰、木樨、果馅、洗沙、油糖、诸肉、诸菜蒸点。有发面、烫面、澄面[12]、油搽面[13]、撒面诸制，与米食同列，亦同撤。其膳馐，牛羊驴豚狍鹿雉兔及水族海鲜山蔬野蕨[14]，无不具。大率熏炙炉烧烹炒，浓厚过多，为名亦各异。而民间时令小菜小食亦毕集，盖祖宗设之，所以示子孙知外间辛苦也。小菜如苦菜根、苦菜叶、蒲公英、芦根、蒲苗、枣芽、苏叶、葵瓣、龙须菜、蒜苔、匏瓠、苦瓜、蔍芹、野蕴等。小食如稷黍枣豆糕、仓粟小米糕、稗子、高粱、艾汁、杂豆、干糇饵、苜蓿、榆钱、杏仁、蒸炒面、麦粥、菽粞[15]等，各以时进，不少间。其他遐方之物，除鲥鱼、冬笋、橙橘，可远致不劳民力者，岁时贡之上方[16]，余则概不下所司征取，亦不令中外进献，良法哉。上膳毕，凡平日侍御驯谨宫人或别院妃嫔曾经幸御者，撤所嗜馐数品赐之，例不亲谢，率为常。或撤赐值日外殿中贵[17]一二人，用金盒令小火者传餐，候上出乃叩谢。每日三膳，惟午与晚，水陆毕陈。早、午例不进酒，晚则备之。

晚宴中殿乐止，内宫承应歌舞女优数十人进。上乃宣召此夕本宫承御，或妃，或贵人、夫人、才人辈，乘步辇入宫，免大礼，止四叩，赐坐，再谢免，遂侍宴。酒中若演剧当上意，宣赐锦帛金钱八宝银豆[18]等有差。夜分酒止细乐毕，作纱笼行燎达寝宫，上与所召辇乘步辇[19]入。若上亲幸三宫[20]，则罢辇，止用软舆[21]入三宫院。院各有侍夜执盥栉巾具者，诸宫院传上乐止幸某宫，乃咸罢灯火扃院[22]，始静憩。凌辰，上在本宫起居，与在帝宫同。但宣赐颁赏本宫，各有别焉。上御外殿亲政后，易巾服退御书院。院各有承值，皆小黄门[23]也。司礼监文书房秉笔太监进外廷紧要机务章奏，上或御览，或令文书房内员朗诵毕，阅阁票[24]，当上意，则封出。否，乃另以条签书所驳与意旨，使小黄门驰问阁臣。阁臣具札对改票送进，亦有上竟自批发下阁者，谓之中旨[25]。阅奏毕，上或问外廷衙门迁除及台省弹劾与时事，间有处分宫中巨细事。或令秉笔太监讲说通鉴史事、前代兴革、人材进退、治乱有关规讽者，例得披宣。是时，上下情意少惬，言笑举止，一如家人父子。上起还宫，诸内臣导驾至宫门外，群退值房，假上行幸他所，或有宣召，则争先传谕，率为常。宫中遇三宫或他妃有娠，例召保母数人日夕承值，调其起居饮食。自是上罢行幸，数遣赐食用，使宫侍传候迁外暖宫，乃分娩，诞东宫或诸王或诸宫主，例于内宫，上亲拜天告庙，宣布中外，受廷臣贺三日。上赐洗儿钱[26]，三宫各妃咸就本宫同上看视，亦各赐金银采缎不等。内举三朝宴[27]，乐九奏[28]，诸宫后妃俱集，侍上晏饮，诸侍御皆衣万寿孩儿锦一色，直至中夜乃罢。保母外又有女医一项，宫中呼为宫姥姥，其人皆四五旬，谙方书、医药、脉理，承应诸宫院，无大小贵贱悉令治疗，月给官饩[29]，服色与宫装无异。后妃以下月间调摄，咸令女医入侍。未娩之前，奶子府遣管事内臣选民间生子弥月妇三四人，俱少壮端好，无体气暗疾者，入宫审视，纳一人，余赏给布帛钱钞出。皇子诞则使乳哺之，更择老成宫人十数人旦夕侍卫。乳姆即封夫人，处以别室，拨宫女侍奉，礼同嫔御。其本夫月给禄米，赐私第[30]，免徭役，以宠异之。弥月，有庆晬日[31]，有庆皇子净胎发。宣唤承御内员入中殿，夫人向明拥子坐，侍御捧金盘，盘加龙襁置夫人前。内员行叩头礼，乃净发于盘，保姆抟为丸，持视上及皇子母。上乃赐内员锭帛，夫人以下各有赐，诸王、宫主皆同焉。皇子成童册立，外设东宫侍讲诸官，内伴司礼监读书内员数人，出入侍从不令少艾[32]宫人承应，及长迁处东宫，保姆夫人率中年宫娥数人奉侍。有召，方得入他宫。其常日，惟母宫间一至，余不敢逸游也。皇子加冠有庆贺礼，大婚有祀天告庙礼。选皇太子妃，礼部堂上官与大臣就本部遴视数人具名籍以闻，上与后定议，下所司，择日行聘，纳采成婚，并选东宫良家子若干人备洒扫，一切仪礼详会典[33]。公主[34]下嫁民间，亦有礼部堂上司同内员选集俊秀子弟，遴其丰姿体度声音举止合式者二三人具闻，上或亲视，或偕后共视，召入大内。于内廷赐筵宴，出其中选者，所司大具供帐礼仪周匝，预以待婚。黜者亦具表里钱钞送归私家。具载会典不具论。历来设有上游幸射圃、球场、斗鸡场、御花园、内海子、钓鱼台。仙佛道院，列朝崇尚不一，岁时间出一游。独射圃与海子，列朝诸帝数幸焉。祖宗定制，凡一切大小寺宦，但供内廷传宣洒扫，不许读书识字，干预外廷政事。一时权珰如王振[35]、刘瑾[36]、魏忠贤[37]辈，虽盗窃大柄，终不知书。至怀宗（崇祯皇帝）朝，命司礼监选韶秀十四五岁小宦，概令读书学字阅章奏，有能较正章奏内一讹字，赏锸五钱。比时大珰如王永祚[38]、曹化淳[39]、王之心[40]辈，皆熟史事，谙掌故，旁及于书。至为外廷书帧卷长辐，要誉于人。宫中又教习、书史、女才人数辈，掌古今书籍金石书画卷。上亲政暇，或询及章奏中称引典故，命才人[41]条对。或不能详其事，则令捡某书、某朝、某帝，一一查览。当时怀宗励精图治，三宫外他嫔妃绝不近。宫中岁供织造锦缯绫缎，诏减一半，诸赐赍俱行酌裁革。每日上与三宫膳馐亦减什之四，罢内廷三膳奏乐。上起居多在周后[42]、田妃[43]两宫，平日侍巾栉、正容、修仪诸侍概屏斥，惟二三小宫人执役。值斋宿或旱涝灾祲，必避殿居外宫，食蔬衣布，不近女御。中夜阅章奏不休，有所顾问，书小黄麻[44]，令小中贵乘夜下阁询之。故当时诸阁臣下值，必于漏三下[45]始出，恐上有宣谕也，或阁臣出值不及对，凌辰上御殿或御门、御平台召阁、部臣科道面议，常至竟日。比时设起居注，日从邸报传布，中外莫不叹其焦劳焉。怀宗性洁尚节俭有断，凡衣必经三浣始屏去。即所御靴，数令侍御日敷粉皂，经旬乃易，衣虽屡濯，常蒸名香，不令间歇。宫中帷幕[46]荐席[47]帘衣[48]案衣[49]等，旧例锦绣文绮交杂金碧璀灿。上御极,概易赭绢。至地衣[50],惟藉棕荐,独外殿地衣得加席。平日阁、部大臣礼遇极隆,阁臣则称先生而不名,部臣[51]则称姓与官而已。常朝时,赐茶汤酒饭御食,值典礼,白金文绮羊酒尚方[52]香药宸翰,殆无虚日。殿中设锦墩,阁、部得坐而陈对。其至机务促膝密语,即近侍大内不能与闻。上遇臣下,天颜多和霁易近,又虚怀下问不倦,言者得尽情,然责效甚速,所行或少弗逮,即谓诳惑,立置于法,阁、部以是获罪者先后多人。初年守祖法,刑不加于大臣,嗣后政府党援贿赂,各立门户。上知外廷皆营私爱钱,为身家计。于是益峻法,以绳其奸,而宽大之令鲜矣。乃转思用内臣,如高起潜[53]、卢九德[54]、刘元斌[55]、王之心、曹化淳、阎思胤[56]、韩赞周[57]等,至将封疆兵柄俱为受之,虽大司马、专镇大帅亦不能从中遥制。此辈习熟上平昔意旨,内外交通甚捷,有过则左右为之地[58]。而台省诸臣身居垣掖,外省诸兵事变若风雨,无能悉其指,即有风闻,又惮于顾虑,各赵趄结舌。遂至寇患一败涂地,莫可救药。呜呼,亦气运使然哉。

【1】翼蝉冠:乌纱翼蝉冠,以其薄如蝉翼。

【2】"汶"字疑误。

【3】朝服:又称为"具服",是古代在大祀、庆成、正旦、冬至、圣节及颁诏、开读、进表、传制等重大典礼时使用的礼服,其基本样式是衣裳制,东汉以后的朝服包括梁冠、赤罗衣、白纱中单、青饰领缘、赤罗裳、青缘、赤罗蔽膝。朝服也被汉文化圈国家广泛采用,包括日本、朝鲜、越南、琉球均制定了朝服制度。洪武二十六年(1393年)定制,凡大祀、庆成、正旦、冬至、圣节、颁诏、开读、进表、传制都用梁冠、赤罗衣,青领缘白纱中单,青缘赤罗裳,赤罗蔽膝,赤白二色绢大带,革带,佩绶,白袜黑履。以梁冠上的梁数区别品位高低。嘉靖八年(1529年)将朝服上衣改成赤罗青缘,长过腰止七寸,不掩没下裳。中单改成白纱青缘,下裳赤罗青缘,前三幅后四幅,每幅三襞积(褶裥),革带前缀蔽膝,后佩绶,系而掩之。大带表里用素色。万历五年令百官正旦朝贺,不准穿朱履。冬十一月百官可戴暖耳。

【4】纱巾:明代史籍中留下正式名称的士庶巾服中男子巾帽就不下40种,其中的唐巾、晋巾、席帽、万字巾、二仪巾、东坡巾、折角巾、华阳巾等是承继前朝,其他则多为明代所独创或更新之制,如四方平定巾、六合一

统帽（瓜拉帽）、网巾、儒巾、飘飘巾、老人巾、瓦楞帽、边鼓帽、砂锅片、缣巾、阳明巾、金钱巾、凌云巾、烟墩帽等等。同一款式的巾帽，在不同时期也不尽相同。

【5】氅衣：罩于衣服外，用以遮风寒。明代，氅衣形制变得与披风相似。

【6】野服：村野平民服装。《礼记·郊特牲》："大罗氏，天子之掌鸟兽者也，诸侯贡属焉。草笠而至，尊野服也。"孔颖达疏："尊野服也者，草笠是野人之服。今岁终功成，是由野人而得，故重其事而尊其服。"

【7】云履：汉服男鞋中的"云履"，履头为云头如意形。明代以来多为官员和士人所穿用。故亦俗呼为"朝靴""朝鞋"。

【8】方舄：方形复底之鞋。

【9】盥栉：梳洗整容。

【10】捧鉴：古代用来盛水的青铜大盆。

【11】澡豆：澡豆是中国古代民间洗涤用的粉剂，以豆粉添加药品制成。呈药制品的粉状。用以洗手、洗面，能使皮肤滑润光泽。宋代以前，洗脸、净手、浴身的时候，没有成团的"肥皂"，而是使用"澡豆"。澡豆是以豆子研成的细末作为主料制成细丸状而得名。

【12】澄面：澄粉又称澄面、汀粉、小麦淀粉。是一种无筋的面粉，成分为小麦。可用来制作各种点心如虾饺、粉果、肠粉等。是加工过的面粉，用水漂洗过后，把面粉里的粉筋与其他物质分离出来，粉筋成面筋，剩下的就是澄面。

【13】油搭面：今油炒面。

【14】野蕨：是一种野菜。

【15】菠粗：菠，荞麦。粗，谷类磨成的碎粒。

【16】古代制办和掌管宫廷饮食器物的官署。（明）宋应星《天工开物·饴饧》："饴饧人巧千方，以供甘旨，不可枚述。惟尚方用者名'一窝丝'，或流传后代，不可知也。"

【17】中贵：太监的尊称。

【18】（明）黄瑜《双槐岁钞·金钱银豆》："景泰初，开经筵……相传云：是时每讲毕，命中官布金钱于地令讲官拾之，亵狎大臣，以为恩典……时宫中又赐诸内侍以银豆等物为哄笑。杨文懿公守陈时在翰林，赋《银豆谣》曰：'尚方承诏出九重。冶银为豆驱良工。颗颗匀圆夺天巧，朱函进入蓬莱宫。御手亲将十余把，琅琅乱洒金阶下。万颗珠玑走玉盘，一天雨雹敲鸳瓦。中宫跪拾多盈袖，金珰半堕罗衣绉。赢得天颜一笑欢，拜赐归来坐清昼。闻知昨日六宫中，翠蛾红袖承春风。黄金作豆亲拾得，羊车不至愁烟空。别有银

壶薄如叶，并刀剪碎盈丹匣。也随银豆洒金阶，满地春风飞玉蝶。君不见民餐木皮和草根，梦想豆食如八珍。官仓有米无银籴，操瓢尽作沟中瘠。明主由来爱一顿，安邦只在恤穷民。愿将银豆三千斛，活取枯骸百万人。'"

【19】步辇：帝王、皇后所乘的辇车被去轮为舆（轿子），由马拉改由人抬，由是称作步辇，更多了一些典雅和休闲的气息。

【20】三宫：指崇祯皇帝的周皇后、田贵妃、袁贵妃。

【21】软舆：软轿取决于在帷帐用料质地的不同。软轿所用的是质量比较上乘的织品。

【22】扃：自外关闭门户用的门闩。

【23】小黄门：汉代低于黄门侍郎一级的宦官。后泛指宦官。

【24】阁票：明代至清初。内阁加在奏章上代拟皇帝批答的浮签。

【25】中旨：皇帝自宫廷发出亲笔命令或以诏令直接交付内阁机构执行，称为中旨。

【26】洗儿钱：旧俗，婴儿生后三日或满月时亲朋会集庆贺，给婴儿洗身，叫作"洗儿会"。洗儿时，亲朋赐赠给婴儿的钱。

【27】三朝宴：类似现在的满月酒在小孩子出生的第三天开宴。

【28】九奏：指古代行礼奏乐九曲。所谓九奏，实际是一个曲子奏完之后重复奏九次。

【29】官饩：从官府领取的俸粮。

【30】原文"私弟"，误，当为"私第"。

【31】晬：古代称婴儿满一百天或一周岁。

【32】少艾：年轻貌美的女子。《孟子·万章上》："知好色，则慕少艾。"

【33】会典：即《明会典》，是明代一部以行政法为内容的法典，于弘治十五年（1502年）书成，称《大明会典》，共180卷。记载典章制度颇为完备，凡明史所未载者，会典均有交代，为后世研究明代典章制度的重要文献。

【34】原文"宫主"，误，当为"公主"。

【35】王振，男，明朝蔚州人士（今河北蔚县），略通经书，满腹经纶，后来又做了教官，但是中举人、考进士这条荣身之路对他而言是太难了些。于是便自阉入宫。史称王振"狡黠"，是明朝第一代专权太监，王振善于伺察人意。王振入宫后，宣宗皇帝也很喜欢他，便任他为东宫局郎，服侍皇太子也就是后来的英宗皇帝，英宗即位后，掌司礼监，以防备大臣罔上为由，劝皇帝以重典治理。正统七年（1442年），太皇太后死，王振勾结内外官僚，擅作威福。在京城东造豪华府第，大兴土木；逐杀正直官员。英宗称他为先生，公卿大臣呼他翁父，争相攀附。正统十四年（1449年），瓦剌大举入侵。

王振鼓动帝亲征，又邀英宗幸其蔚州宅第，以致耽误行程，行至土木堡（今河北怀来东），被瓦剌兵追至，全军覆没，英宗被俘，王振被杀。

【36】刘瑾，陕西兴平人，明朝宦官。本姓谈，六岁时被太监伯父刘顺收养，后净身入宫当了宦官。

弘治年间犯罪赦免后侍奉朱厚照，博得明武宗的宠爱，数次升迁，官拜司礼监掌印太监。掌权后趁机专擅朝政，作威作福，鱼肉百姓，为"八虎"之首，时人称他为"立皇帝"，武宗为"坐皇帝"。刘瑾的专权使朝政混乱，他的索贿受贿也直接导致了地方矛盾的激化，给国家和人民带来了无穷灾难。官员们向他行贿后，必然要加重剥削百姓，逼得百姓走投无路，只好反抗。安化王朱寘镭趁机于正德五年（1510年）四月发动叛乱，由于不得人心，叛乱很快被平定。叛乱平定之后，太监张永利用献俘之机，向武宗揭露了刘瑾的罪状，揭发了刘瑾的十七条大罪。武宗不禁大吃一惊，命令将刘瑾抓捕审问。在李东阳的帮助下，明武宗最终动了杀心。第二天，武宗亲自出马，去抄刘瑾的家。从其家中查出金银数百万两，并有伪玺、玉带等违禁物。在刘瑾经常拿着的扇子中也发现了两把匕首，武宗见了大怒，终于相信了刘瑾谋反的事实。

经会审，刘瑾被判以凌迟。

【37】魏忠贤，肃宁人。少无赖，自宫，变姓名曰李进忠。其后乃复姓，赐名忠贤。魏忠贤和皇长孙朱由校的奶娘客氏，深相结交。光宗崩，长孙朱由校嗣立，是为熹宗天启皇帝。魏忠贤、客氏并有宠。忠贤不识字，按旧例不当入司礼监，但有客氏说项，遂成为宫内权力最大的司礼监太监。他生性猜忍阴毒，好谀。帝深信任此两人，两人势益张，宫中人莫敢忤。神宗万历皇帝时期，廷臣渐立门户，以危言激论相尚，国本之争，指斥营禁。及忠贤势成，其门派即谋倚靠宦官势力以倾东林党人。他的党羽遍政府要津。于是益无忌惮，复增置太监武装万人，恣为威虐。他和客氏联手迫害光宗选侍赵氏、裕妃张氏致死。又革成妃李氏封。客氏以计堕皇后张氏胎，帝由此乏嗣。天启三年（1623年）冬，魏忠贤兼掌权力极大的皇家特务机构东厂事，欲尽杀异己者。刑罚酷滥，甚至剥皮、割舌，所杀不可胜数。至此，朝廷内外大权一归魏忠贤，他一岁数出，锦衣武装夹驰左右，其他侍奉随属以万数。士大夫遮道拜伏，至呼九千岁。客氏居宫中，胁持皇后，残虐宫嫔。天启七年（1627年）秋八月，熹宗崩，信王朱由检立，即崇祯皇帝。嘉兴贡生钱嘉征劾忠贤十大罪，十一月，遂安置魏忠贤于凤阳，寻命逮治。魏忠贤行至阜城，闻之，自缢死。诏磔其首，悬首河间。答杀客氏于浣衣局。

【38】王永祚，明末崇祯皇帝的亲信太监。

【39】曹化淳，字如，道号止虚子，家境寒微，十二三岁入宫，诗文书画，

无一不精，深受司礼太监王安赏识。后入信王府陪侍五皇孙朱由检，极受宠信。朱由检继位后，曹化淳负责处理魏忠贤时的冤案，平反昭雪两千余件。崇祯十一年（1638年），任司礼秉笔太监、东厂提督，总提督京营戎政的曹化淳因病乞准告假，向崇祯帝连上三疏。

崇祯十二年（1639年）二月，曹化淳蒙允告假还乡。甲申三月，大顺军攻陷北京的时候曹化淳已经乡居六载，并不在北京。

甲申五月，清军入京，为崇祯皇帝后发丧三日，追赠庙号怀宗。十月，顺治移驾北京，曹化淳赴都上疏，请妥善处理怀宗帝后陵寝。经恩准，委内官监冉肇总理其事。

【40】王之心，明朝末年太监。崇祯四年（1631年）九月监军中协。后领东厂，缉事冤滥，得荫弟侄锦衣卫百户。家最富，但啬于捐输。明末李自成进犯北京，城中兵备不足，崇祯帝下捐输令："凡官员捐饷者，加官进爵。"王之心勉强凑了一万。李自成入北京后，要求捐饷，王之心凑不出三十万，被李自成部将刘宗敏夹死。

【41】才人：是低品嫔妃中的一种。

【42】周后：庄烈愍皇后周氏，其先苏州人，徙居大兴。明熹宗天启间选入信王府邸。信王登基为崇祯皇帝以后立为皇后。崇祯十七年（1644年）三月十八日暝，都城陷，周后自缢。

【43】田妃：田秀英，出身陕西，父亲客商田弘遇，自幼丧母，后举家迁往扬州。迁往扬州后，田弘遇聘请一位薛姓琴师教授田秀英鼓琴之技，而这位琴师后来也成为她的继母，同时田秀英还学习绘画，在信王（日后的明思宗）未登基前即已入信王府为侧妃，之后信王登基为明思宗，田秀英和信王正妃（庄烈愍皇后）及另一位侧妃（袁贵妃）一同入帝宫。入宫后初封礼妃，而明思宗又将东六宫之一的永宁宫更名为承乾宫，令受宠的田礼妃居住。受宠的田礼妃不久晋升为贵妃。因其对周后不敬而被斥，染上重病，崇祯十五年（1642年）10月16日死在承乾宫的病榻上，明思宗追谥为恭淑端惠静怀皇贵妃，入葬于天寿山。

李自成大顺军入北京，田贵妃早死，周后自杀，袁贵妃自缢未死，崇祯皇帝砍了她一剑，却仍然没死。最后清兵入关，怜悯她，把她养了起来。

【44】书小黄麻：用黄麻纸书写。

【45】漏三下：古代用漏壶计时。分一昼夜为百刻，三刻相当于今时四十三分。日入后漏三刻为昏，日出前漏三刻为明。漏下就是漏刻（古计时器）的水面已经下落，指时间已晚。

【46】帷幕：悬挂起来用于遮挡的大块布、绸、丝绒等。

【47】荐席：席子，席垫。

【48】帘衣：遮挡门窗的东西。

【49】案衣：案，古称案几，本义是指木制的盛食物的矮脚托盘，亦指长形的桌子或架起来代替桌子用的长木板。案衣就是铺在桌面的物品。

【50】地衣：地衣一般指铺于建筑物内地板及某些具有特殊意义的露天地面上的编织物。古代将地毯称为"氍毹""毾""毛席""地衣"等，用途亦略有区别，有的铺在地上，有的铺于床前榻凳上，也有的挂在墙壁上。

【51】部臣：封建王朝中央机构分吏、户、礼、兵、刑、工六部，各部的长官称部臣。

【52】原文"上方"，误，当为"尚方"。

【53】高起潜，明末宦官。崇祯初为内侍，与曹化淳、王德化等深受崇祯器重。崇祯十一年（1638年）皇太极命多尔衮、岳托等越过长城，大举深入。明朝以卢象升为督师，宦官高起潜为监军。负责督军迎敌。而高起潜与兵部尚书杨嗣昌皆不欲战，结果卢象升孤军奋斗，在巨鹿贾庄血战而死。高起潜在崇祯死后南走南京，福王时召为京营提督，后降清。

【54】卢九德，明朝末崇祯年间宦官，江苏扬州人士。崇祯时以太监身份督安徽凤阳军队，抗贼有功。卢九德因拥立福王有功，提督京营，后见国事日非，曾恸哭于殿上。南明亡后，不知所终。

【55】刘元斌，明朝末崇祯年间宦官。崇祯时以太监身份督军围剿农民军。《崇祯实录》："崇祯十年九月丁卯，张献忠东掠仪真，扬州告急。命督理太监刘元斌、卢九德选勇卫营万人往援。十一月庚寅，杨嗣昌请限剿寇之期令陕西巡抚断商南、雒南，郧阳巡抚断郧西，湖广巡抚断常德，黄州安庆巡抚断英山、六安，凤阳巡抚断颍亳，应天巡抚截潜山，太湖江西巡抚截黄梅广济，山东巡抚截徐、宿，山西巡抚截陕州灵宝，保定巡抚扼渡延津一带。总理熊文灿提边兵，太监刘元斌提禁旅，河南巡抚率左良玉、陈永福等兵合剿中原。从之。"

【56】阎思胤，史书又称阎思印。崇祯皇帝的亲信太监之一。崇祯时以太监身份督军围剿农民军。《崇祯实录》："崇祯十七年二月丁丑，寇抵固关，分趋真定、保定。上始闻山西全陷，命迹访诸王所在。命内官监制各镇，太监高起潜总监关、蓟、宁远，卢惟宁总监天津、通、德、临津，方正化总监真定、保定，杜勋总监宣府，王梦弼监视顺德、彰德，阎思印监视大名、广平，凡边地要害尽设监视。"

（清）计六奇《明季北略·内官监纪》："五月，谕兵部，流寇蔓延各路。兵将功罪应有监纪，时命太监陈大金、阎思印、谢文举、孙茂霖为内中军，会各抚道分入曹文诏、左良玉诸营，纪功过、催粗饷，仍发内帑四万金、素红蟒段四百匹、红素千匹，军前给赏。

用"内官为监纪，即唐之鱼朝恩观军容使也。其失甚矣。呜呼！朝廷虽乏人，奈何使刑余之人，与知军国重事矣！"

【57】韩赞周，字相文，鄂县人。崇祯九年（1636年），在司礼监任职，满清入塞时，为京营副提督巡防京城。后为南京守备太监。甲申之变后，和史可法等奉朱由崧为监国。后卫皇帝，建立弘光政权。1645年，清军南下，弘光帝朱由崧仓皇出逃，韩赞周没有跟随皇帝朱由崧，而是逃入报恩寺，后被清军抓获，九月，听闻要被押送北上，自坠楼死。

【58】为之地：代为疏通说项；帮忙。

三宫节俭

怀宗（明崇祯皇帝）正宫周皇后，苏州人。东宫田贵妃，亦苏州人。周后为王妃时[1]，与上同甘[2]苦，又家世民间，备悉舆隐。故虽深居九重，而外间纤微不能昧。上好修洁，两宫曲体上意，凡食用衣着概从节约。衣亦必经数浣，每膳各减半，不妄赐予。旧例，两宫陈设悉遵列朝制，锦绣采缯，交于中外，动用器具、金玉、宝犀、旧窑诸类充牣各宫，供帐几席，如沉檀、紫檀、乌木、黄杨、金丝、胭脂、花梨、石楠、文杏[3]，以至珊瑚、玳瑁、琥珀、珠石、兜罗[4]诸物。上凡所至，无不具。两宫奏请上旨，咸移贮内库，独使所司进竹木油漆等器，凡几案、座具、衣袽、巾架，悉从所制，一切宝玩金银物皆不御，所供用独窑器、铜器两种已耳。旧制，两宫及服役上下咸衣文绣诸采缯。后与妃亦奏请罢去，平常止令女侍曳皂绔青素纱绢而已。两宫服制亦如外间，冬则紬绫，夏则罗葛，节省繁费无算。两宫既吴产[5]，悉作吴妆，同时三宫诸服役皆争效之。于是明珰、翠珥、宝钿、珠缬、璎珞、采胜[6]，宫中概不佩，一如外间常妆，不过犀象骨角云尔。自祖宗来，列朝之节用物力，无有逾此者。闯难兴，举火大内[7]。赖都民救息，得不延蔓，然犹焚毁珠玉宝石金翠不胜计。初，内库发出火毁宝石，动数千百包，包可容五斗许，皆半焦，驳蚀不全。民间有镶成宝盆贸易于市，一盆价止一二金。当时尚无有售之者，今则亦与神宗时论换矣，然难致也。

【1】天启时崇祯皇帝是皇太子，封信王。

【2】原文"旨"，误，当为"甘"。

【3】文杏：指各种珍贵的木材做的家具。文杏即银杏，俗称白果树，木质纹理坚密，是建筑和手工业的高级用材。

【4】兜揸：指各种奇珍异宝。揸，山貌。兜揸大约即奇巧的假山石之类。

【5】吴产：江苏地区出生。

【6】采胜：指各种名贵的首饰，如明玳是用珠玉穿成的耳饰。翠珥是翡翠耳饰。宝钿是以珠宝镶嵌的首饰。采胜又称旛胜。唐宋时代中国民间风俗，每逢立春日，剪纸或绸作旛戴在头上或系在花下，以庆祝春日来临。

【7】举火大内：崇祯十七年（1644 年）李自成兵败山海关之后回到北京，四月二十九日，李自成在明大内武英殿举行了拖延已久的登基大典，在法统上宣布明朝的灭亡，同时也借以在败军之后巩固自己在大顺军的领袖地位。三十日黎明，李自成、刘宗敏等率所部先后自正阳门离开北京，同时放火焚烧明大内宫殿。

古器

宫中凡先代铜玉宝玩器，但登籍贮库，概不进用，以多经冢墓出者为不祥，不便登诸禁御。惟古飨祀瓒[1] 鬯[2] 鼎[3] 鬲[4] 盘[5] 盂[6]，非青绿朱砂血蚀斑痕，得荐禁中所供神佛前。其他上与三宫御用，大率旧窑之外，皆官窑[7] 五色龙凤等器与金银钿漆[8] 耳。最多惟宣德诸炉[9] 一种，为式不一，凡诸宫几案床笫澡室厕室毕陈。宫中亦雅知所重，即中贵、勋戚家咸备，不似近日多金罕购也。

【1】瓒：古代祭祀时用于灌酒的一种玉器。

【2】鬯：敬天神、地祇、人神等所用的一种香酒。

【3】鼎：鼎本意是古代的一种煮食物的器具。在古代，鼎不仅仅是用来烹煮食物，也是放在宗庙里祭祀用的一种礼器。鼎很大、很重，也是国家政权的象征。

【4】鼐：大鼎或是同一系列的鼎。

【5】盘：盛放物品的扁而浅的用具。

【6】盂：盂是中国古代一种盛液体的器皿。

【7】官窑：官窑，是南宋宋高宗时期一些窑口专为宫廷烧制的瓷器，供御捡退，在当时俗称"官窑"。今天所称官窑泛指历朝官府烧造瓷器，其实，历史上仅指南宋时期烧造的瓷器，后世再无此称呼。

【8】金银钿漆：钿是把金属宝石等镶嵌在器物上作装饰。具体有：宝钿、螺钿、金钿、翠钿。金银钿漆就是镶嵌宝石、金、银的漆器。

【9】宣德诸炉：宣德炉，是明宣宗朱瞻基在明宣德三年（1428年）参与设计监造的铜香炉，简称"宣炉"。宣德炉是中国历史上第一次运用风磨铜铸成的铜器。

助饷

怀宗（明崇祯皇帝）御极，不尚释教，命禁中凡祀奉一切佛像尽辇出，贮外库。后举东宫、永定二王及公主[1]，复举皇五子。时中原群盗猖炽，军饷告匮。上命外家[2]如李、郭、周、田[3]诸皇亲，各量力捐助。诸家固素以多资著，恐出多金，愈益动上意，乃姑以数千金进。众中又惟李皇亲[4]世称富厚，盖李乃神宗舅氏，李太皇太后为上祖母，先朝称李老娘娘。比时四十八年太平全盛，神宗与老娘娘赐予不资，私藏不胜计，上素知之，独令李捐数万金。李益恐，乃发家间古玩器具珠玉文绣出鬻于第，又各于外第之别舍大标变产诸榜，以示空乏状。上闻而疑之，会皇五子[5]生痘，盖上与田妃最爱者。上夜于妃宫得梦，见李太后坐金莲花现身天半，状如世之图画白衣大士然，首结缧髻，身披璎珞，执如意，谓上曰，汝知之乎，吾即汝祖母李老娘娘也。生平深居宫禁，多力为好善，上帝录素因得证菩萨果，命为九莲菩萨，诸经藏咸未及。今止有血胤[6]一弱弟，虽积有世产，然亦非其所有，汝何索之力耶。今汝儿痘，吾且挟之去。苟能追省，当为吾制九莲文字经一藏，庶忏汝逞衍耳。已，天乐大作，上惊寤，即为妃语。
迟明，皇五子逝。上与妃大恸，追忆梦中言，下司礼监令外廷撰九莲经，
即令翻经厂镌刻入藏，仍用金范为九莲菩萨像，供三宫。更发向时贮库诸
佛移祀故所。宫中喧传其事，至有长斋绣佛者多人。上念前语，免李捐助，
且恩遇有加，李得脱然事外[7]。闯逆[8]破京，其贼党伪将军执李，尽据其物，
不知凡几。但传马骡数千头，日夕运潼关者阅月，其他器具诸物委于乱兵，
不暇论云。

【1】皇长子、太子朱慈烺，皇三子、永王朱慈炯，皇四子、定王朱慈炤。

【2】外家：同皇帝有联姻的外戚家。

【3】李、郭、周、田：指的是武清侯李国瑞、武定侯郭培民、嘉定伯周奎、
恭淑贵妃田氏即田贵妃之父田畹（田弘遇）四家。

《明史·外戚·李伟传》："李伟，字世奇，漷县人，神宗生母李太后父
也……生太后。避警，携家入京师。居久之，太后入裕邸，生神宗。隆庆改元，
立皇太子，授伟都督同知。神宗立，封武清伯，再进武清侯……万历十一年
卒，赠安国公，谥庄简。子文全嗣侯，卒，子铭诚嗣。天启末，铭诚颂魏
忠贤功德，建祠名鸿勋。庄烈帝定逆案，铭诚幸获免。久之（崇祯十二年），
大学士薛国观请勒勋戚助军饷。时铭诚已卒，子国瑞当嗣爵，其庶兄国臣与
争产，言父遗赀四十万，愿输以佐军兴。帝初不允，至是诏借饷如国臣言，
国瑞不能应。帝怒，夺国瑞爵，遂悸死，有司复系其家人。国瑞女字嘉定伯
周奎孙，奎请于庄烈后，后曰：'但迎女，秋毫无所取可也。'诸戚畹人人自危。
会皇五子疾亟，李太后凭而言。帝惧，悉还李氏产，复武清爵，而皇五子
竟殇。"

《明史·郭英传》："郭英，巩昌侯兴弟也。年十八，与兴同事太祖。亲
信，令值宿帐中，呼为'郭四'……十七年论平云南功，封武定侯……女九
人，二为辽郢王妃。女孙为仁宗贵妃，铭出也，以故铭子玹得嗣侯……英宗
天顺中良本英嫡孙，宜嗣侯。诏可。正德初卒。子勋嗣。勋京师店舍多至千
余区。嘉靖中言官劾其作威植党。死狱中。自明兴以来，勋臣不与政事。惟
勋以挟恩宠、擅朝权、恣为奸慝致败。勋死数年，其子守乾嗣侯，传至曾孙
培民。崇祯末，死于贼。"

《万历野获编·补遗·宫闱·仁庙殉葬诸妃》："《会典》云：献陵七妃，
三葬金山，余俱从葬。按仁宗上仙，宣宗谥皇庶母、贵妃郭氏、淑妃王氏、

丽妃王氏、顺妃谭氏、元妃黄氏五人，又益以先赠张氏顺妃、李氏丽妃，俱系潜邸，追共七人是矣。然前是登极所封贵妃郭氏、贤妃李氏、惠妃赵氏、淑妃王氏、昭容王氏，仅郭贵妃、王淑妃在所殉中，何也？况贵妃所出，有滕怀王、梁庄王、卫恭王三朱邸，在例不当殉，岂衔上恩，自裁以从天上耶？又上未崩前之两月，曾封张氏为敬妃，为荣国忠显王之孙，今太师英国公辅之女，册文中赞美甚备，亦不从殉，盖以乃祖父勋旧特恩也。是时六宫止以贵妃为极贵，下中宫一等。"

《明史·外戚·周奎传》："周奎，苏州人，庄烈帝周皇后父也。崇祯三年封嘉定伯，赐第于苏州之葑门。帝尝谕奎及田贵妃父弘遇、袁贵妃父祐，宜恪遵法度，为诸戚臣先。祐颇谨慎，惟弘遇骄纵，奎居外戚中，碌碌而已。李自成逼京师，帝遣内侍徐高密谕奎倡勋戚输饷，奎坚谢无有。高愤泣曰：'后父如此，国事去矣。'奎不得已奏捐万金，且乞皇后为助。及自成陷京师，掠其家得金数万计，人以是笑奎之愚云。"

《明史恭淑贵妃田氏传》："恭淑贵妃田氏，陕西人，后家扬州。父弘遇以女贵，官左都督，好佚游，为轻侠。妃生而纤妍，性寡言，多才艺，侍庄烈帝于信邸。崇祯元年封礼妃，进皇贵妃。宫中有夹道，暑月驾行幸，御盖行日中。妃命作蕙篠覆之，从者皆得休息。又易小黄门之舁舆者以宫婢。帝闻，以为知礼。尝有过，谪别宫省愆。所生皇五子，薨于别宫，妃遂病。十五年七月薨。谥恭淑端惠静怀皇贵妃，葬昌平天寿山，即思陵也。"田弘遇，明江都（今江苏扬州）人，是思宗田贵妃之父，名畹，曾经担任游击将军、锦衣卫指挥，后窃权，封左都督。

【4】李皇亲指的是武清侯李国瑞。

【5】皇五子是田贵妃所生，悼灵王朱慈焕，五岁而亡。

【6】血胤：同一血统的子孙后代。

【7】《明史·薛国观传》：薛国观于天启时附于大太监魏忠贤一党，故于崇祯初年被劾离去。崇祯三年（1630年）复起，初任给事中，又擢任左佥都御使。崇祯四年（1631年）八月"拜礼部左侍郎兼东阁大学士，入参机务"。崇祯十二年（1639年），崇祯皇帝采纳他的建议，向武清侯李国瑞借军饷未果，竟削夺其爵位，李国瑞惊吓而死，"诸戚畹人人自危。会皇五子疾亟，李太后凭而言。帝惧，悉还李氏产，复武清爵，而皇五子竟殇。或云中人拘乳媪，教皇五子言之也。未几，国观遂以事诛。"

【8】闯逆：对闯王李自成大顺军的蔑称。

郊天

冬至郊天[1]，先旬日前，礼部奏请旨，上躬亲行礼，下部知会各该衙门，如太常寺[2]演习乐舞生奏乐。光禄寺[3]、上林苑[4]备驺犊[5]、祭品、祭器。金吾点选承御校尉演习步辇、法驾。廷燎[6]备燔柴、金灯、火炬。戎政三大营[7]分派营军列围辇道，乃调发九门各衢巷把守汛地[8]。御马监[9]整理仗马鞍鞯，控御人役。銮驾库[10]分发龙凤诸辇，旌旗羽葆幢盖，斧钺戈殳各兵仗及大辂，纳陛御[11]。乐教坊理画角行鼓粗细乐器。羽林禁卫各整顿甲胄弓矢锋刃马匹，按名次翊卫。仪部具郊祀仪注及告天御祝文玺帛等项。陪祀则公侯伯、辅臣六部九卿台省。礼部具札传谕，内则司礼监、御马监、御用监、司设[12]监、尚膳监诸内员掌篆者概得从侍。先期三日，中外群臣各斋宿停刑，上宿外殿，三宫亦斋。礼部奏请遣官阅乐省牲，视坛坫[13]祭器。鸿胪寺[14]于本衙门题请习仪。该城御史令坊官清跸除道。至期漏三下，台官验时奏请上盥沐，更法服，拥驾至圜丘[15]。圜丘四面皆燃灯百千盏，香气直上，腾达数里。御道两行，俱燃灯如错星。圆殿内，上设昊天金主一座，旁配享高皇金主一座，品物俎簋罍瓒爵帛俱按会典所定。鸿胪寺传唱，上行三献礼，惟一二辅臣得从旁赞翊，余虽大内臣，勋戚重臣，无敢逾越登阶者。太常乐九奏，舞干戚[16]两阶。上阅燔燎[17]毕，乐止。上还行幕，易衣进茶汤，驾乃起。于是箫韶鼓角细乐节次迭奏，行燎两行千百，照同白昼。旌旄辂马兵仗甲胄灿然绣锦，绝无謦咳之声，惟异香芬郁，犹云烟中天神行部然。旧制，上乘辂例备两座。上下四旁俱围黄幄，面垂珠帘，风日不能入。上驾多在末后一辇，所以防不虞也。怀宗（崇祯皇帝）则坦易，示以不疑，止备一辇，辇幄常悬起，可以四顾。都人瞻望天表，欢颂若潮。盖天颜白皙，方面阔耳，两眉过目，瞳神如点漆，丹唇秀髭，莹然玉润，诚不世出者也。

【1】冬至郊天：周秦时代以冬十一月为正月，以冬至为岁首过新年。《汉

书》有云:"冬至阳气起,君道长,故贺……"也就是说,人们开始过冬至节是为了庆祝新的一年的到来。古人认为自冬至开始,天地阳气开始兴作渐强,代表下一个循环开始,大吉之日。所以,后来一般春节期间的祭祖、家庭聚餐等习俗,往往选在冬至。明、清两代,皇帝均有祭天大典,谓之"冬至郊天"。宫内有百官向皇帝呈递贺表的仪式,而且还要互相投刺祝贺,就像元旦一样。

【2】太常寺:太常寺是封建社会中掌管礼乐的最高行政机关,秦时称奉常。汉以后改称太常寺、太常礼乐官等,掌宗庙礼仪,至北齐始有太常寺,清末废。

【3】光禄寺:光禄寺卿掌祭祀、朝会、宴乡酒醴膳馐之事,修其储谨其出纳之政,少卿备而为之贰,丞参领之。其人员有光禄寺卿、少卿、丞、主簿各一人。

【4】上林苑:永乐五年(1407年)始置,设良牧、蕃育、嘉蔬、林衡、川衡、冰鉴及典察左右前后十署,洪熙元年(1425年),并为蕃育、嘉蔬二署。宣德十年(1435年),定为良牧、蕃育、林衡、嘉蔬四署。良牧署牧养牛羊猪,蕃育署饲育鹅鸭鸡,林衡署种植果树花木,嘉蔬署莳艺瓜菜。苑地在北京附近,东至白河,西至西山,南至武清,北至居庸关,西南至浑河。主官左、右监正及左、右监副,后不常设,以左、右监丞署职。

【5】原文"马卒",误,当为"骍"。"骍"是祭典上用的赤色的牛犊或马犊。

【6】廷燎:《仪礼·士丧礼》注:火在地曰燎,执之曰烛。宫廷中照亮的火炬。立在地上的大烛,由苇薪制成。

【7】三大营:明代北京京营又称三大营,包括五军营、三千营和神机营。

【8】九门所谓的九门是指京师内城的九座城门,包括正阳门、安定门、东直门、朝阳门、宣武门等。汛地为明清时代称军队驻防地段。汛守为汛地防守岗位。

【9】御马监:御马监是明代皇城内太监二十四衙门之一。今北京景山公园东边的沙滩后街,原称马神庙街,这里是明代为皇家养马的御马监遗址,当时有马神庙,附近还有草场胡同和草垛胡同。

【10】銮驾库:銮驾,意思是天子的车驾。銮驾库内贮大驾卤簿及法驾、骑驾、銮驾卤簿的轿、舆等物。

【11】纳陛:陛本义指可以借以登高的台阶,又特指帝王宫殿的台阶。纳陛为置于殿两阶之间,便于上殿。

【12】原文"摄",误,当为"设"。

稗说校注

【13】坛坫：指祭天的坛台。

【14】鸿胪寺：鸿胪寺，官署名。主官为鸿胪寺卿。主要掌朝会仪节等。习仪，演习仪礼。

【15】圜丘：圜丘是皇帝举行冬至祭天大典的场所，又称祭天坛。圜丘坛建于明嘉靖九年（1530年），圜丘坛主要建筑有圜丘、皇穹宇及配殿、神厨、三库及宰牲亭，附属建筑有具服台、望灯等。圜丘明朝时为三层蓝色琉璃圆坛。四周绕有两层名叫墙的蓝色琉璃瓦矮墙。第一层墙为方形叫外；第二层墙为圆形叫内，象征"天圆地方"。内中央处，就是祭天台（也叫拜天台），即圜丘台。

【16】干戚：干，盾牌；戚，大斧。干戚舞，是古代乐舞的一种。

【17】燔燎：烧柴祭天。

籍田

上御极之明年（崇祯二年，1629年），礼部先期数月奏请祈谷行籍田礼[1]。上命择日，乃择仲春元辰于先农坛行礼。先农坛[2]，都人呼为地坛。工部遣官修治行殿垣屋，扫除坛场，搭盖棚厂。一棚工料动数千金。其棚制，广阔逾里，内容数千人。风雨不能入，即设于上所耕之地，以备帝籍[3]。各衙门应备职事器具，诸仪制悉如前。户、工贰部先檄大京兆，令教坊优人及老农、田童各数十人，预制农具，如耒耜[4]犁锄[5]蓑笠[6]播种[7]诸器，各因人司一事。童子则教以牛歌牧唱之曲，如古之击壤鼓腹者[8]然。先期选黄、黑二色犗犊[9]数头，喂牧得法，调其步骤，使驯良可耕，日令习演之。复令教坊优人扮为雷电、风雨、云龙、土谷诸神，各殊形异质，匿于棚之虚处，下施异香诸烟药巨鼓火线，以备临时施放。上驾幸坛，告先农毕，易便服与公、侯、伯、阁、部、九卿诸臣入棚。京兆进鞭，农官授牛绁[10]，工部官执耒耜，二公各执犁，内员导牛前，按步趋，仿三推、九推之制[11]。上躬耕一陇毕，施麦种，向老农率伴出耘。京兆生报雨作，于是虚处烟雾四塞，鼓声彭彭震，起火线勃发，先掣数丈，霹雳之声交加。上藏水楗[12]，倒倾如沫，凡棚内逾里无不沾润，独上前帷幄地与诸臣位次稍干。纵观良久雨乃止，烟亦渐熄。田童三五成群拍手和歌，作丰年欢呼状。老农献麦穗数本，青翠绰跃，盖真麦实所结者也。先是，所司于正月前种麦苗于暖窖，用粪火微焯之，得结实食养置密处，临时采取，以供大礼，此固定例也。内臣宣所司制麦献上尝新，不逾刻，光禄[13]进面饼，上颁赐诸臣仍筵晏，名曰劳酒，重农事也。已，乃赏老农、田童免其一年徭役，驾遂还宫。其耕牛，命豢上林苑，听终老，不加刑焉。

【1】籍田礼：亦称"藉田"。古代吉礼的一种。即孟春正月，春耕之前，天子率诸侯亲自耕田的典礼。

【2】先农坛：先农，远古称帝社、王社，至汉时始称先农。唐代后改为先农坛。至此祭祀先农正式定为封建社会的一种礼制，每年开春，皇帝亲领文武百官行藉田礼于先农坛。先农坛共有建筑群五组：1. 庆成宫；2. 太岁殿（含拜殿及其前面的焚帛炉）；3. 神厨（包括宰牲亭）；4. 神仓；5. 俱服殿。

另有坛台四座：观耕台、先农坛、天神坛、地祇坛。这些组群建筑与坛台基本都坐落于内坛墙里，仅庆成宫、天神坛、地祇坛位于内坛墙之外，外坛墙之内。另外，内坛观耕台前有一亩三分耕地，为皇帝行藉田礼时亲耕之地。

【3】籍：蹈也。言亲自蹈履于田而耕之也。

【4】耒耜：是我国古代发明的农具，用于农业生产中的翻整土地、播种庄稼。后来，随着农业生产的发展，人们又将耒耜发展成犁。耒是耒耜的柄，耜是耒耜下端的起土部分。耒是一根尖头木棍加上一段短横梁。使用时把尖头插入土壤，然后用脚踩横梁使木棍深入，然后翻出。

【5】犁锄：是汉语词汇，解释为农具，犁和锄；也借指耕作。

【6】蓑笠：指用草或麻编织成的遮风挡雨的斗篷以及帽子。

【7】播种：指播种的农具，即耧。"耧"是古代播种用的农具，由牲畜牵引，后面有人把扶，可以同时完成开沟和下种两项工作。

【8】击壤：古代的一种投掷游戏；鼓腹：鼓起肚子，意即饱食。形容天下太平，百姓安居乐业。

【9】骍犊：原意是古代祭典上用的赤色的牛犊或马犊，这里泛指祭典时用的牛犊。

【10】牛绁：系牛的绳子。

【11】三推、九推之制：《礼记·月令》："天子以元日祈谷于上帝，亲载耒耜，率三公、九卿、诸侯、大夫躬耕。天子三推，三公五推，卿、诸侯九推。反执爵于太寝，命曰劳酒。"

【12】水椟：盛水的木柜。

【13】光禄寺：光禄寺卿掌祭祀、朝会、宴乡酒醴膳馐之事，修其储谨其出纳之政，少卿备而为之贰，丞参领之。其人员有光禄寺卿、少卿、丞、主簿各一人。

幸学

明太祖都江宁（今南京），建学于鸡笼山之阳[1]。驾常幸学，入六馆察生儒肄业之勤惰，传为一代盛事。嗣后文皇（永乐皇帝）都北平，设学德胜门之右[2]。列圣行幸，代有纪注，不具论。惟崇祯辛巳（1641年），上幸学[3]，其一时人文之盛，有足纪者。是岁，上特旨下部，命仲春丁日释菜[4]先师幸学，水衡[5]遣官估计修饬文庙（在今北京国子监街）[6]殿庭廊庑，以至讲堂六馆，学前坊表诸工，约费万余金。旧时，太学生南北就业者各不逾数百人，期满一年即听回籍，在监者寥寥。遇上行幸，司成[7]数檄大兴、宛平（北京附城两郭县）两邑庠诸生备成均[8]，列环桥而观焉。至是上先有旨，令己卯（1639年）科各省副榜准半中式举人，揭晓后，所在有司尽行起送入监，教习六曹。逾年，录其文之优者进呈，以不次用。又令太学生各于六馆[9]积分，至首选者，咨部试职。复命天下郡国辟举贤良方正，贡于北雍[10]，肄业满岁，亦咨部试职。至各藩诸宗子，命王移会本地方有司，具送太学教习，名曰换授[11]。其公侯伯都尉大小官恩荫，例于国学课艺，期年始得承袭。故诸项生儒聚桥门[12]者不下七千余人，皆极一时之选。大司成为关中南公居仁[13]，司业[14]亦关中卫公胤[15]。又预示诸生各治巾服，日于彝伦堂[16]轮班习礼。人给信券一，书年貌、堂名，防有匪类逾礼干犯之事。侍从诸臣，阁、部、九卿、翰林、宫詹、科道、太常、鸿胪、光禄、锦衣诸衙门职事官，翎卫则公侯[17]伯、戎政、羽林、巡捕诸武臣。先期京营捕营各遣兵认守内外汛地[18]，一如郊祀籍田例。各城司坊官，按所管地，用赭土籍道，便辇路之行。自禁门[19]达成贤坊（今国子监街），街约十余里，御路两掖，军士各执锐披坚，鳞次栉比亦同之。是时计京营兵十三万人，捕营万余人，东西两厂逻卒数千人，锦衣卫校尉、羽林围子军各数千人，禁旅、净军三千人，而公孤大臣[20]庶司百执事舆台侍从不与焉。上乘黄辂至成贤坊前，诸卤簿、法驾、仪仗俱跽列[21]两行，止不进，护卫惊跸甲马亦序立不前。司成、司业率六馆生徒七千余众，望尘跽候[22]道左。上望见诸士人材蔚盛，天颜甚喜。诸生列辇路两行，前导至文庙正门。上出辇步行入西行幄中，进茶汤盥手净巾毕，更冕服，由大成中门进，屏去幢盖羽翣。阁、部诸臣随后入，俱朝冠朝衣，佩玉执笏，候上登阶，照品从文武东西列墀下。太常寺举乐，鸿胪寺序班唱礼。上入庙，就中立。阁、部卿贰、司成、司业俱墀下北面，随班行礼。上行三献释菜毕，司成、司业各分献，启圣祠两庑礼毕，乐止。上至大成门（孔庙正门），观周宣王石鼓，问所自来。司成具以对。出至门外，阅两庑历朝进士题名，复踵前所（即更换衣服的行幄），更翼蝉冠、赭袍、软带，乘步辇由太学中门（国子监集贤门）进两庑下。诸生跽迎，登彝伦堂，南向坐。司成、司业进茶，率诸儒生列班阶下，行九拜礼。堂两楹旁设广座，阁、部、公、侯、诸臣侍。上顾内臣谕，赐坐免谢。诸臣咸就位。司成、司业座独近上前咫尺，太学生数人供讲案，进五经。上命讲《尚书》《周易》内各一章。司成、司业各坐讲章义毕，至颂圣处立鞠躬。上仍命坐。光禄寺进汤点，颁及诸侍从臣。上从容问及太学生儒人数及考课次第，念诸生四方远来，客京师久，不无资斧之忧，命司成每月按各生文之高下各给禄米，自一石至五斗有差，每文优等给银三钱至乙钱[23]有差。司成、司业起，率诸生叩谢。上概免。众中一生出献所撰恭纪幸学诗箑[24]。左右近侍扶出，上姑徐徐曰，书生草野，不谙礼法，何责为。纠仪御史请付法司，上笑曰，此讲学地，无关政体，命释之。司成、司业谢罪。上慰劳罢，驾起。诸臣候驾出，跽送[25]桥门外，各就舆。惟司成、司业率诸生仍跽送坊口外乃还。次日，辅部中外大小臣造朝，各称谢。上特宣赐司成、司业各白金文绮，以示优异。爰禁六馆生儒自后私制诔词渎听，闻者有罚。

【1】山之阳：山的南面。古代说城池建筑方位，山南水北谓之阳，山北水南谓之阴。

【2】门之右：面朝外左边为门之左，右边为门之右。德胜门之右就是德胜门的东边。

【3】幸学：指皇帝巡幸学校。

【4】释菜：古代入学时祭祀先圣先师的一种典礼，以菜蔬设祭，而不用牲牢，是一种从简的祭礼，是自古祭祀先师的仪典之一。皇帝巡幸太学，必得先拜祭孔子即文庙。北京文庙和太学即国子监相邻，都在国子监街里南侧，文庙在东，太学在西。

【5】水衡：指主掌皇家财政的官吏。

【6】文庙：祭祀孔子的祠庙，又称孔庙、夫子庙。北京孔庙规模宏伟，占地广阔，约 2.38 公顷，古建筑面积约有 7400 平方米，现有房屋 286 间，前后共三进院落，中轴线上依序为先师门、大成门、大成殿、崇圣门、崇圣祠五座建筑。大成门外东有碑亭、宰牲亭、井亭、神厨；西有碑亭、致斋所、神库，并有持敬门与国子监相通。

【7】司成：古代教育贵族子弟之官职，后世称国子监祭酒为"大司成"。

【8】成均：古代太学（国子监）的通称。

【9】六馆：国子监的别称。国子监内的六堂指的是率性堂、诚心堂、崇志堂、修道堂、正义堂、广业堂。六堂为贡生、监生学习之所，位于辟雍左右两侧的 33 间房间。率性堂为最高一等，次为修道、诚心二堂，再次则为正义、崇志、广业三堂。左、右司业各掌三堂。凡是只通《四书》，未通经义者，居正义、崇志、广业三堂肄业，入监一年半以上，文理条畅者，升入修道、诚心二堂，再经过一年半，经史兼通、文理俱优者，乃升率性堂。升入率性堂后始行积分之法。所谓积分法，即通过考试给予分数并积累分数，以区分及格与不及格。一年之内积至八分者即为及格，可以授官，未及八分者为不及格，仍须坐堂读书。

【10】北雍：明朝时期行使两都制，在南京和北京分别都设有国子监，设在南京的国子监被称为"南监"或"南雍"，设在北京的国子监则被称为"北监"或"北雍"。

【11】换授：酌其才能调任官职。

【12】桥门：北京国子监桥门。

【13】南居仁：南居仁字思敦，明吏部尚书南企仲次子，陕西渭南人，

天启二年壬戌（1622年）二甲第七名进士，仕至祭酒，疏奏告示八款。

【14】司业：仅次于国子监祭酒的官员。为监内的副长官，协助祭酒主管监务。

【15】按崇祯十四年（1641年）北京国子监司业是江西罗大任，其为崇祯四年(1631年)进士，入翰林院为庶吉士，散馆以后授任翰林检讨，崇祯十年(1637年)升国子监司业，又升皇太子的属官"中允"，并负责为崇祯帝讲经，后升国子监祭酒。

【16】彝伦堂：明北京国子监彝伦堂原是元代崇文阁，建于元代（1313年），是国子监藏书的地方。后来明朝永乐年间重新翻建，改名"彝伦堂"。国子监彝伦堂是国子监里最大的厅堂式建筑。中间是皇帝幸学时设座讲课的地方，东面是祭酒、司业的位置。彝伦堂前，宽广的平台，称为灵台，也叫露台，是国子监召集监生列班点名、集会和上大课的场所。

【17】原文"候"，误，当为"侯"。

【18】汛地：驻守的地方。

【19】禁门：宫门。

【20】明朝中枢有三公（太师、太傅、太保）、三孤（少师、少傅、少保），为皇帝的辅佐官，职位崇高，无定员，无专责，实为虚衔。

【21】跽列：半跪，单膝着地，列于道旁。

【22】跽候：跪着等候。

【23】乙钱：即一钱。

【24】箑：指扇子。

【25】跽送：跪送。

大阅

大阅之礼[1]自正统后不举焉。曾闻先辈士大夫及耆老熟于掌故见闻者传称，祖宗设戎政三大营[2]，马兵步卒共十三万人，以勋臣公侯伯位望素尊者会推一员领之，赞以戎政尚书及司礼监或御马监太监各一员。设戎政衙门[3]于皇城之东北偏，与德胜门近，便早晚操演。调发之役，外镇边兵有警，枢府可以下檄督臣、镇臣多寡，调遣远近。惟京营系天子禁旅，无调遣例。崇祯中年，中原寇氛炽甚。上遣内员高起潜、卢九德、刘元斌、阎思胤等选四卫营马军，选择各数千人，给精甲弓刃良马，倍其月饩，各领一旅出御寇。高、卢[4]等虽称娴戎事，然生长畿辅，目不知兵。骤膺阃外之寄，又部领尽皆京师三辅恶少年，外饰装马，称雄长安[5]，而实不知摧锋对垒何状。一旦出御大寇，师行数百里，即委顿不支。是时寇哄大河南北，牵引关陕。中原之地久作战场，尚有经略督臣各镇兵，如左良玉[6]、刘泽清[7]、黄得功[8]、刘良佐[9]、唐通[10]、白广恩[11]诸大帅，各提兵尾贼所向，遇敌稍攻击一二。高、卢辈乃于中交结诸帅，立盟歃血，称兄弟行，死生共，转殿诸镇兵之末，或值寇下一城，堕一藩，寇掠资重子女去，诸镇兵复攫其所遗，而以半为四卫营兵资。四卫兵初时尚守成法，餍[12]所得，良已。已乃熟于寇之行事与镇兵之骄悍，益各纵肆无顾忌。凡乡镇所过，掠人资财女子犹未已，更杀良冒功，动称某地战斗获级若干。高、卢方窃幸，所至拥重资美色，而又外博疆场血战名。每上功，枢府得录奏，颁赐金帛犷马无算。诸镇兵谓四卫兵数冒功受上赏，遂相率效尤成风。猝遇寇，不肯以一矢加遗。寇反德之，每破城邑，必留其半，滋诸镇兵。上下交蒙，而国事至于坏极，不可支。此京营调遣之所由始，其流毒如是也。当承平时，每月五日京营军于德胜门外演武场习武事，冬夏两季暂止操。按大阅礼，肇自高皇（明高祖朱元璋），军中旗纛称都督天下兵马大元帅，中山王魏公达（即徐达）称副元帅。其纛，初时原施于行间，不过如寻常营制中少加雄长而已。嗣后太平无事，列朝欲壮观瞻，遂饰纛至寻丈，备极瑰丽。正、副元帅称谓如故。其副帅则因时主兵柄者称之。纛既高，城门不能出入，又军法禁卧纛。盖纛所向，三军视为趋舍，纛陷阵不倒，则群卒并力救援，无退志。纛得与主驰出，众散而复合，奉帅以归。若纛倒，是将不讳[13]矣。于法众当坐死，故重之。乃架大木作桥梁，高过于楼[14]，以济纛。凡马步数十万，咸从梁上度师。计梁成不下数万金，而操演犒赏之费不与焉。列朝因惜浮费[15]，卒不举。崇祯时，上欲大阅，部臣援例以闻。上体列圣意，即中止。但谕戎政三大臣[16]，令军中选健足万人，制为兵车，数以车战。驻则鹿角[17]居外，车居内，俨然成城。行则首尾错综相衔，人骑兵伏，器具居内，无冲突之患。更设火具箭炮一车，可当敌百人，日行七十里，亦古法也。惜众娴习未用，而寇至门庭，卒委于风雨摧毁而已。

良可叹也。

【1】大阅礼：大规模地检阅军队。

【2】戎政：指军政、军旅之事。明代北京京营又称三大营，包括五军营、三千营和神机营，后称戎政三大营。

【3】戎政尚书，明代职官名称。永乐初，由武将统领京营三大营，景泰年间以后由尚书或侍郎、右都御史为协理京营戎政，掌京营操练之事。嘉靖二十年（1541年），始命尚书刘天和罢其部务，另给关防，名为戎政尚书，专理戎政，统辖五军、神枢和神机三大营。

【4】高、卢：指的是宦官高起潜、卢九德。

高起潜，明末宦官。崇祯初为内侍，与曹化淳、王德化等深受崇祯器重。崇祯十一年（1638年）皇太极又命多尔衮、岳托等越过长城，大举深入。明朝以卢象升为督师，宦官高起潜为监军。负责督军迎敌。而高起潜与兵部尚书杨嗣昌皆不欲战，结果卢象升孤军奋斗，在巨鹿贾庄血战而死。

卢九德是明朝末年宦官，江苏扬州人士。崇祯时以太监身份督安徽凤阳军队，抗贼有功。卢九德因拥立福王有功，提督京营，后见国事日非，曾恸哭于殿上。南明亡后，不知所终。

【5】长安：封建帝都的代名称。明代的北京。

【6】左良玉，字昆山，临清人。南明时官至平贼将军、太子少保，封南宁侯。

【7】刘泽清，字鹤洲，山东曹县人，出身行伍，崇祯末年升至山东总兵。大顺军迫近北京时，崇祯帝命他率部火速入卫京师，他谎称坠马受伤，拒不奉诏。不久大顺军进入山东，他带领主力向南逃至淮安。明朝灭亡后，在江南拥立福王朱由崧登基，被封为东平伯，与刘良佐、高杰、黄得功并称为江北四镇。顺治二年（1645年），清军南下，刘泽清投降，其后清廷讨厌他反复无常，将其绞死。

【8】黄得功，号虎山，明末开原卫人，为明末战将。官至太傅、左柱国，封靖国公。行伍出身，积功至副总兵，为京营名将。在与农民军的战争中，黄得功迫降五营兵，擒马武，杀王兴国，破张献忠，战功赫赫。崇祯末年，封靖南伯。明朝灭亡后，因参与拥立福王朱由崧，晋为侯爵，与刘良佐、刘泽清、高杰并称为江北四镇。清军南下后，朱由崧逃入芜湖黄得功营中，清兵分兵来袭，得功率军在荻港与清兵大战。此时刘良佐在岸上大呼招降，黄得功怒斥他，突然被一箭射穿喉咙，于是自杀。

【9】刘良佐,字明辅,山西大同左卫人,清顺治二年(1645年),豫亲王多铎率军下江南,福王被擒,刘良佐以兵十万来降,随清军进攻丹阳、金坛、江阴。以功隶汉军镶黄旗。顺治十八年(1661年)正月,授予江南江安提督,加总管衔。后调任直隶,去总管衔,改左都督。

康熙五年(1666年),因病休致。康熙六年(1667年),卒。

【10】唐通,陕西泾阳人,于崇祯末年为宣化总兵、密云总兵等要职。手握兵权,举足轻重。崇祯皇帝曾召见唐通并赐莽玉,对他寄予极大的希望。但唐通终负所托,先降李自成,后降多尔衮,身份变换不定。

【11】白广恩,陕西汉中人,先参加农民起义队伍,后降于明,授予都司,随曹文诏镇压流寇,屡立战功,积功至蓟州总兵。与后金的历次战役中颇有战功。在与农民军的战争中败于潼关,降于李自成,封为桃源伯。顺治二年(1645年),清军破李自成于陕西,白广恩写书投降,自陈罪状,清廷回复:白广恩自矢奋勇杀贼,足见苦心,不必自陈前罪。入北京,隶属汉军镶黄旗。

顺治五年(1648年)追叙投诚功,授骑都尉世职,不久病死。

【12】餍:本意是指吃饱,也指满足。

【13】不讳:死亡的委婉说法。

【14】楼:这里指城楼。

【15】浮费:不必要的开支;即浪费。

【16】戎政三大臣:戎政府是明京营的管理机构,三大臣即总督京营戎政一人,协理京营戎政二人。明永乐迁都北京以后,成立三大营负责京师军事,以武将统领。自景泰年间改以兵部尚书或都御史兼任。嘉靖二十年(1550年)以武臣仇鸾为总督京营戎政,授以印;又以吏部侍郎摄兵部、文臣王邦瑞以本部侍郎协理京营戎政,掌京营操练之事。天启时增设一人,复革。崇祯二年(1629年)复摄协理经营戎政一人。

【17】鹿角:军事中的鹿角,是一种守城武器,又分防步兵或骑兵的。第一种是将许多尖锐而坚固的树枝或树干捆绑在一起而成,因形状像鹿角而得名,亦称拒鹿角。第二种就是把圆木削尖,并交叉固定在一起以阻止骑兵进攻,可以活动,也称拒马。鹿角在古代战争中,其主要目的是为了防止军营遭到敌军骑兵的偷袭。骑兵以其速度快、灵活和杀伤力大成为偷袭营寨的常用兵种,因此通过削尖的木棒而制成的木栅栏即"鹿角",可以有效防止敌军骑兵的冲锋,对本军营寨的袭击。

朝觐

怀宗（崇祯皇帝）初年，秦、晋（今陕西、山西）寇始窃发，海内尚全盛。当辑玉届期[1]，铨部[2]奏准，令各省藩、臬[3]而下监司守令例入觐。限十一月抵都，献岁元日引各官陛见。先是三月前，各部九卿科道各衙门[4]皆于私邸出入，扃键，谢宾客宴会庆吊书牍馈遗，禁亲串[5]、子弟[6]、仆从[7]行游于外。上颁谕东、西厂锦衣卫衙门，差番捕缉事人役，如所称挡见头、带牌子[8]、白靴校尉[9]人等，及内外五城御史、司坊官、捕役，分布都城中外，伺察大计。入觐官吏亲知人员，或请托贿赂关说，打点交通权贵津要、座主、荐主以及年家、门生故吏，党援汲引，函牍线索并光棍讹诈，设骗撞冒等弊，凡酒炉茶舍逆旅寺观庸保[10]贸易之所，无不蹒绁毕至。更榜衢巷，禁止前弊，悬赏以待。铨曹衙门前设立棚厂数百间，编立各省入觐官。方面有司坐号铨部堂上，亦照入觐官职名各设点签一筒，凡各省朝觐官陆续抵都，概不许进城，于国门外旅寓听部示日期始得进，具折子于各该衙门，赍投五花册[11]，仍于鸿胪寺[12]报名。随班见朝毕，每辰于铨曹[13]棚厂内按省分郡县官衔各就次坐，至暮始归，谓之坐棚。铨曹堂上，不时令司官制签一二枝，旋遣当该吏传呼某棚某省官某在否，某官即趋部堂应点。验明，趋出归棚，以明本官日在部候察，无他出营私也。每日率为常。吏部阁衙门与都察院堂上掌河南道御史[14]，皆移居本衙门署内封锁，毋敢外出，其禁又严于各官。至期奏请，东衙门[15]停止大选、急选、推陞并一切章奏咨文，乃封门。各省觐官皆归旅邸听察。藩、臬出入国门，不敢乘舆，惟控马。屏呵从掌扇，冠纱帽，衣素纻丝，系角带，着青素缎靴，带眼纱[16]。遇阁、部、九卿[17]，则避道。监司府县俱京绢素服，角带革靴，罩眼纱，乘马悉同，遇台省[18]亦回避。计事竣，密封进奏。候旨下，部司照疏内八法应处职名书榜用印，悬于部门之棚厂。其听勘者[19]，就该衙门投见逮问，复回地方者例听部示过堂，于元日引见。值正旦，上御殿大朝毕，廷臣起立复班，独各省藩、臬以下诸员俯伏候上旨。上令

｜稗说校注｜

内大臣宣谕谓，尔外省大小各官听着，尔等在地方均有罪过，本当一例处分，姑饶这遭，着各洗心做官去。诸外臣俱免冠科首谢，仍加冠，挨次鱼贯出。其各省举卓异官员随班行礼毕，候上传唤，或赐锦帛，或宣温谕，亦各谢恩趋出，寻具手折，谢部院科道各衙门。然后造谒交与朝贵，得馈饷土宜，晏饮酬酢数日，仍陆续赴鸿胪寺报名，辞朝出京。在本京即升迁部堂卿贰司员者，不复就道，谓之留部。凡觐年，京师邸舍，高值租数倍，各省方物充牣庙市。一应食用服物俱为腾涌，内外糜金钱民力不下数百万，而巧宦黠吏用术弥缝之资又不知其凡几矣。

【1】辑玉届期：即届期搜选、沙汰官员的一种委婉的说法。明朝对内外官僚有考满、考察之法。考满主要是对官员能力的考察，也称考选。届时称职者升，平常者复职，不称职者罢。考察则京官六年，外官三年一考，属于一种监察制度，主要考察官员是否贪污、违法乱纪，进行查处，也称大计。

【2】铨部：主管选拔官吏的部门，即吏部。

【3】藩、臬：指藩司和臬司。明代布政使和按察使的并称。

【4】各部九卿科道各衙门：各部指的是工部、刑部、兵部、礼部、户部、吏部六部；九卿指的是鸿胪寺等九寺的长官；六科给事中与都察院各道监察御史统称"科道官"。这里是指以上各衙门的官员。

【5】亲串：关系密切的人，如远房亲串。

【6】子弟：泛指年轻后辈。

【7】仆从：跟随在身边的仆人。

【8】挡见头、带牌子：都是京师缉事人役的别称。

【9】(明)锦衣卫所隶卫士缉事者穿白靴，僭称白靴校尉。明沈德符《万历野获编》卷二十一《舍人校尉》："今锦衣所隶卫士，亦称校尉，至数万人，即外卫之军丁也。其白靴者为缉事人，有功则升黑靴。"

【10】庸保：受雇于人充当酒保、杂工等贱役的人。

【11】五花册：又称五花贤否册，是明代大计时的册籍。《明史·选举志三》："州县以月计，上之府，府上下其考，以岁计，上之布政司。至三岁，抚、按通核其所属事状，造册具报。"大计时送交吏部核审，这就是五花册。

《明史·职官志四》："明代布政使，掌一省之政……凡僚属满秩，廉其称职、不称职，上下其考，报抚、按以达于吏部、都察院。三年，率其府州县正官朝觐京师，以听察典。"

在明代，布政使是一省的行政长官，至于巡抚，在明代初期，类似近代的中央特派员，只能算是一种差使，所以也称为"钦差大臣"。编制属于都察院，不在地方，其本职为都御史或佥都御史，正规的称谓应是以都御史某某巡抚浙江。巡抚和按察使负责本省的官员考察事项。布政使汇集本省的五花册加以考语之后交巡、按转吏部、都察院。官员政绩才守考语往往流于形式，抚、按注考，取之司、道（考语）；司、道取之郡县，加之多方延访，互为质对。其五花（考语）册，明书道、府、司各考在前，抚、按方注其后。然后上报朝廷。

【12】鸿胪寺：官署名，主官是鸿胪寺卿。主掌朝会仪节及演习仪礼等。

【13】铨曹：主管选拔官员的部门。

【14】明制：吏部和都察院河南道御史负责官员的考察。

【15】东衙门：指吏部衙门。明、清选法分双月大选、单月急选，初授官及考定升降归双月大选，改授、改降、丁忧、候补归单月急选，统称月选，所选之官称月官。

【16】（清）汪启淑《水曹清暇录》载："正阳门（俗称前门）前多卖眼罩，轻纱为之，盖以蔽烈日风沙。胜国（指明朝）旧例，迁客辞阙时（即遭贬京官离京时）以眼纱蒙面，今则无所忌也。"

【17】阁、部、九卿：指内阁大学士和中央政府的六部及鸿胪寺、大理寺等九个机构的官员。

【18】台省：指政府的中央机构。

【19】听勘者：指被举报有劣迹的听候勘问、审讯的官员。

园囿

京师园囿之胜，无如李戚畹之海淀，米太仆友石之勺园二者为最。盖北地土脉深厚，悭于水泉，独两园居平则门（今阜成门）外，擅有西山玉泉、裂帛湖诸水，汪洋一方，而陂池渠沼远近映带，林木得水蓊然秀郁，四时风气不异江南。两园又饶于山石卉竹，凡一切径路，皆架梁横木，透迤水石中，不知其凡几。树木交阴，密不透风日。米园具思致，以幽□胜。李园雄拓，以富丽胜。然东南士大夫经游者，亦无不羡叹其结构之美矣。此在都城之外郭也[1]。若城内德胜门之水关，后宰门（今地安门）北湖，其间园圃相望,踞水为胜,率皆勋戚巨珰别墅。稻畦千垄,藕花弥目,西山爽气,日夕眉宇,又俨然西子湖。独奉上禁,不敢具舟楫。故菰蒲灌莽,岁更繁盛[2]。朝贵休沐[3]暇多过从。再则崇文门内东鄙之泡子河[4],亦引水关之水汇成池,更通地泉,其脉上喷,如济南之趵突泉,水面彪彪若列星,故称泡子河。经行数里,由观象台、吕公祠[5]至城下,自水门石渠中出,入于外城河,与会通桥(东便门外)水合。两河园林亦栉比,多都门卿士大夫小筑。盖地近贡院[6],春秋士子尝假憩于此肄业,无宴饮管弦之乐。纵欲游者,不过三五同志雅集水湄结诗文社而已,非豪贵家所尚,故地特少车骑冠盖贵人迹。都人语,幽寂可居处者,莫泡子河若矣。再则左安门外韦公寺[7]侧之庄园,饶林木芦荻,清渠委宛,颇幽邃。春时,寺有海棠[8]两树,大逾抱,高寻丈,数百年物也。每花,士大夫多过赏,经月始绝足音。其余豆棚蔬畦,桔槔灌园声,远近林榔间[9]已耳。右安门之外,丰台、草桥两地亦饶水,绿杨参天,兼葭密不容径。其地土脉卑湿,大类江南。凡都门一切南北四时花木,皆于此种植颇繁[10]。独芍药一种甲于他卉,人家无他业,惟莳花为业,终岁仰给。于是芍药数百千本,具五色,有重苔层蕾起楼单瓣之殊。花概植畦中,界以水道,即如圃人种蔬制。每花一园,计数百亩,数十亩,无数亩者,一望红白黄绿缤纷错绣,香气直达数里外。每园各凿浅泉数处,朝夕浇灌。花少放,地设广席数十片,黎明摘其半开者叠置席上,数千百柄。花佣[11]结队来,各估计其值担入城,于市中卖之。朝贵过饮者,园丁施布幄花丛间,芳郁溢鼻,久则迷离目眩,不复计其香色,惟有蜂蝶交于几席耳。此都门内外胜地国人士得共相晏赏者。其他如定国[12]、成国[13]两公,李、周、田三外家[14],王、魏、曹、李诸巨珰[15],皆有家园。第筑于内第,即燕中上大夫亦不得过而流览焉。就中惟周、田两家居第通水泉,荫植花木,叠石为山,极尽窈窕。两家本吴人[16],宾客僮仆多出其里,故构筑一依吴式,幽曲深邃,为他园所无。其近郭为雅俗恒游者外,又有平则门(今阜成门)之高梁桥[17],永定门之满井,(今朝阳门)之松林,东便门之会通河。内又有三里河,李皇亲新园[18],金鱼池[19]诸胜。大略水树清嘉饶于野致,而人工物巧构制绝无也。垂三十年来,内城水关、三里河、泡子河已成陆可耕,无一草一木存焉者。勺园、海淀尽废为樊圃【20】，并其址莫可迹。独丰台人家以花为事，至今虽败壁颓垣，而花事盛时不减畴昔，余则半为荒芜。人生何必数千年始叹沧海陵谷耶。

【1】明代，海淀地区因水泉丰富而成为这些人建筑私家花园的最佳选择。当时最著名的就是皇亲武清侯李氏（按，明万历皇帝的母亲李太后之父李伟在万历之世被封为武清侯。天启、崇祯之世，其子李文全、孙李铭诚、重孙李国瑞等先后袭爵）李园和官至太仆的米万钟的米园。（明）刘侗《帝京景物略》中记述：海淀分北海淀、南海淀，"远树绿以青青，远风无闻而有色。巴沟自青龙桥，东南入于淀。淀南五里，丹陵沜。沜南，陂者六，达白石桥，与高梁水（今长河）併。沜而西，广可舟矣，武清侯李皇亲园之，方十里"，园中有亭，有堂，有桥，有假山、荷花塘，还有牡丹、芍药等奇花异卉，争奇斗艳。"山水之际，高楼斯起，楼之斯台，平看香山，俯看玉泉。"园中水程十数里，坐船可到达各处园景。酷似真的自然风景的假山有百座。乔木以千记，竹以万记，花以亿万计。米万钟的米园在李园的西北，又称勺园（在今北京大学西部），方圆百亩，虽然规模不能和李园相比，但米万钟性喜奇石，文化修养远远高于武清侯，所以米园有隐蔽曲折的特点，除了园中有各种松、柳、槐、竹等花木外，还有堂楼亭榭。最绝妙之处是"望园一方，皆水也，水皆莲，莲皆以白……水之，使不得径也；栈而阁道之，使不得舟也，堂室无通户，左右无兼径"，经过万般曲折，幽林石径，小桥流水，回绕反复，才到达园门，其中的景致常有"山穷水尽疑无路，柳暗花明又一村"的效果，使人在迷失和忘却时光的景况下欣赏各种美境。而凭窗远望园外的千顷稻田，又更加强了园内景色的天然野趣。当时人评价说："李园壮丽，米园曲折。米园不俗，李园不酸。"

（明）蒋一葵《长安客话》："水之所聚曰淀。高梁桥西北十里，平地有泉，澎洒四出，淙泪草木之间，潴为小溪，凡数十处。北为北海淀，南为南海淀……北淀之水来自巴沟……面阳有贵人别业在焉，都人称李皇亲庄……北淀有园一区，水曹郎米仲诏万钟新筑也。"

【2】北京城西北隅德胜门附近的"定国公花园"、地安门银锭桥观音庵旁的"英国公新园"都是傍今积水潭的临湖面水的花园，其中遍植垂柳高槐及各种花树，还挖有池塘种植荷花，建有长廊曲池，假山复阁，在喧嚣的城市中别有洞天。再如东城今美术馆东大佛寺附近的"成国公花园"，其中最突出的是建有许多高台亭阁，人称"一门复一门，墙屏多于地"；又由于位

于紫禁城东，所以又说"高台亭子禁城东，少得浮埃多得空"。同时园中还有许多高柳老榆、苍藤翠竹，特别是右堂前有池塘三四亩，后有巨大槐树据说已有四五百年，树身粗壮无比，占地达半间房屋，其顶嵯峨若山，是极其珍贵的古树。该园又叫"适园"，所以当时的北京人又都叫其为"十景园"，其遗址今称什锦花园胡同。位于北京城东南的今外交部街在明代叫石大人胡同，当时内有冉驸马的"宜园"。其园始创自明武宗正德时的咸宁侯仇鸾，后归成国公，再归冉驸马。园中老树林立，亭阁高台与树木交相掩蔽。园中的假山石最为著名，是由数百万碎石天然结成。东城还有万驸马"曲水花园"，本是宁远伯故园，后赏赐给万驸马。该园的得名是由于园中有两处城中少见的清澈渠水，沿着迢迢曲折的渠水又修建了长长的曲廊，所以叫作曲水园。这个园子远离北京城中的湖泊河道，无法引水，所以园中所有的渠水都是从深井中汲取，但因此水质清冽，比宜园中的水池靠下雨积水要高超得多。从园东门进入，向西去，夹着小径，沿途迢迢都是北京少见的翠竹，竹径尽头，再往西，迢迢皆水，"曲廊与水而曲"。东有亭，西有高台，均临水而建，渠水从中穿过。再往西，又有渠水和傍水的曲廊，水一曲再曲，廊也一曲再曲，给人无穷无尽的感觉。这里临水有一台一室，其中保存着一块世间少见的完整的松树化石，"根拳曲而株婆娑"，化石表面还清晰可见松树的鱼鳞状树皮。

【3】休沐：休息洗沐，指官员休假。

【4】泡子河：在元代，泡子河是通惠河在城外的一小段故道。明迁都北京后，将元大都南城墙南移二里，重新挖掘护城河。明内城建成后，这河道就成了内城东南角的一段死水。沿河有数个积水的水洼，小的有十余亩，最大的有近百亩，北方人称之为"泡子"，这条河也就被叫作了"泡子河"。地处今崇文门东边城角儿位置。（明）刘侗《帝京景物略》说当时这里东、西都是堤岸，"岸亦园亭，堤亦林木。""南之岸，方家园、张家园、房家园，以房园为最，园水多也。""北之岸，张家园、傅家东西园，以东园为最。"

【5】吕公祠：泡子河岸有一座建于明成化初年(1465年)的小庙，叫吕公堂。后来，万历皇上赐名，将它改叫护国永安宫。到了崇祯年间又改回来，叫吕公祠。

【6】贡院：明清两代贡院位于今北京建国门内中国社会科学院一带，泡子河北面，今人简称作"贡院"。现今还有贡院东街、贡院西街、贡院头条、贡院二条、贡院三条等路名和地名。民国初年，科举制度废除了，贡院建筑被另作他用，遗迹无存，仅留下了"贡院街"这么个地名。北京贡院既是全国会试的考场，也是顺天府（北京）乡试的地方。乡试每三年一次。在秋天，

故叫"秋试""秋闱"，为九天，农历八月九日、十二日、十五日，三场，每场三天。全国的会试科考也是每三年一次，在春天，故叫"春试""春闱"，也为九天，农历二月九日、十二日、十五日，三场，每场三天。

【7】韦公寺：(明) 刘侗《帝京景物略》："韦公寺在左安门外二里，武宗朝常侍韦霈建。赀竭不能竟，诏水衡佐焉，赐额弘善寺。寺东行一折，有堂，堂三折，有亭，亭后假山，亭前深溪。溪里许，芦荻满中，可舟尔，而无舟。寺无香火田地，以果实岁。树周匝层列，可千万数。寺南观音阁，苹婆一株，高五六丈。花时鲜红新绿，五六丈皆花叶光。实时早秋，果着日色，焰焰于春花时。实成而叶竭矣，但见垂累紫白，丸丸五六丈也。寺内二西府海棠，树二寻，左右列，游者左右目其盛，年年次第之，花不敢懈。寺后五里柰子树，岁柰花开，柰旁人家，担负几案酒肴具，以待游者，赁卖旬日，卒岁为业。树旁枝低桠，入树中，旷然容数十席。花阴暗日，花光明之，看花日暮，多就宿韦公寺者。海棠、苹婆、柰子，色二红白。花淡蕊浓，树长多态，海棠红于苹婆，苹婆红于柰子也。崇祯己巳冬之警，我师驻寺，海棠苹婆以存，柰子树敌薪之。"

【8】原文"海裳"，误，当为"海棠"。

【9】林榔：又书林浪，树林、深林的意思。

【10】(明) 刘侗《帝京景物略》："右安门外南十里草桥，方十里，皆泉也……土以泉，故宜花，居人遂花为业。都人卖花担，每辰千百，散入都门。"草桥种植的花卉，种类繁多，每种花卉又有不同品种。入春时的梅花有九英、绿萼、红白绵，山茶花有宝珠、玉茗，水仙花有金钱、重胎，探春花有白玉、紫香。中春时的海棠花有西府、次贴梗、次垂丝，丁香花有紫、白两种，还有桃花、李花。春末时则有牡丹、芍药、李枝。夏季时的花卉，除石榴花外都为草本。花备五色者有蜀葵、莺粟、凤仙，三色者有鸡冠，二色者有玉簪，一色者有十姊妹、乌斯菊、望江南。秋季的花卉则有红白蓼、木槿、金钱、秋海棠、木樨、菊，其中菊花品种最为繁多。百花之中，无论根茎花叶俱香的要属夏荷秋菊；花期最长，可历春、夏、秋三季的要属长春、紫薇、夹竹桃；花开花谢始终散发香气的要属玫瑰。种花是一项技术性很强的工作，"自春徂夏，辛苦过农事"，但是"圃人废晨昏者半岁，而终岁衣食焉"，收入比务农要丰厚些。

(清) 钱泳《履园丛话》："丰台在京城西便门外，为京师看花之所，凿池开沼，无花不备，而芍药尤胜于扬州。"《光绪顺天府志》："今草桥居人种花为业如旧，惟梅花无大本，仅置盆中，为几席玩。"(清) 励宗万：《京城古迹考·丰台》：丰台，"水清土肥"，"诚北地难得之佳壤"。但此地除公主、贵族、官僚花园、别业外，"自柳树、俞家村、乐吉桥一带，有水田，俱旗地……刘村西南为礼部官地，种粟米、高粱及麦。"

【11】花佣：养植并售卖花木的人。

【12】定国：定国公乃中山王徐达之后。

【13】成国：成国公乃明成祖朱棣靖难时的名将朱能之后。

【14】李、周、田：指的是武清侯李国瑞、嘉定伯周奎、恭淑贵妃田氏即田贵妃之父田畹（田弘遇）三家。

【15】王、魏、曹、李诸巨珰：大约是崇祯朝太监王永祚、曹化淳，魏、李不详。

【16】吴人：江苏人。

【17】平则门之高粱桥：按高粱桥在西直门外，元代称为"和义门"，明英宗正统年间改名西直门。在北京内城九门中，西直门的规模仅次于正阳门。西直门正对玉泉山，每日供应皇宫的水车出入此门，因此在古时也称为水门。此处称平则门恐有误。

【18】新园：武清侯嫌海淀的李园离京城太远，又在三里河修建了一座新花园，人称李皇亲新园。当时人有诗为记："海淀微嫌道路长，背城特地又新庄。"三里河本无河源，明英宗正统年间修缮北京城及城壕时，恐护城河中在夏季雨大时河水漫溢，所以选择前门外东南地势低洼处开通壕口，下雨时就成为积水之处，由此有三里河的名称。三里河下至八里庄，再接旧永定河河道，东南至通州张家湾入北运河。新园就是借引三里河积水营造的花园，虽然自然条件与海淀无法相比，但武清侯挥金如土，不惜工本，在这里营造可以泛舟的湖泊，以及亭、台、楼、桥、长廊、饭店、酒肆，犹如"渔市城村"。建筑物穷尽奇巧，"亭如鸥，台如凫，楼如船，桥如鱼龙"，一直到明朝灭亡，这个工程也没有竣工。

【19】金鱼池：在崇文区天坛之北，当时因大兴土木取土烧砖，窑坑积水后形成许多池塘。此处是金、元、明、清直至民国时期的饲养金鱼之地，人们俗称"金鱼池"。附近居户以培育金鱼为业，数十亩池塘星罗棋布，养鱼人家各自经营自己的鱼池，培育出许多优良的金鱼品种。到了清末、民国年间，金鱼池一带日益衰败、破落，垂柳被伐，园亭颓废，污水流淌，变成了臭水坑。附近许多劳苦人民居住在简陋低矮的窝棚里，生活极为贫困，每到夏日雨季，污水泛溢，蚊蝇孳生，疾病蔓延，是旧北京有名的贫民窟。

【20】樊圃：指有篱的园圃。

李郭戚畹

戚畹[1]中有李皇亲子皋[2]，郭皇亲振明[3]，两人具高致雅足传。皋生长戚家，无豪贵态，而形质稍猥小，驼背突胸，状若侏儒，生平于书无不读，谙古今典故，负智识，善书书。初年法二王[4]，渐造苏、米[5]，能作擘窠[6]大字。于例当官彻侯[7]，为外家先辈。会值袭爵，皋不就。上书愿赴词制科[8]，不愿承祖父余荫也。怀宗韪之[9]，允其请。自京兆博士弟子员[10]，历春、秋两闱[11]，皆捷。祖制，新进士释褐[12]，后就六曹观政[13]。已乃考庶常，定中行评博[14]及郡李州邑牧宰[15]。皋观政已，复不出。曰，曩者耻目我为纨绔子耳，是蔽我所学，今吾志遂，欲再缩组[16]不可。向固不艳蟒玉[17]，今乃艳银青金紫[18]耶。遂拥多资，挟宾从，历游吴越江楚间。凡海内佳山水无不涉，所在多与方外交，赋诗饮酒自豪。经过州邑，人见其车服仆御甚都，讶为贵介公子，而不知其戚里彻侯也。江宁（今南京）报恩寺浮屠额至今尚存，皋书第一塔焉。皋放浪江湖有年，见中原盗起，竟弃田宅货财，称游衡岳，不知所终。同时戚畹郭公，号涵星，好学，亦善书，书法米[19]。平生自朝会外，休沐[20]之暇谢绝宾客，掌临摹不释手。小倦则呼酒征歌，恒与长安文士游。于同列朝贵反漠然不相接。比孟津觉斯王公[21]方以书知名，郭独岳岳不肯下。尝谓曰，今人学书，动称古法，然须变质为主。苟徒貌古人之成，窃其一二，而运笔任腕，不觉己意交乘。纵曰我熟某家，未造作者实地，自行己法，是名野战，难欺识者。且右军[22]诸公千载以上，比当从古字宜矣。至今诸帖无一不与时合，乃孟津于结构姿态不能化己质，又好奇用古字，雅称述古，其愈失矣。谓之解书则得已，若云代兴或未之许也。其论书不相下如此。第其书出，士大夫亦重之。终以戚畹故，又性不肯俯仰，止著名畿辅间，而四方无知者。寇乱，为所执，立索多金[23]。郭虽外家，世淡泊，无私营谋利之事。除守其田宅，所出仅供食指，素鲜厚资。一旦与诸戚畹同刑酷备，至卒郁郁中。寇祸，无皋之潜身远见，然亦坐于不能子然长往也。其行则大殊于庸流^[24]矣。

【1】戚畹：指外戚或帝王外戚聚居的地方。也泛指亲戚邻里。

【2】李子皋，不详。

【3】孝元皇后郭氏，原配妻子、太子妃，生怀淑公主。其父郭维城以女贵，封博平伯，进侯。卒后，兄振明嗣。

【4】二王：东晋大书法家王羲之和王献之父子，并称为"二王"。

【5】苏、米：宋代大书法家苏轼、米芾。

【6】原"劈窠大字"，误，当为"擘窠大字"。擘窠：榜书，又称"擘窠"大字，擘，拇指；窠，穴也，大指中之窠即虎口也。书写时运全身之力把握之，驾驭之，犹如运印，虎虎有生气。在两千多年的发展中，榜书逐渐形成了自己的审美价值，向人们展示了不同时代的文风、时政、地理、历史、文字和书法艺术的变迁，为中国传统文化提供了财富。

【7】彻侯：又称通侯、列侯。列侯得征收封地租税，地方行政由中央政府所派官吏治理，列侯不得预闻。

【8】意指参加科举考试。

【9】韪之：韪，对、是的意思。韪之，同意、赞同。

【10】博士弟子员：即国子监太学生。

【11】春、秋两闱：乡试和会试。

【12】释褐：指脱去平民衣服。喻始任官职或进士及第授官。

【13】观政：士子进士及第后并不立即授官，而是被派遣至六部九卿等衙门实习政事，这就是明代进士观政制度。

【14】中行评博：中书、行人、大理评事和太常博士四种官职的合称。

【15】牧宰：泛指治民的官吏。

【16】绾组：佩挂官印。

【17】蟒玉：蟒衣玉带，古代贵官的服饰。

【18】银青：银印青绶。汉制，御史大夫及官秩在二千石以上者，除光禄大夫无印绶外，均银青绶。金紫："金印紫绶"。借指高官显爵。

【19】书法米：书法学习宋代大书法家米芾。

【20】休沐：休息洗沐，指官员休假。

【21】王铎，字觉斯，一字觉之，号十樵、嵩樵，又号痴庵、痴仙道人，别署烟潭渔叟，河南孟津人。明末清初书画家。

【22】右军：王羲之，字逸少，汉族，东晋时期著名书法家，有"书圣"之称。琅玡临沂（今山东临沂）人，后迁会稽山阴（今浙江绍兴），晚年隐居剡县金庭。历任秘书郎、宁远将军、江州刺史，后为会稽内史，领右将军。

【23】按，此指李自成大顺军攻陷北京以后，用严刑逼迫贵戚高官缴纳金银。大顺军除抄没所到之处的明朝官府库银外，还以追赃助饷的名义迫使明朝官绅地主交出贪污、盘剥的钱财。为了迫使这些嗜财如命的官绅地主全部交出钱财，大顺军将士往往采用严刑拷打的办法。东厂提督、太监王之心，贪赃无比，也是北京城内数得上的巨富，人称他家里光白银就有30万两。虽然他投降了大顺军，但仍被抄没家产，缴白银15万两，因为不符合社会上传说的30万两数额，被刑讯至死。大顺政权规定，原明朝官员按照级别缴纳不同数额的助饷银，"中堂十万，部院京堂锦衣七万或五万、三万，科道吏部五万、三万，翰林三万、二万、一万，部属以下则各以千计。勋戚之家无定数，人财两尽而后已"。

【24】庸流：指才能平庸无能之辈。

山陵逸事

金陵（今南京）之灵谷寺[1]，称天下第一禅林。余迹未遍海内，然已历八省[2]。凡都会山林经游梵刹，莫有逾焉者。寺当钟山之左，支为孝陵护沙，而亦有虎山相抱，屏嶂开展，诚造物自然结聚者也。相传梁宝志公[3]原建塔函骨于钟山之阳，明太祖立山陵，见此地雄胜，与形家言合，乃迁塔灵谷山麓。又念移穴不自安，为宝公具金棺银椁以答意。今宝公塔岿然存，而所瘗者，仍浮屠家两瓦瓮俯仰耳。所为棺椁藏鸡鸣山寺中。余初不之信，谓诚齐东语。迨就寺索观，知所传不妄。棺果金制，长六寸许，广二寸余，椁诚银，长广少充于棺，上镂当年供事诸官衔姓名甚伙，真洪武晚年御制也。寺僧谓函宝公骨，卒用浮屠法建龛。上制此舍寺中，以示迁移隆寓之礼耳。孝陵之左，尚有吴大帝墓[4]。当时礼臣亦议迁，上以其不碍地脉，乃曰，留此为朕备藩篱胡不可。今郡人称吴王墓即吴主孙权也。按钟山为古北山，孔稚圭[5]所撰北山移文即其地。钟山林木颇繁，明三百年禁樵采，高祖又纵鹿数百只，系铜牌额下，志岁月，并禁不得猎取。余友刘觉岸家江宁（今南京），习见国初事。云，前鹿杳然尽，山近亦樵，但比时樵采鬻薪于市者，民负归理爨，远近异香经月，昼夜不绝，皆钟山林木中嘉树也。盖太祖昔遣海南进异木置山陵间，岁久不辨其种，故摧而为薪，实即海南之沉檀[6]等香木耳。孝陵虽荒废，而灵谷松与梅愈益盛。灵谷由山门至宝公塔约十余里，长松密不透日。十里间，香气袭肤理，传为梁时植。其左偏有红白梅花，亦逾数里，土人称梅花坞[7]。野农草庐三五，隐蔽其中。春时过之，真异境，何必艳往桃源耶。寺存宝公七龄戒衣与法被，皆齐梁宫中制锦绣，无纫痕，而五色黯然矣。有巨钟，俗传周景王时物，非也。乃后周景阳宫钟耳。佛墀下有飞来铁，系殒星所化，作金石状，非真铁也。

【1】灵谷寺位于南京市玄武区紫金山东南坡下，中山陵以东约 1.5 千米处，始建于天监十三年（514 年），是南朝梁武帝为纪念著名僧人宝志禅师而兴建的"开善精舍"，初名开善寺。明朝时朱元璋亲自赐名"灵谷禅寺"，并封其为"天下第一禅林"，为明代佛教三大寺院之一。

【2】作者宋起凤早年任官山西灵丘县令，后任广东罗定知州，晚年弃官，喜游历，足迹几遍天下，寓居富春江上，以著述自娱。

【3】宝志禅师，亦作保志、宝志公、志公或宝志大士。南北朝齐、梁时高僧，是梁武帝的国师。

【4】吴大帝墓：蒋陵，位于南京市明孝陵景区内，是中国著名历史文物古迹，又名孙陵，吴王坟，也称孙陵岗，是三国时吴大帝孙权的葬地，是南京地区最早的一座六朝陵墓。孙权死后谥号大皇帝，故称吴大帝。明代朱元璋建孝陵时将吴大帝孙权墓保留在明孝陵弯弯曲曲的神道门口。

【5】孔稚圭，南朝齐骈文家。一作孔圭，字德璋，会稽山阴（今浙江绍兴）人。风韵清疏，孔稚圭爱好文咏，性嗜酒，能饮七八斗。居处构筑山水，往往凭几独酌，不问杂事。所作《北山移文》，假借"钟山之英，草堂之灵"口吻，对表面隐居山林，实则心怀官禄之士，口诛笔伐，使山岳草木充满嬉笑怒骂之声，文辞工丽恢奇，为骈文中少见之佳作，至今为人传诵。

【6】沉檀：沉檀是檀木的一种，此外世界上的檀木还有檀香、绿檀、紫檀、黑檀、红檀几种。也有用来指沉香木和檀香木。

【7】在南京市中山门外钟山南，处于明孝陵神道环抱中。因山上多红梅而得名。旧名孙陵岗，亦名吴王坟，因东吴的孙权葬在这里而得名。三国时吴帝孙权与步夫人葬此。